国家哲学社会科学基金重点项目（16AZD010）

教育部人文社会科学重点研究基地重大项目
"丝绸之路经济带战略背景下西部地区开发开放新体制研究"
（项目号：16JJD790047）阶段性成果。

陕西省社会科学基金重点项目（2016D001）

中国西部经济发展研究文库

Research Collection on the Economic Development in Western China

丝绸之路经济带与西部大开发新格局

THE SILK ROAD ECONOMIC BELT AND THE NEW PATTERN OF WESTERN DEVELOPMENT IN CHINA

丝绸之路经济带

建设背景下西部内陆开放新体制研究

The New Opening System of the Western Interior Provinces in the Context of Building the Silk Road Belt

马莉莉　黄光灿　等 ｜ 著

社会科学文献出版社
SOCIAL SCIENCES ACADEMIC PRESS (CHINA)

总　序

2013 年 9 月，习近平主席在哈萨克斯坦纳扎尔巴耶夫大学发表演讲时，倡议亚欧国家共同建设丝绸之路经济带，这一提议得到国际社会的高度关注。2015 年 3 月 28 日，国家发展改革委、外交部、商务部经国务院授权联合发布了《推动共建丝绸之路经济带和 21 世纪海上丝绸之路的愿景与行动》，提出"发挥陕西、甘肃综合经济文化和宁夏、青海民族人文优势，打造西安内陆型改革开放新高地，加快兰州、西宁开发开放，推进宁夏内陆开放型经济试验区建设，形成面向中亚、南亚、西亚国家的通道、商贸物流枢纽、重要产业和人文交流基地"。不言而喻，继西部大开发之后，丝绸之路经济带建设将为西部地区经济社会实现新一轮的跨越式发展提供难得的契机。因此，借助经济增长、发展经济学、区域经济学、国际贸易和产业组织等理论，对丝绸之路经济带建设背景下西部地区开发开放问题进行研究，无疑具有深远的意义。

"十三五"期间，教育部人文社会科学重点研究基地——西北大学中国西部经济发展研究院围绕丝绸之路经济带建设中的重大理论与实践问题，凝聚全国对此问题研究的专家学者，以设立重大招标项目的形式，开展跨学科、跨地域联合攻关研究，做出高质量的研究报告与智库产品，为国家及各级政府推进丝绸之路经济带建设提供决策参考。本丛书是中国西部经济发展研究院"十三五"期间的标志性成果，整体研究成果形成系列丛书"中国西部经济发展研究文库"之"丝绸之路经济带与西部大开发新格局（2020）"五部专著。

（1）丝绸之路经济带建设背景下西部省区及主要城市的经济发展绩效评价研究。对丝绸之路经济带西部沿线地区的省区及主要城市的发展绩效进行客观评价，评价的结果能够为西部地区未来经济发展绩效的提升提供客观依据和实践参考；有利于我们发现丝绸之路经济带建设背景下西部地区经济发展的"短板"，在此基础上研究相应的提升对策，从而充分发挥我国西部地区的地缘优势、资源优势和文化优势，更大程度上在丝绸之路经济带建设背景下发挥区域经济合作的影响力。同时，西部地区经济发展本身存在结构性差异，而本课题针对主要省区和主要城市的发展绩效进行评价，也能够针对不同的地区提出差异化的改善路径，从而为西部地区全面提升经济发展绩效提供实践基础。

（2）丝绸之路经济带建设背景下西部地区经济增长潜力开发推进全面建成小康社会研究。全面建成小康社会是"十三五"末期我国经济发展的目标，西部地区要完成这一目标，就要推进西部地区经济增长潜力开发和新动能培育。西部地区虽然近年来发展势头强劲，抓住丝绸之路经济带建设和第二次西部大开发机遇，以"创新、协调、绿色、开放、共享"的发展理念为指导，继续加大基础设施投资，积极开展经济对外开放，经济增速保持全国领先水平；但是西部地区仍然存在一系列历史遗留的结构性矛盾，又面临新的发展机遇，所以研究丝绸之路经济带建设背景下西部地区经济增长潜力开发和新动能开发具有现实意义。

（3）丝绸之路经济带建设背景下西部地区金融资源配置效率提升研究。西部地区是我国的经济欠发达地区，区域内金融资源整体规模较小，在开发利用中封闭性较强，且开放合作及彼此的包容性不够，金融资源的配置效率还处于较低层次，对区域经济增长的推动作用还十分有限。因此，本课题研究对于做大做强西部地区金融业，提升其对西部地区经济增长的引擎功能，依据优势互补、适当分工、风险共担的原则，对西部地区金融资源进行有效整合，提升西部地区金融资源的综合效率，具有重要的决策参考价值。本研究基于西部地区及其他国家金融资源的现状，出于提升西部地区金融资源配置效率目标而提出的西部地区与共建丝绸之路经济带国家之间金融合作的框架与模式，将为推进共建丝绸之路经济带国家之间的金融合作提供决策参考。

（4）丝绸之路经济带建设背景下西部地区产业升级研究。产业结构调整与升级困境是西部地区长期以来亟须破解的重大实践课题。在已有理论研究未能形成突破性认识从而无法为实践提供有效指导的情况下，虽然经过长期的政策实践探索，但西部地区仍然未能克服资源与低端要素依赖，产业结构失衡，从而陷入产业升级的困境。本课题在形成重大理论认识的基础上，关于政府产业政策创新及全面的对策建议的研究，对于丝绸之路经济带建设背景下西部地区突破产业结构调整与升级困境具有十分重要的实践意义。

（5）丝绸之路经济带建设背景下西部内陆开放新体制研究。利用开放环境拉动西部内陆地区转型升级，不仅是西部而且是国家发展方式转变过程中的重大实践课题。改革开放前三十年，西部在体制转轨、开放格局建设等方面，都相对滞后，这使本就不具有优势的西部更处于不利地位。面对新的发展机遇，西部要从自身具体情况出发，利用新科技革命浪潮下产业演进原理，创新开发开放格局与体制，为分工深化和产业升级提供外部驱动力，由此为西部内陆地区转型与发展积累经验、开辟路径，这对于国家的繁荣稳定与可持续发展意义重大。本课题通过跟踪比较不同区域的开发开放实践，结合理论推导和逻辑演绎，总结出具有可操作性的政策措施和方案，这对于西部地区制定和选择适应性体制与政策具有显著的实践价值与意义。

本丛书是教育部人文社会科学重点研究基地——西北大学中国西部经济发展研究院在"十三五"期间的标志性成果，本丛书的出版得益于西北大学学科办、社科处、经济管理学院的大力支持。感谢社会科学文献出版社丁凡老师认真细致的编辑。感谢五个课题组负责人做出的努力，同时也感谢西部经济发展研究院副院长李文斌在联络、协调方面付出的辛苦。

中国西部经济发展研究院院长　任保平

2019 年 8 月

目 录

CONTENTS

第一章
引　言

第一节　国家发展与西部角色

国家的总体发展与西部地区的使命角色紧密相连，不同的历史发展时期，西部地区有着不同的区域角色和建设繁荣富强国家的时代使命。西部社会的繁荣稳定是促进国家区域经济社会发展的必要条件，而国家持续不断的深入发展又推动着西部地区的经济社会繁荣和角色转变。

一　国家发展

转变经济发展方式一直是国家发展的重要课题之一，区域发展战略的变迁在空间格局的网络中反映国家的发展行动。从国际分工的视角看，国家发展的过程也是中国产业在全球生产网络中的分工地位提升的过程。

1. 经济发展方式转变

经济发展方式是指推动经济增长的各种生产要素投入及其组合的方式，其实质是依赖什么要素，借助什么手段，通过什么途径，怎样实现经济发展。① 经济发展方式从粗放型向集约型转变是中国经济发展转型的重要方面之一。

新中国成立以来，要素投入是中国经济增长的主要原动力，尤其是资本要素，直接表现为经济增长呈现高投入、高能耗、高污染和低效率的粗

---

① 马凯：《科学的发展观与经济增长方式的根本转变》，《求是》2004 年第 8 期。

放型特征。改革开放后，中国经济依靠粗放型增长方式实现了高速的发展，但也逐步面临很多阻碍社会经济发展的重要问题，例如产能过剩和环境污染。实际上，中国的资本边际产量有着明显的下降趋势，经济增长长期依靠投资拉动。① 中国早在 20 世纪 90 年代，就致力于探索开放经济下经济发展方式由增加资本投入转向提高资源配置效率。② 资本要素的过度投入决定了粗放型经济发展方式不可为继，不断的改革开放和市场化为中国经济可持续发展提供支撑。按照科学发展观的要求，发展的最终目的是实现人的全面发展，不仅要通过经济的持续发展满足人民的物质需要，还要提高人民的生活质量。粗放的经济增长，是低效益的增长，使人们得不到与经济增长相适应的收入增长；粗放的经济增长，是高消耗的增长，必然导致过度向自然索取、生态退化和自然灾害增多，从而使社会财富减少；粗放的经济增长，是高排放、高污染的增长，必然给人民健康带来极大的损害。人是最宝贵的资源，为了满足人民日益增长的物质、文化和身体健康的需要，必须切实推进经济发展方式的根本转变。③

经济发展方式由粗放型向集约型转变，并不单纯地是速度、投入、规模向效益的转变，而应是特别重视科技进步。21 世纪之初，决定经济增长的物质资本和人口数量因素已经弱化，技术、知识和人力资本等因素却在强化，转向集约型增长方式就要注重知识的创新、技术的进步和人力资本的培育，包括创造知识和将知识转化为生产力。④ 除了技术的创新，真正转变经济发展方式还需要在科学发展观的指导下实现理论、制度和管理等综合方面的不断创新。⑤ "经济发展方式"的提法，是充分落实科学发展观的内在要求，其内涵较"经济增长方式"更丰富⑥，节能减排、产业升级、体制创新也被纳入经济发展方式的转变进程。

垂直专业化分工是"二战"后国际经济秩序建立的基本分工形式。在中国参与垂直专业化分工的初期，改革开放的政策红利促进中国经济发展

---

① 彭宜钟、童健、吴敏：《究竟是什么推动了我国经济增长方式转变?》，《数量经济技术经济研究》2014 年第 6 期。

② 江小涓：《利用外资与经济增长方式的转变》，《管理世界》1999 年第 2 期。

③ 马凯：《科学的发展观与经济增长方式的根本转变》，《求是》2004 年第 8 期。

④ 洪银兴：《论经济增长方式转变的基本内涵》，《管理世界》1999 年第 4 期。

⑤ 金碚：《科学发展观与经济增长方式转变》，《中国工业经济》2006 年第 5 期。

⑥ 唐龙：《从"转变经济增长方式"到"转变经济发展方式"的理论思考》，《当代财经》2007 年第 12 期。

方式的转变，但随着垂直专业化分工程度的不断深化、生产流程工序的价值链分工体系的逐步演进，中国经济社会可能被规锁在低价值、低水平位置，尤其是过度发展劳动密集型工序，会导致生产向简单、低价值环节转移，陷入"比较优势陷阱"。垂直专业化分工在总体上对中国工业经济发展方式转变的影响呈现显著的倒 U 形曲线关系。① 近十年的中国产业发展表明，高技术行业持续促进经济发展方式向集约型方向转变，其作用机制在于人力资本、研发投入对产业结构的优化调整。技术进步和科技创新是实现中国经济发展方式实质性转变的一个重要基础。尽管创新在较短时期内会引致我国产出增长的下滑，但长期则有利于经济增长。② 目前来看，中国投资拉动的粗放型经济发展方式依旧比较明显，经济整体还未进入创新驱动阶段。

2. 区域发展战略变迁

改革开放以来，区域发展战略成为国家整体战略体系中的重要组成部分，"东快西慢"的工业经济空间格局助推中国走出了低水平的"均衡"发展，并稳步走向世界，但也加剧了区域经济发展不平衡。中国工业经济的地理版图由改革开放初期显著的"东西分异"转向"东西、南北"双重分异的空间格局。在区域发展战略的推动下，"东快西慢"的工业化推进格局逐步向"西快东慢"转变。进入新常态后，中国工业经济活动加速向南部转移，"南强北弱"的空间格局逐步强化，区域间工业经济发展不平衡的问题也日益突出。③

改革开放初期主要以中央单向主导的开放平台渐进式布局支撑东部沿海率先发展的战略意图。20 世纪 90 年代中期之后通过发挥中央和地方政府的积极性，推动以主题性综合改革为重点的各类战略平台相对平衡布局，服务区域发展总体战略。党的十八大以来，开启了新时代区域协调发展阶段，以更加积极主动的姿态突出"一带一路"建设、京津冀协同发展和长江经济带发展的引领，将中央推动和地方全面贯彻相结合，用新发展

---

① 肖尧、杨校美：《垂直专业化分工、产业结构调整与中国工业经济增长方式转变》，《经济经纬》2016 年第 4 期。

② 申萌、万海远、李凯杰：《从"投资拉动"到"创新驱动"：经济增长方式转变的内生动力和转型冲击》，《统计研究》2019 年第 3 期。

③ 胡伟：《改革开放 40 年中国工业经济发展的区域特征》，《区域经济评论》2019 年第 1 期。

理念指引各类战略平台加快布局，全方位培育区域发展新动能。① 未来各类战略平台将功能更完善、布局更优化，助推形成区域协调发展新格局。

区域协调发展战略是中共十六届三中全会提出的"五个统筹"之一，具体内容为：积极推进西部大开发，振兴东北地区等老工业基地，促进中部地区崛起，鼓励东部地区率先发展，继续发挥各个地区的优势和积极性，通过健全市场机制、合作机制、互助机制、扶持机制，逐步扭转区域发展差距拉大的趋势，形成东中西部相互促进、优势互补、共同发展的新格局。②

2000 年 1 月，国务院西部地区开发领导小组召开西部地区开发会议，研究加快西部地区发展的基本思路和战略任务，部署实施西部大开发的重点工作。2000 年 10 月，中共十五届五中全会通过的《中共中央关于制定国民经济和社会发展第十个五年计划的建议》，发行长期国债 14 亿元，把实施西部大开发、促进地区协调发展作为一项战略任务，强调："实施西部大开发战略、加快中西部地区发展，关系经济发展、民族团结、社会稳定，关系地区协调发展和最终实现共同富裕，是实现第三步战略目标的重大举措。"

20 世纪 90 年代以前，东北曾经是我国经济相对发达的地区，同时也是我国最重要的工业基地，但如今东北地区经济发展渐渐落后了。东北地区 GDP 和工业增加值增速由改革开放初的近 15% 和 20% 下降到 21 世纪的 10% 以下。2003 年 10 月，中共中央、国务院发布《关于实施东北地区等老工业基地振兴战略的若干意见》，明确了实施振兴战略的指导思想、方针任务和政策措施。随着振兴战略实施，东北地区加快了发展步伐。巩固和提升全国最重要的商品粮食生产基地、重要林业基地、能源原材料基地、机械工业和医药工业基地地位和功能，是振兴东北地区的关键基础。

中部地区崛起是我国促进中部六省发展的一项政策，2004 年 3 月由时任国务院总理温家宝在政府工作报告中首次明确提出，并于 2005 年 3 月在政府工作报告中做出进一步部署。实施促进中部地区崛起战略，是党中央、国务院做出的重大决策部署。2006 年 4 月 15 日，《中共中央国务院关于促进中部地区崛起的若干意见》（中发〔2006〕10 号）正式出台，提出

---

① 尹虹潘：《国家级战略平台布局视野的中国区域发展战略演变》，《改革》2018 年第 8 期。
② 奚洁人主编《科学发展观百科辞典》，上海辞书出版社，2007。

了促进中部地区崛起的总体要求、基本原则和主要任务，明确了中部地区作为全国重要粮食生产基地、能源原材料基地、现代装备制造及高技术产业基地和综合交通运输枢纽的定位，简称"三基地、一枢纽"。2016 年 12 月 7 日，国务院总理李克强主持召开国务院常务会议，审议通过促进中部地区崛起规划；20 日，国家发展和改革委正式印发《促进中部地区崛起"十三五"规划》，中部地区在全国发展大局中定位为全国重要先进制造业中心、全国新型城镇化重点区、全国现代农业发展核心区、全国生态文明建设示范区、全方位开放重要支撑区。

2007 年 3 月 19 日，中央政府在当年经济社会发展工作重点中提出鼓励东部地区率先发展，着力提高东部地区自主创新能力，加快东部地区产业结构优化升级，切实转变东部地区经济发展方式，进一步深化改革扩大开放，积极促进区域协调发展。①

区域发展战略的陆续推出是为了逐步缩小地区间的发展差距，扭转地区差距拉大的趋势。但仅仅依靠各个地区的区域发展战略，缺乏互动、合作和扶持机制，地区间的发展差距仍然在不断拉大。党的十八大以后，世界经济发展格局骤变，党和国家根据国内外形势，适时提出、调整国家发展战略顶层设计，相继提出"一带一路"倡议、长江经济带发展战略、京津冀协同发展战略、自由贸易试验区战略、粤港澳大湾区发展战略等。

2013 年 9 月和 10 月，国家主席习近平分别提出建设"丝绸之路经济带"和"21 世纪海上丝绸之路"的合作倡议，旨在借用古代丝绸之路的历史意义，高举和平发展的旗帜，积极发展与共建国家和地区的经济合作伙伴关系，共同打造政治互信、经济融合、文化包容的利益共同体、命运共同体和责任共同体。2015 年 3 月 28 日，国家发展改革委、外交部、商务部联合发布了《推动共建丝绸之路经济带和 21 世纪海上丝绸之路的愿景与行动》。截至 2019 年 7 月 1 日，通过中华人民共和国商务部确认考核的经贸合作区名录有 20 家，"一带一路"沿线经贸园区超过 80 家②；沿线海上参建的港口（或码头）超过 46 个，多布局在东南亚地区、南亚地区、中东欧地区和非洲地区。

---

① 中华人民共和国中央人民政府：《鼓励东部地区率先发展》，http：//www.gov.cn/ztzl/jjshjd/content_554398.htm，2007 年 3 月 19 日。

② 资料来源：中华人民共和国商务部投资促进事务局，境内外园区，http：//www.fdi.gov.cn，2019 年 7 月 17 日。

2014 年 9 月，国务院印发了《关于依托黄金水道推动长江经济带发展的指导意见》。中共中央政治局于 2016 年 3 月 25 日审议通过了《长江经济带发展规划纲要》，9 月正式印发，并把长江经济带发展上升为国家战略的高度，确立了长江经济带"一轴、两翼、三极、多点"的发展新格局："一轴"是以长江黄金水道为依托，发挥上海、武汉、重庆的核心作用，推动经济由沿海溯江而上梯度发展；"两翼"分别指沪瑞和沪蓉南北两大运输通道，这是长江经济带的发展基础；"三极"指的是长江三角洲城市群、长江中游城市群和成渝城市群，充分发挥中心城市的辐射作用，打造长江经济带的三大增长极；"多点"是指发挥三大城市群以外地级城市的支撑作用。① 长江经济带发展战略作为中国新一轮改革开放转型实施新区域开放开发战略，其涉及的长江经济带是具有全球影响力的内河经济带、东中西部互动合作的协调发展带、沿海沿江沿边全面推进的对内对外开放带，也是生态文明建设的先行示范带。这是由长江经济带显著的发展优势与重要的战略地位决定的。以生态优先、绿色发展为引领，依托长江黄金水道，推动长江上中下游地区协调发展和沿江地区高质量发展将是长江经济带战略实施的重点方向。长江经济带发展战略，连接东西部区域，整合并延续东部沿海发展、西部大开发和中部崛起三大区域发展战略，进一步解决区域发展的协同联动困境和局部性难题，发挥国家一体化协调发展的整体优势。

纵观改革开放以来中国区域发展战略的格局演变，表现出以下几个显著特征。② 首先，区域发展战略的空间属性在增强，在改革开放很长一段时期内，经济快速发展是区域发展战略的根本，随着城镇化发展诸多问题的暴露和区域发展差距的不断扩大，从西部大开发、中部崛起、东北老工业基地振兴到近些年的"一带一路"倡议、长江经济带发展和京津冀协同发展，区域协调的空间特征凸显，区域发展战略的创新作用在增强。2014年以来，从党中央提出的京津冀协同发展、"一带一路"倡议、雄安新区建设、粤港澳大湾区建设等发展思路分析，未来中国的区域发展战略将更加注重发展模式的创新并探索世界先进水平的发展模式，比如京津冀和粤

---

① 中华人民共和国国家发展和改革委员会：《长江经济带发展规划纲要》，http：//www. ndrc. gov. cn/fzgggz/dqjj/qygh/201610/t20161011_822279. html，2016 年 10 月 11 日。

② 蔡之兵：《改革开放以来中国区域发展战略演变的十个特征》，《区域经济评论》2018 年第 4 期。

港澳大湾区的定位就是打造世界级城市群和国际一流湾区，雄安新区的目标则是建设高水平社会主义现代化城市、现代化经济体系的新引擎，推动高质量发展的全国样板，"一带一路"倡议更是从国际层面谋求新的、和谐的、互利共赢的大区域经济发展格局。中央政府对区域发展战略更加注重顶层设计，地方自由无序的竞争模式被中央顶层设计与调控模式取代是中国区域发展战略指导思想上的重大转变。此外，区域发展战略还更加注重质量提升，发展机制的可持续性和战略地位的稳定性。

3. 全球分工地位攀升

制造业是一个国家发展的根基，是发展、衍生其他行业和经济业态的母体。2018 年中国全部工业增加值近 30.52 万亿元，比上年增长 6.1%，其中，制造业增长 6.5%。全年规模以上工业中，农副食品加工业增加值比上年增长 5.9%，纺织业增长 1.0%，化学原料和化学制品制造业增长 3.6%，非金属矿物制品业增长 4.6%，黑色金属冶炼和压延加工业增长 7.0%，通用设备制造业增长 7.2%，专用设备制造业增长 10.9%，汽车制造业增长 4.9%，电气机械和器材制造业增长 7.3%，计算机、通信和其他电子设备制造业增长 13.1%。制造业利润 56964 亿元，比上年增长 8.7%。[1] 优化产品结构、提高产品有效供给能力、增强主体活力、提升企业发展水平和素质、强化要素支撑和助力高质量发展是中国制造业高质量发展的主要任务。[2]

20 世纪 80 年代，亚太地区的经济发展成为"二战"后世界经济中最引人瞩目的事件之一。在改革开放初期，中国在初级产品出口方面有着比较优势，纺织品等轻工业的国际竞争力也在加强，与亚太地区其他国家类似，我国贸易集中依赖于美、日等发达经济体。据王新奎 1983 年的数据测算，中国对日本的贸易依赖程度最高，达到 22.87%，其次是我国香港特区和美国，分别为 17.93% 和 12.30%。[3] 国际分工地位过分依赖其他发达国家和地区，中国与世界经济的联系日益紧密。

20 世纪 90 年代以来，中国制造业依靠着廉价的劳动力相对优势从附

---

① 国家统计局：《2018 年国民经济和社会发展统计公报》，2019 年 2 月 28 日。
② 王昌林、任晓刚：《制造业高质量发展的主要任务》，《经济日报》2019 年 7 月 16 日。
③ 王新奎：《论亚洲太平洋地区的国际分工形态和中国的地位》，《世界经济文汇》1987 年第 6 期。

加值较低的加工组装环节嵌入全球价值链条中，在价值链的低端环节迅速取得了国际竞争优势，逐步成为世界制造中心。这种全球价值链的融入整合离不开世界模块网络化机制的形成与作用。随着信息时代的发展，全球市场的消费需求越来越多样化、个性化，生产供应则相应出现小批量化、定制化，消费与生产的对接快速响应。交通运输技术与现代物流产业极大地改善了商品、资本、人员及其他要素的国际流动，为生产实现模块化分解提供了硬环境；新自由主义的传播和区域一体化发展更加注重开放化与自由化，国际流动的软环境也由此得到改善。新趋势的初兴基于生产的模块化技术，零部件、组件整合成模块，在模块基础之上组装成多样化产品，而模块网络化机制也率先在东亚地区的跨国公司内加速孕育。

从全球价值链视角看，基于模块网络化机制的初兴，企业的优势转型升级主要是进行产品内分工合作，并通过嵌入全球价值链分工体系以获取先进的技术和广阔的市场来提高企业在全球的竞争力，逐渐参与到全球价值链的高端环节。参与产品内分工并不意味着所处的全球价值链分工地位必然会提升，也即是通过攀升价值链以升级产业的效果并不理想，还需要多方面的基础条件给予支撑，比如人才培育、管理程序优化、运作模式创新等。而很多后发国家往往忽视产品和功能的双重架构整合，导致的结果只能是这些国家在嵌入全球价值链的过程中处于"低端锁定"状态。中国本土企业仍然倾向于出口附加值相对较低的初级产品或中间投入品，进口附加值相对较高的装备制造零部件，在目前全球价值链中的地位总体偏低。[①] 产业结构优化基于全球价值链升级的模式主要有以下四种：工艺流程升级、产品升级、功能升级和产业链条升级。其中，工艺流程升级与产品升级可以归结为产品架构的整合，功能升级和产业链条升级则是功能架构的整合，但是这种 GVC（Global Value Chain）治理模式的逻辑不利于整个链条的升级。中国制造业价值链被"低端锁定"，并在融入 GVC 的过程中出现了链条固化现象。这就会使得中国制造业企业同时面临来自价值链高端节点的俘获与更低生产成本的国际竞争。

制造业是实体经济的重要组成部分。自 2013 年至今，中国国内制造业产值增速维持在 6.5% 左右，虽较 21 世纪前十年的增速有所放缓，但体量

---

① 黄光灿：《全球价值链视角下中国制造业升级研究——基于附加值贸易》，西北大学硕士学位论文，2018。

持续增大。2018 年，中国制造业总产值达到 26.48 万亿元，占当年 GDP 的 29.41%。放眼全球，世界经济仍处在国际金融危机后的深度调整期，美国、德国、日本等制造业强国相继发布了制造业发展战略以重新调整本国产业结构。全球实体经济正处于转型升级并进行国际地位重构的关键阶段，一个国家或地区如果能够抢占先机，那么就很有可能在新一轮的国际竞争中率先占据优势。高端制造业回流发达国家，一般制造业外流东南亚低成本发展中国家，制造业结构变化冲击中国产业发展。环顾国内，中国经济发展已从高速增长转向中高速增长，从注重数量与速度的粗放式增长转向质量与效率并重的集约式增长，从要素投资驱动转向技术创新驱动，步入速度换挡、动力转换的新时期，该阶段的重点任务在于中国实体经济的转型升级，推动国内前沿产业实现质的飞跃，助力中国经济行稳致远。

一国产业的全球分工地位通过全球价值链参与指数和全球价值链地位指数来衡量。[①] 基于对总出口附加值的分解，Koopman et al.（2010）提出了"GVC 参与指数"（*GVC – Participation Index*）[②]，GVC 参与指数被定义为出口中间接附加值和包含的国外附加值二者之和所占比重：$GVC – Participation_{ir} = \dfrac{IV_{ir}}{E_{ir}} + \dfrac{FV_{ir}}{E_{ir}}$，GVC 地位指数（*GVC – Position Index*）则表示为：$GVC – Position_{ir} = \ln\left(1 + \dfrac{IV_{ir}}{E_{ir}}\right) - \ln\left(1 + \dfrac{FV_{ir}}{E_{ir}}\right)$，其中 IV_{ir} 表示 r 国 i 产业的间接附加值出口，即 r 国 i 产业出口到别国的中间品贸易额；FV_{ir} 表示 r 国 i 产业最终产品出口中所包含的外国进口中间品价值；E_{ir} 表示 r 国 i 产业以附加值来计算的出口额。

从制造业整体看：一是中国制造业整体参与全球价值链分工体系的程度较深，并表现出深入全球生产网络的趋势在不断上升；二是在 2009 年之前，中国制造业出口中的国外附加值高于国内附加值，近年来中国依然从事大量低价值的制造环节，但国内附加值逐步成为中国制造业总出口价值来源的主体部分；三是中国制造业 GVC 地位指数呈现"右偏 V"形发展走势，经历过粗放嵌入全球生产网络的阶段，中国国际分工地位表现出向上

---

① 黄光灿、王珏、马莉莉：《全球价值链视角下中国制造业升级研究——基于全产业链构建》，《广东社会科学》2019 年第 1 期。

② Koopman, R., Powers, W., Wang, Z., et al., Give Credit Where Credit Is Due: Tracing Value Added in Global Production Chains, NBER Working Paper, No. 16426, 2010.

游攀升的特征（见图1-1、图1-2）。

从分行业看：一是中低技术制造行业参与全球价值链分工体系的趋势在下降，相反，中高技术制造行业则表现出上升趋势，中国制造业已经开始在技术含量较高的行业以前向参与的方式深入全球生产网络，而低技术制造业并没有表现出很高的参与程度；二是目前中国低技术制造业的国际分工地位相对于高技术制造行业较高，而技术含量越高，在这20年间的国际分工地位攀升幅度也越大，高技术制造行业在全球价值链中的上升势头更为强劲，这些都是源于技术进步（见图1-3、图1-4）。

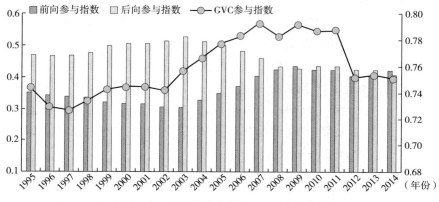

图1-1　中国制造业总体GVC参与指数

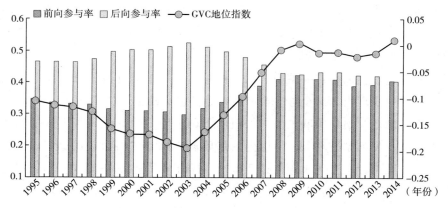

图1-2　中国制造业总体GVC地位指数

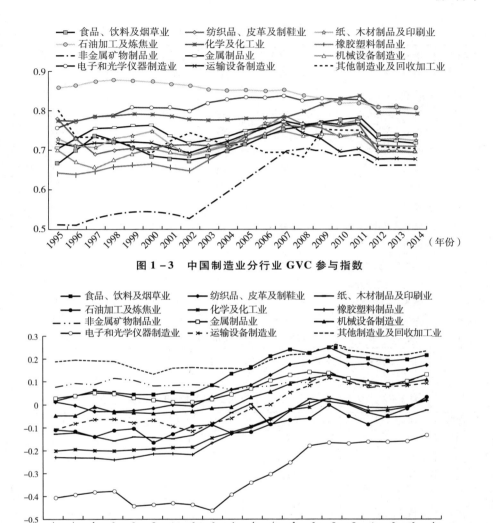

图 1-3　中国制造业分行业 GVC 参与指数

图 1-4　中国制造业分行业 GVC 地位指数

　　从国际比较看：一是中国制造业全球价值链参与程度位居世界前列，开放程度之大，这是发达国家在早期价值链攀升中普遍具有的表现，但经历粗放参与后中国要突出本国优势产业；二是中国制造业在全球价值链中的分工地位还相对较低，与位居前列的国家相差甚远，中国制造业在不断开放并融入全球生产网络的过程中，获取的附加价值相对较少，中间投入品多来自国外，这种境况正在改善但进度较为缓慢（见表 1-1、表 1-2）。

表 1-1　2014 年制造业 GVC 参与指数排名前 30 位国家（地区）

排名	国家（地区）	GVC 参与指数	排名	国家（地区）	GVC 参与指数
1	中国香港	0.7938	16	哥斯达黎加	0.7302
2	越南	0.7858	17	巴西	0.7273
3	马来西亚	0.7804	18	南非	0.7253
4	斯洛伐克共和国	0.7702	19	新加坡	0.7246
5	冰岛	0.7688	20	波兰	0.7241
6	荷兰	0.7677	21	葡萄牙	0.7179
7	保加利亚	0.7517	22	立陶宛	0.7130
8	中国	0.7511	23	泰国	0.7118
9	捷克共和国	0.7481	24	爱沙尼亚	0.7087
10	比利时	0.7470	25	韩国	0.7037
11	匈牙利	0.7454	26	土耳其	0.7024
12	印度	0.7416	27	墨西哥	0.7016
13	法国	0.7401	28	突尼斯	0.7004
14	芬兰	0.7348	29	阿根廷	0.6975
15	挪威	0.7303	30	中国台湾	0.6973

资料来源：表中数据是笔者根据 TiVA 数据库测算得到。

表 1-2　2014 年制造业 GVC 地位指数排名前 30 位国家（地区）

排名	国家（地区）	GVC 地位指数	排名	国家（地区）	GVC 地位指数
1	印度尼西亚	0.2994	16	土耳其	0.0608
2	巴西	0.2863	17	意大利	0.0572
3	印度	0.2839	18	智利	0.0541
4	阿根廷	0.2657	19	罗马尼亚	0.0254
5	新西兰	0.2215	20	法国	0.0250
6	沙特阿拉伯	0.2098	21	丹麦	0.0217
7	俄罗斯联邦	0.2096	22	克罗地亚	0.0183
8	秘鲁	0.1969	23	中国	0.0114
9	哥伦比亚	0.1846	24	以色列	0.0046
10	美国	0.1343	25	菲律宾	-0.0059
11	澳大利亚	0.1300	26	德国	-0.0084
12	日本	0.1217	27	哥斯达黎加	-0.0166
13	南非	0.0923	28	英国	-0.0169
14	瑞士	0.0707	29	冰岛	-0.0279
15	挪威	0.0693	30	奥地利	-0.0411

资料来源：表中数据是笔者根据 TiVA 数据库测算得到。

从国内附加值竞争力看：高技术制造业的国内附加值竞争力提升显著，中高技术制造行业次之，低技术制造行业的指标虽然普遍较高，但呈下降趋势。中国制造业的发展已经历了翻天覆地的变化和快速、大规模的变革，虽然其产业体系日趋强大，并有一定的市场占有率，全球化趋势也逐渐明显，但在嵌入全球价值链的进程中遭到了发达国家领导型跨国企业等的排斥，被锁定在价值链的低端。因此，中国国内的制造业企业在产业转型升级的路径中必须突破低端锁定困境，要从全球价值链的低端节点向高端节点不断攀升，要在嵌入全球价值链的高端生产环节后积极参与全球价值链分工体系的治理，而突破困境进行攀升的过程方是实现产业转型升级的关键所在。[①]

二　西部角色

国家发展在特定的历史条件下有着特定的时代任务，西部地区也因此有着不同历史特征的角色定位。以改革开放的历史节点为标杆，西部地区在改革开放之前承载着保障国家整体稳定发展的历史任务，到目前依然具有这样的角色功能；改革开放之初，西部地区通过对自身的开放变革支撑国家深度融入全球经济体系；进入新时代，新的世界局势和国内环境又要求西部地区试验发展，推进国家深入转型。从整体看，西部角色的定位与转变受到自身发展境况的约束，同时直接决定整个国家转型发展的成败。

1. 保障国家稳定发展

中国西部地区包括陕西省、四川省、云南省、贵州省、广西壮族自治区、甘肃省、青海省、宁夏回族自治区、西藏自治区、新疆维吾尔自治区、内蒙古自治区、重庆市 12 个省、自治区和直辖市，土地面积 681 万平方公里，占全国总面积的 71%；人口约 3.5 亿，占全国总人口的 28%。西部地区疆域辽阔，除四川盆地和关中平原外，绝大部分地区是我国经济欠发达、需要加强开发的地区。西部地区与 13 国接壤，陆地边境线长达 1.8 万余公里，约占全国陆地边境线的 91%。西部地区人口占全国比重虽不大，但幅员广阔，西部地区的滞后发展、不发展直接阻碍国家整体的稳定

---

① 黄光灿、王珏、马莉莉：《中国制造业全球价值链分工地位核算研究》，《统计与信息论坛》2018 年第 12 期。

前行。尤其是在农业、轻工业高速发展，产值占比较大的时期，西部地区承载着保障国家整体稳定发展的历史任务。

西部地区是我国的资源富集区，矿产、土地、水等资源十分丰富，旅游业十分旺盛，而且开发潜力很大，这是西部地区形成特色经济和优势产业的重要基础和有利条件。西部地区的能源资源非常丰富，特别是天然气和煤炭储量，占全国的比重分别高达 87.6% 和 39.4%。西部各省区市的人均矿产资源基本居于全国前列。在全国已探明储量的 156 种矿产中，西部地区有 138 种。在 45 种主要矿产资源中，西部有 24 种占全国保有储量的 50% 以上，另有 11 种占 33%～50%。西部地区全部矿产保有储量的潜在总价值达 61.9 万亿元，占全国总额的 66.1%。21 世纪初西部地区已形成塔里木、黄河中游、柴达木、东天山、北祁连、西南三江、秦岭中西段、攀西黔中、四川盆地、红水河右江、西藏"一江两河" 11 大矿产资源集中区。由于我国地貌类型由西向东呈三级阶梯状分布，而且西部地区地下水天然可采资源丰富，其中西南地区水资源储量占全国的 70%，而西北地区缺水。中国总体上是一个缺水的国家，西南地区丰富的水资源是西南地区的宝贵财富，为工农业发展和居民生活提供了必要条件。西部地区的土地资源也极为丰富。人均占有耕地 2 亩，是全国平均水平的 1.3 倍。耕地后备资源总量大，未利用土地占全国的 80%。由于独特的气候条件和地形地势，西部部分地区也有生产粮食的优势和特色农牧业，如四川和陕西汉中地区等。

东中西部地区的自然条件不同，吸纳人口和集聚产业、技术的能力也不一样，按照主体功能区的规划，一片特定的区域空间必须有一种明确的主体功能，要么提供工业品和服务产品，要么提供基础资源品和农产品，要么就是提供生态产品。西部地区拥有广阔的国土和众多人口，各类自然资源丰富，为中东部地区快速、率先发展提供生产要素基础，在根本上保障国家整体的发展稳定。

2. 支撑国家改革开放

西部地区由于历史的、环境的、经济的因素，依靠国家政策、资金的投入，形成了重工业化结构。西部地区在 20 世纪 30～40 年代就为重工业化奠定了基础，新中国成立后，计划经济模式下的西部重工业化进程进一步发展，具有明显的国家安全部署定位，国防要求下的"三线建设"再次奠定了目前西部地区重工业的区域布局。① 改革开放之前，西部地区在不同的历史阶段以不同的形式和内容保障国家的稳定发展。

改革开放以来中国地区要素生产率的变迁表明，西部地区的要素生产率、全要素生产率协调度均低于东中部地区，但要素的配置效率要高于东部地区。② 发展失衡还体现在区域之间。改革开放之初，中国率先实施非均衡的区域发展战略，东中西部地区发展差距不断拉大。"失调－协调"循环转换的发展历程还表现在西部地区城镇化与农业现代化的耦合③、产业结构的演变、收入分配等方面。西部地区内部经济社会由失调向协调转变，并配合区域间协调发展，对于中国持续的改革开放至关重要、意义重大。

中国改革开放持续推进的空间短板在于西部内陆地区的开放转型。西部地区的开发开放体制建设直接影响中国整体的改革开放质量和发展阶段。西部地区发展的关键问题在于结构问题和体制问题，核心是培育新动能。在转型升级的同时，西部地区产业结构的调整和新动能的转换支撑国家不断改革开放。

3. 推进国家深入转型

在新一轮的国家发展中，西部地区最大的短板既不是投资也不是外向型经济驱动，而在于科技创新驱动战略同中国区域发展理念相协调。激活新中国成立以来特别是"三线"时期在西部地区布局的科技创新潜力是创新驱动战略下的未来发展重点。研发力量与军工企业为主体的组合构成了西部大开发中建设高新技术产业园区的主体力量。当前提高科技创新能力的现实途径，就是激活西部已有创新资源的潜力，以国家主导与地方结合择优发展某些高新技术产业和产品，促使重点城市、重点区域和重要行业部门成为科技创新驱动的先行者和引领者，如推动西安、成都、重庆等城市成为大区域范围内产业空间结构的高地，成为世界科技产业网络中的节

---

① 岳珑：《20世纪50～70年代中国西北地区重工业化道路的选择与反思》，《当代中国史研究》2009年第3期。
② 李言、高波、雷红：《中国地区要素生产率的变迁：1978～2016》，《数量经济技术经济研究》2018年第10期。
③ 马德君、谢辛：《城镇化与农业现代化的耦合特征：解析西部地区》，《改革》2016年第5期。

点，并成为具有强大带动能力的区域增长极。① 在中国区域发展空间网络中，西部地区对外部区域发展效应的接受能力远远强于主动溢出至其他区域的能力，② 而西部地区在全国区域发展网络中的结构变化取决于"溢出－接受"关系的转变，由此推进国家继续深入转型。

西部地区的新时代机遇还在于"一带一路"倡议和自贸试验区的对接融合，加快推进对外开放。"一带一路"倡议提出后，国家在第三批自由贸易试验区建设中重点建设陕西、重庆、四川西部三个地区的自由贸易试验改革试点。西部这三地的自由贸易改革任务各有侧重，相互协同，共同对接"一带一路"倡议，深入体制机制创新转型。在国家向西开放的过程中，西部地区从开放外围转变为开放新高地，在开放持续深入和体制机制创新层面推进国家高质量转型发展。

第二节　新时代全球格局变迁与中国选择

党的十九大报告指出：经过长期努力，中国特色社会主义进入了新时代，这是我国发展新的历史方位。新时代首先是承前启后、继往开来，在新的历史条件下继续夺取中国特色社会主义伟大胜利的时代；其次是决胜全面建成小康社会，进而全面建设社会主义现代化强国的时代，是全国各族人民团结奋斗、不断创造美好生活、逐步实现全体人民共同富裕的时代，也是全体中华儿女勠力同心、奋力实现中华民族伟大复兴中国梦的时代，更是我国日益走近世界舞台中央、不断为人类做出更大贡献的时代。

一　新时代全球格局变迁

由于全球收入分配极化和世界经济复苏缓慢，国际民粹主义兴起，以美国政府为典型的逆全球化力量显现，采取"美国优先"战略，企图打乱现有国际经贸体系和大国竞争格局，重构符合美国利益的新型全球化。中国是现行全球化发展的贡献方与受益国之一，维护全球化带来的发展成果

① 樊杰、刘汉初：《"十三五"时期科技创新驱动对我国区域发展格局变化的影响与适应》，《经济地理》2016 年第 1 期。

② 刘华军、张耀、孙亚男：《中国区域发展的空间网络结构及其影响因素——基于 2000～2013 年省际地区发展与民生指数》，《经济评论》2015 年第 5 期。

是对世界历史的承认，在逆全球化甚至去全球化的今天，中国提出了"一带一路"倡议和"人类命运共同体"的发展理念，以"一带一路"引领包容性新型全球化，共建共赢全球经济发展是持续推进全球化的基本原则和未来发展之路。

1. 新科技革命爆发

"二战"以后，随着计算机、互联网、移动互联网等技术的发明，信息经济已悄然兴起。更进一步说，分工一旦细化到生产流程内部，模块网络化将成为不可逆转且循环往复、愈趋加快的发展机制。社会生产系统的碎片化程度加大、供给响应的时间要求提升。联结愈趋分散化的真实需求以及碎片化的生产流程，需要数字技术、网络技术、智能技术，以使分散于广阔空间范围的生产环节并行运作，对变化频繁的消费需求做出敏捷响应。模块网络化生产方式的发展，创造出数字化、网络化、智能化等新兴科技及产业发展的强大需求场景；后者支撑数据驱动的社会生产、消费体系面临更深层次的重构，信息经济时代转向数字经济时代，成为必然趋势。

2008 年全球经济陷入萧条后，德国提出工业 4.0、美国重振制造业、日本的产品制造革命，以及"中国制造 2025"等，均以新一代信息技术为支撑，寻求人工智能与制造的革命性结合，并延伸至新材料、新工艺、新商业模式等的开拓与创新。随着创新继而人的心智开发越趋重要，生命科学、生物技术、医学医疗、生态与环境科技等领域技术变革悄然兴起。第一次工业革命改变了劳动工具与劳动者的结合方式，机器作为劳动者体力劳动和劳动技能的延展，在此后历轮科技产业革命中不断演进，并重构整个社会生产生活体系。当前，数字经济、人工智能等的开发与应用，再一次实质性改变劳动工具与劳动者的结合方式，智能制造作为劳动者脑力和体力劳动的延展，势必进一步解放劳动力，并重构生产模式、消费模式、生活方式、城市运行、国家运作、全球联系及政治与思想上层建筑。也就是说，在模块网络化生产方式基础上，新一轮科技产业革命即将更具颠覆性、影响更为深远。

2. 海洋外交与海权压制

海洋事务在全球化的时代与外交关系耦合，产生海洋外交的实践范畴。根据社会属性的差异和强制性的高低，海洋外交可以分为炮舰外交、海军外交、海洋法律外交、海上合作外交和涉海民间外交五种实践形式。① 在当今逆全球化的浪潮中，排他性、对抗性思维的海洋外交形式应让步于包容性思维的海上合作外交，通过全球合作共建共赢的理念，让"一带一路"建设引领包容性全球化。

海权在历史上对少数国家的发展与崛起起到过独一无二的作用，并以特定历史的技术条件和发展要素为前提。海权思想主要建立在两个基本前提之下：一是海洋经济为决定一国经济社会繁荣的关键；二是技术进步不会对海权作用产生实质影响。② 随着陆上交通、航空技术发展和多式联运的普及，纯粹的海权作用在当今时代正在弱化。但随着美国全球战略过度聚焦于大国竞争，控制海权毫无疑问地成为当前美国国内的基本共识，且提出"全域进入"并加强印太地区的海空力量部署。③ 在面对美国"由海向陆"转向"重返海洋控制"的战略布局下，中国更应该推进陆海复合型发展和"一带一路"沿线多式联运港口（海港、陆港和空港及其多式联运港口）的海外支点建设。"一带一路"沿线海外支点建设是中国积极推进全球性区域合作的重要途径，所秉持的共建共赢理念是世界共同参与的重要基石。随着"一带一路"倡议的深入，陆上丝绸之路经济带与海上丝绸之路建设同步推进，海权时代向陆海复合发展。④

3. 中美经贸摩擦不断

对未来全球分工格局的制高点争夺加剧了中美经贸摩擦。美国作为目前全球的超级强国，近年来频频跳出国际经贸共识，打乱全球规则，削弱中国在全球生产网络中的地位和发展势头，解构中国政府职能和经济活动能力，重新构建对美国有利的全方位新型国际体系。贸易摩擦、金融波动、汇率贬值只是争端引发的结果和表象，其根本在于美国担忧"中国制造2025"和中国在全球分工地位的快速崛起，占领下一阶段科技革命制高点。目前大国关系紧张是世界博弈的必然结果，不以美国现任政府的更迭

---

① 马建英：《海洋外交的兴起：内涵、机制与趋势》，《世界经济与政治》2014年第4期。
② 吴征宇：《海权与陆海复合型强国》，《世界经济与政治》2012年第2期。
③ 解晓东、赵青海：《美国对海权的再认识及其政策影响》，《国际问题研究》2017年第3期。
④ 李晓、李俊久：《"一带一路"与中国地缘政治经济战略的重构》，《世界经济与政治》2015年第10期。

为转移。因此，美国对中国的多层面施压将表现为持续性、常态性特征。中国必须把应战姿态适时转变为主动竞争，开拓亚非欧大市场，构建一个能够包容不同类型市场经济体的全球贸易投资体制，全球化与"一带一路"倡议包容性融合。

中美经贸摩擦频发是现阶段中美双方产业结构发展和全球分工地位转变矛盾的集中体现和先行表现。中美贸易争端时有发生，但近期的经贸摩擦开始于2018年3月22日，美国总统特朗普宣布计划对中国600亿美元的商品征收关税，并表示将限制中国企业对美投资并购。自2018年5月3日展开第一轮中美经贸谈判，中美双方在一年多时间里磋商十三轮，中方为此做出诸多努力。2020年1月15日，刘鹤副总理前往华盛顿，与特朗普总统签署中美第一阶段协议，两国经贸争端稍趋缓和。但第二阶段谈判的议题范围更广，达成共识的难度更大，这给大国关系和世界格局演化带来不确定性。

二 中国的时代选择

中国自改革开放以来积极发展开放型经济并深入全球生产网络，吸收世界大量生产要素和经验，提升了资源配置效率和经济增长速度，产业结构有所优化，国际竞争力不断增强。但2008年美国金融危机之后，全球经济增长放缓、外部需求低迷、人口红利消失、国内产能过剩、逆全球化浪潮肆起，国家陆续提出区域发展战略调整、创新驱动制造业高质量发展以及新型全面开放等方案，具体表现在"一带一路"倡议、"中国制造2025"和创新自由贸易试验区体制机制改革等。

1. "一带一路"建设

"一带一路"倡议自2013年提出以来，其建设秉承共商、共享、共建原则，坚持开放合作、和谐包容、市场运作、互利共赢。根据"一带一路"走向，陆上依托国际大通道，以沿线中心城市为支撑，以重点经贸产业园区为合作平台，共同打造新亚欧大陆桥、中蒙俄、中国-中亚-西亚、中国-中南半岛等国际经济合作走廊；海上以重点港口为节点，共同建设通畅安全高效的运输大通道。中巴、孟中印缅两个经济走廊与推进"一带一路"建设关联紧密，要进一步推动合作，取得更大进展。共建"一带一路"国家，需各国携手努力，朝着互利互惠、共同安全的目标相向而行。努力实现区域基础设施更加完善，安全高效的陆海空通道网络基本形成，互联互通达到新水平；投资贸易便利化水平进一步提升，高标准自由贸易区网络基本形成，经济联系更加紧密，政治互信更加深入；人文交流更加广泛深入，不同文明互鉴共荣，各国人民相知相交、和平友好。自"一带一路"倡议提出以来，我国与共建"一带一路"国家不断拓展合作区域与领域，尝试与探索新的合作模式，使之得以丰富、发展与完善，但其初衷与原则却始终如一。①

"一带一路"建设的动机主要体现在促进经济增长与就业、缩小区域发展差距，化解国内过剩产能、促进产业及价值链升级，获取资源与能源供给、保障国内需求，促进区域经济一体化、打破"岛链"封锁，加快人民币国际化进程、深化发展导向金融合作。② 这些方面正是中国新时代面临的重要问题。

2. 中国制造迈向高端发展

制造业是中国国民经济的重要主体，承载着产业高端演化的母体功能。2010 年中国制造业产出占全球制造业总产出的 19.8%，超过美国，跃居世界第一。中国国内制造业体量持续增大。目前，中国在 500 多种主要工业产品中，超过 220 种的产量位居世界第一。2015 年 5 月 19 日，国务院正式发布了《中国制造 2025》（国发〔2015〕28 号），部署全面推进实施制造强国战略。中国制造业在改革开放以来持续保持快速、强劲的发展态势，逐步有序地建立了门类齐全、独立完整的制造业产业体系，有力推动国家工业化和现代化进程，综合国力明显增强。

在改革开放初期，中国尝试性地创立了"三来一补"的贸易形式，对来料、来样、来件进行加工装配和补偿贸易，环节附加值极低，但为封闭的中国打开了贸易开放的大门，中国制造业开始蓬勃发展。21 世纪前十年是中国加工组装制造的飞速发展期，中国制造的产品走向全球市场。随着中国制造业的逐渐发展和中国加入 WTO，以低附加值的制造品为主的出口结构出现越来越多的问题，大量的全球资本和先进的技术经验流向中国，

---

① 国家发展改革委、外交部、商务部：《经国务院授权三部委联合发布推动共建"一带一路"的愿景与行动》，http://www.gov.cn/xinwen/2015 – 03/28/content_ 2839723. htm，2015 年 3 月 28 日。

② 盛斌、黎峰：《"一带一路"倡议的国际政治经济分析》，《南开学报》（哲学社会科学版）2016 年第 1 期。

助力中国的制造业转型发展，中国制造业参与全球生产网络的程度越来越深，中国在全球价值链中的地位也呈现出上升的趋势。

中国制造业的产出结构日趋改善。2014 年 12 月，"中国制造 2025"这一概念被首次提出；2015 年 3 月 5 日，李克强总理在全国两会上作的《政府工作报告》中首次提出"中国制造 2025"的宏大计划，坚持创新驱动、智能转型、强化基础、绿色发展，加快从制造大国转向制造强国。"中国制造 2025"是在新的国际国内环境下，中国政府立足于国际产业变革大势，做出的全面提升中国制造业发展质量和水平的重大战略部署。其根本目标在于改变中国制造业"大而不强"的局面，通过 10 年的努力，使中国迈入制造强国行列，为到 2045 年将中国建成具有全球引领和影响力的制造强国奠定坚实基础。

要实现"中国制造 2025"目标需完成九大任务，包括提高国家制造业创新能力、推进信息化与工业化深度融合、强化工业基础能力、加强质量品牌建设、全面推行绿色制造、大力推动重点领域突破发展、深入推进制造业结构调整、积极发展服务型制造和生产性服务业、提高制造业国际化发展水平。"中国制造 2025"的目标和任务与德国"工业 4.0"、美国的"先进制造业国家战略计划"相比，重点在于提高制造业的创新能力和发展质量。这与中国制造业的发展基础和现实条件是相符合的，并没有将目标和任务定得过于"高大上"，而是更多立足于对传统产业的转型升级和提升。

提高创新能力是"中国制造 2025"的首要任务。《中国制造 2025》行动纲领明确提出，要完善以企业为主体、市场为导向、政产学研用相结合的制造业创新体系。信息化与工业化的融合是推动"中国制造 2025"的核心。要加快推动新一代信息技术与制造技术融合发展，把智能制造作为"两化"深度融合的主攻方向；着力发展智能装备和智能产品，推进生产过程智能化，培育新型生产方式，全面提升企业研发、生产、管理和服务的智能化水平。品牌建设是推动"中国制造 2025"的关键。推行绿色制造是推动"中国制造 2025"的保障。此外，发展服务型制造和生产性服务业、推动制造业国际化、强化工业基础、促进重点领域突破发展都是推动"中国制造 2025"的重要支撑。[①]

---

① 张莉：《解读〈中国制造 2025〉》，今日中国，http：//www.chinatoday.com.cn/chinese/economy/fxb/201507/t20150715_800035214.html，2015 年 7 月 15 日。

3. 开发开放全面深化改革

后发的新兴发展中国家可以通过模仿先进技术提升社会生产效率，向发达经济体的发展水平收敛。但是当后发国家技术发展水平与发达国家接近时，单纯的模仿已经不能支撑更高的经济发展速度，而此时只有通过自主创新驱动社会革新才能持续实现更高的经济增长和经济收敛。①

2016 年 5 月，中共中央、国务院印发了《国家创新驱动发展战略纲要》。党的十八大提出实施创新驱动发展战略，强调科技创新是提高社会生产力和综合国力的战略支撑，必须摆在国家发展全局的核心位置。这是中央在新的发展阶段确立的立足全局、面向全球、聚焦关键、带动整体的国家重大发展战略。当前，我国创新驱动发展已具备发力加速的基础。经过多年努力，我国科技发展正在进入由量的增长向质的提升的跃升期，科研体系日益完备，人才队伍不断壮大，科学、技术、工程、产业的自主创新能力快速提升。经济转型升级、民生持续改善和国防现代化建设对创新提出了巨大需求。庞大的市场规模、完备的产业体系、多样化的消费需求与互联网时代创新效率的提升相结合，为创新提供了广阔空间。中国特色社会主义制度能够有效结合集中力量办大事和市场配置资源的优势，为实现创新驱动发展提供了根本保障。我国许多产业仍处于全球价值链的中低端，一些关键核心技术受制于人，发达国家在科学前沿和高技术领域仍然占据明显领先优势，我国支撑产业升级、引领未来发展的科学技术储备亟待加强。适应创新驱动的体制机制亟待建立健全，企业创新动力不足，创新体系整体效能不高，经济发展尚未真正转到依靠创新的轨道上来。

创新驱动发展战略目标分三步走：第一步，到 2020 年进入创新型国家行列，基本建成中国特色国家创新体系，有力支撑全面建成小康社会目标的实现；第二步，到 2030 年跻身创新型国家前列，发展驱动力实现根本转换，经济社会发展水平和国际竞争力大幅提升，为建成经济强国和共同富裕社会奠定坚实基础；第三步，到 2050 年建成世界科技创新强国，成为世界主要科学中心和创新高地，为我国建成富强民主文明和谐的社会主义现代化国家、实现中华民族伟大复兴的中国梦提供强大支撑。推动产业技术

---

① 韩忠亮：《中国经济增长：一个"破坏性创造"的内生增长模型》，经济管理出版社，2013。

体系创新，创造发展新优势，强化原始创新，增强源头供给，优化区域创新布局，打造区域经济增长极，深化军民融合，促进创新互动，壮大创新主体，引领创新发展，实施重大科技项目和工程，实现重点跨越，建设高水平人才队伍，筑牢创新根基，推动创新创业，激发全社会创造活力是创新驱动发展的时代战略任务。

随着创新驱动和科技进步的持续发展，数字经济是继农业经济、工业经济之后的一种新的经济社会发展形态。数字经济更容易实现规模经济和范围经济，日益成为全球经济发展的新动能。中国信息通信研究院测算数据显示，2018 年我国数字经济总量达到 31.3 万亿元，占 GDP 比重超过 1/3，达到 34.8%，占比同比提升 1.9 个百分点。数字经济蓬勃发展，推动传统产业改造提升，为经济发展增添新动能，2018 年数字经济发展对 GDP 增长的贡献率达到 67.9%，贡献率同比提升 12.9 个百分点，超越部分发达国家水平，成为带动我国国民经济发展的核心关键力量。G20 杭州峰会发布《二十国集团数字经济发展与合作倡议》，2017 年 3 月，数字经济首次写入政府工作报告，数字经济发展开启新篇章。

第三节　西部创新发展与开放的时代使命

创新发展对于我国形成国际竞争新优势、增强发展的长期动力具有战略意义，对于我国提高经济增长的质量和效益、加快转变经济发展方式具有现实意义，对于降低资源能源消耗、改善生态环境、建设美丽中国具有长远意义。在新的历史时期，持续推进西部大开发高质量转型发展，对外深入践行"一带一路"倡议，对内试验改革开放体制机制创新是西部地区创新发展的时代使命。

一　西部高质量大开发

西部大开发战略实施的 20 年间，投资拉动经济增长是其明显特征，在大开发实施初期的前十年普遍存在。目前，基础设施建设仍为西部大开发的关键，创新空间格局，让人工智能技术赋能智慧城市建设，高质量拓展城市空间体系。面向"十四五"，历史机遇叠加，一批正在发力建设的优势产业让我国西部地区更加充满活力，一批正在发力的基础设施建设让西部地区更加充满机遇。① 面对机遇，西部地区必须做好迎接高质量大开发挑战的准备，推进西部大开发形成新格局。

1. 工业互联赋能制造业转型升级

2019 年政府工作报告特别指出，传统产业的改造提升和新型产业的加快发展，先进制造业和现代服务业深度融合发展，对于加快建设制造强国意义重大，尤其是人工智能技术应用工业互联网平台，为制造业服务化转型升级赋能。"一带一路"倡议引领包容性新型全球化，大大推动了内陆性改革高地深入参与全球生产网络分工；随着数字技术、人工智能的不断突破，产业融合的现实问题更加错综复杂和更具挑战性。人工智能赋能产业发展有助于中国和西部企业凭借工业互联技术占据全球价值链中生产和服务环节的高端，引导西部地区产业高端化发展，对政府顶层设计和推进开放型内陆高地建设有着重要参考意义，也对西部地区今后重点发展实体经济、转型经济结构有着重大的研究和指导意义。西部大开发总体上促进了西部地区的高质量发展，但基础设施建设和投资驱动单一，外商资本进入和创新能力不足。② 开发开放重在开发先行，继续加大财政投资并逐步调整投资方向，淘汰、转移落后产能，改造传统产业，应用工业互联技术赋能优势产业转型升级。

围绕推动制造业高质量发展和"中国制造 2025"计划的大战略，全国大力推动传统产业改造升级和促进新兴产业发展，西部地区要致力于强化工业基础和技术创新能力，促进先进制造业与现代服务业深度融合发展，也为国家"智能＋"制造的赋能式转型升级提供智力支撑，为西部地区高质量大开发贡献力量。

2. 营商环境高质量重建

2010 年 2 月，住房和城乡建设部发布的《全国城镇体系规划（2010—2020 年）》明确提出五大国家中心城市（北京、天津、上海、广州、重

---

① 张永军：《西部大开发新格局——新时代·新思想·新征程》，《西部大开发》2017 年第 10 期。
② 茹少峰、周子锴：《西部大开发 20 年的政策净效应与西部地区经济高质量发展——基于倾向得分匹配—双重差分方法检验》，《陕西师范大学学报》（哲学社会科学版）2019 年第 4 期。

庆）的规划和定位。2016 年 5 月至 2018 年 2 月，国家发展和改革委员会及住房和城乡建设部先后发函支持成都、武汉、郑州、西安建设国家中心城市。至此，全国东中西部地区布局了较为协调的国家中心城市。为了积极建设国家中心城市，提升西部地区城市吸引力，重庆、成都、西安率先开始营商环境的高质量重建。

营商环境的系统性改善对于招商引资至关重要，《中国城市营商环境报告 2018》显示，重庆、成都、西安分列综合排名的第 5 位、第 6 位和第 10 位，直接表现为三个新一线城市在招商引资、人才吸纳方面亮点颇多。产业、资本配合人才、技术进入西部地区，推动西部大开发高质量转型并持续深入发展。

商业资源集聚水平、城市枢纽水平、城市活跃度、生活方式多样性、未来可塑性是城市商业魅力的集中体现，西部地区城市尤其应在这些维度进行突破性重建，以便在新时期重新配置和协调各类资源要素，促进经济高质量发展。营商软环境的重建是西部地区大开发转型的一个关键。2018年，中国城市商业魅力排行榜公布，除北上广深一线城市外，新一线城市的成都、重庆、西安分列第 1 位、第 3 位和第 6 位。

二 丝绸之路经济带向西开放

建设丝绸之路经济带是西部地区开发开放的又一重大时代机遇。[①] 共建丝绸之路经济带这一倡议的提出，是我国深化向西开放、保障国家安全的重大战略举措，有利于拓展西部大开发的内涵和空间，使西部地区能够化区位劣势为区位优势，建立健全我国向西开放的战略体系。[②]

1. 建设内陆型开放支点

"丝绸之路经济带"在内容上是集向西开放与西部开发为一体的政策综合版。[③] 自 20 世纪 70 年代末我国实行对外开放的基本国策以来，我国

---

① 马莉莉、张亚斌、王瑞：《丝绸之路经济带：一个文献综述》，《西安财经学院学报》2014年第 4 期。
② 任保平、周志龙：《丝绸之路经济带建设中打造西部大开发升级版的战略选择》，《兰州大学学报》（社会科学版）2015 年第 6 期。
③ 胡鞍钢、马伟、鄢一龙：《"丝绸之路经济带"：战略内涵、定位和实现路径》，《新疆师范大学学报》（哲学社会科学版）2014 年第 4 期。

的对外开放由南到北、从东到西层层推进，基本上形成了"经济特区-沿海开放城市-沿海经济开放区-沿江和内陆开放城市-沿边开放城市"的宽领域、多层次、有重点、点线面结合的全方位对外开放格局。在丝绸之路经济带向西开放的进程中，西部地区中心城市承载着内陆型城市支点的建设任务。以重庆、成都、西安为第一层次支点进行建设，辐射周边城市群，引领西部地区整体向西开放，与丝绸之路经济带建设相辅相成。

2. 打造包容性"一带一路"

更加包容的"一带一路"合作将会引领新型全球化发展。西部地区加快构建现代产业网络体系，推动区域产业结构转型升级，向西开放，参与中亚、南亚、中东欧地区的国际产能合作。

推进国际产能和装备制造合作是保持中国经济中高速增长和迈向中高端水平的重大举措，也是推动新一轮高水平对外开放、增强国际竞争优势的重要内容。海内外的产业园区和自由贸易区将是引领新形势下国际产能合作与开发开放的重要依托。国际实践经验表明，经济欠发达、区域内经济发展不平衡的国家，它们在进行国际经贸合作时所面对的外部冲击较大、承受风险的能力又相当有限，同时又迫于世界经济形势，想要吸引先进的资本、技术和管理经验来服务于本国的产业经济转型升级，那么与国际社会共同建立以产业园和自贸区为依托的国际产能合作平台是发展的必由之路。[①]

"一带一路"倡议与中国国内自贸试验区建设实际上也是一种相互协同、联动推进的系统过程，"一带一路"倡议以自由贸易试验区为载体，充分发挥中国在自贸试验区建设以及区域各领域合作等方面的优势，加快自由贸易试验区建设，进而提升共建"一带一路"国家开放水平，二者相互协作，形成全方位的中国对外开放格局。

目前，我国已在18个省区市设立自由贸易试验区和探索自由贸易港建设，西部地区的陕西、重庆、四川三地设立自由贸易试验区进行先行先试，承载着政府职能转变、贸易投资便利化、金融创新开放等方面的新时

---

① 黄光灿、王珏：《中国对丝路国家直接投资便利化实施路径研究》，《财经理论研究》2016年第4期。

代西部使命；云南、广西等西南省区于 2019 年 8 月加入开放试验。西部内陆地区如何创新开放型经济体制，以开放促发展，奠定内陆型改革开放新高地及"丝绸之路经济带"可持续发展支点，是中国走向社会主义现代化强国的重大理论与现实课题。

第二章
西部服务国家发展的历程

第一节　西部大开发前西部与国家发展互动历程

自新中国成立至西部大开发实施以前，西部地区也曾面临三线建设、改革开放等融入国家重大发展战略的历史机遇。西部地区的发展与国家发展战略的推进息息相关。

一　计划经济时期的三线建设

早在20世纪60年代中期至70年代，西部地区就已然经历了一次战略性的大规模开发——三线建设。该时期也是新中国成立后的计划经济时期，西部就在三线建设中成为重工业、科研资源汇聚的地区，由此承担国家安全腹地的角色，西部三线建设对国家工业化和战略安全提供了重要的建设支撑。

三线地区是指长城以南、广东韶关以北、京广铁路以西、甘肃乌鞘岭以东的广大地区，包含四川（含重庆）、贵州、云南、陕西、甘肃、宁夏、青海7个省区及山西、河北、河南、湖南、湖北、广西等省区的腹地部分，共涉及13个省区。其中西南的川、贵、云和西北的陕、甘、宁、青俗称"大三线"，一、二线地区的腹地俗称"小三线"。三线地区位于中国腹地，离海岸线最近的在700公里以上，距西边国土边界上千公里，四面分别有青藏高原、云贵高原、太行山、大别山、贺兰山、吕梁山等连绵山脉作天然屏障，在准备打仗的特定形势下，是较理想的战略后方。

1. 三线建设的背景

新中国成立初期，国家率先实施计划经济和优先重点发展重工业的任务，努力建设全面完整的工业体系。中国工业化道路起步于"一五"计划时期，其核心战略是依靠国内建设资金的积累，通过优先发展重工业，快速推动国民经济发展，实施"进口替代"政策，即通过生产难度低的初级产品来换取重工业发展的生产资料，国内的产出又不断地替代这些进口。随着重工业的快速发展，农业、轻工业和其他产业部门受到重工业优先建设的支撑并逐步发展。

中国国土分布均衡，东西南北外围至中心地区距离相差不大，可以明显地分出内外线、前后方。从四个方位最顶端测量中国的中心点，大致在甘肃兰州至陕西西安之间的宝鸡。再从自然地形看，中国地势西高东低。西部由南至北是云贵高原、横断山脉、青藏高原、喜马拉雅山脉、昆仑山脉、帕米尔高原、塔克拉玛干沙漠、天山山脉、贺兰山脉等，海拔几千米以上，地势险峻，气候复杂，形成难以逾越的天然半月形屏障。历史上曾经远征欧、亚、非的马其顿帝国和阿拉伯帝国都至此停止扩张的步伐，从未有任何一支外国军队能够从西部入侵中国内地。东北部有大小兴安岭，也易守难攻。陆地疆域中唯有北部内蒙古高原中部相当开阔，大部分为沙漠、草原，是一条易攻难守的通道，须后退到陕西秦岭、山西雁门关一带方有险要可守。相对而言，东部沿海地势较为低缓，多为丘陵和平原，后退到太行山脉方有利据守。于是，毛泽东等中国领导人确定将川、贵、云、陕、甘、宁、青和鄂、豫、湘西部作为三线战备后方。1950年朝鲜战争爆发后，美国实行军事包围，对新中国的威胁依然主要来自东南沿海。由于当时对苏联的"一边倒"外交政策和接受苏联经济援助，实际上我国将苏联作为大后方，建设重心放在东北、华北地区，建设战略后方的问题并不紧迫。

从20世纪60年代开始，中国的经济发展趋于好转，但当时外围可谓危机四伏，亚洲局势紧张：美国在越南发动的大规模战争直接威胁中国南方边境，当时的苏联则在东北边境虎视眈眈，台湾和台湾海峡的历史遗留问题更加突出，西南边境的中印军事对峙此起彼伏。至1964年，中共中央和国家基于军事战略调整和备战的角度，做出三线建设的战略决策，进行了中国现代工业布局最大的一次区域调整，按照战略纵深进行新的空间配置，构成"三五"计划和当时最为迫切的国家任务之一。国防工业作为当时国民经济的"两个拳头"之一，对于中国经济社会的发展至关重要。"三五"计划立足备战，以国防建设为第一，考虑解决中国国内工业布局不平衡的问题，在进行一、二、三线的战略布局中重点加强三线建设，以防卫敌国入侵、保障国家安全。① 大三线建设是新中国在 1964～1978 年展开的延续时间最长、规模最为宏大的一次工业建设运动。三线建设的战略部署也第一次体现出国家领导人对国家经济发展不平衡问题的重视。

2. 三线建设的内容

三线建设从 1964 年下半年开始大规模推进，按照"新建项目不放第一线，军工、机械、科教西迁"的方针，分批、有步骤地进入西南、西北三线区域。三线建设大概持续了三个"五年计划"的时间，直至 1978 年才落下帷幕。三线建设期间，国家先后通过"三五""四五"计划累计投入约 2000 亿元建设资金，投资力度很大。据统计，三线建设的投资总额占到同时期中国基建投资额的 43.4%，大中型项目的 48%。② 很多工业从沿海地区迁往西南地区，而西部成为一个以重工业为主体、门类齐全的战略后方制造业生产基地。当时内地的工业建设主要集中在能源、资源开发，以及国防电子工业和大型机械制造方面，这使工业基础较为薄弱的中西部工业增长速度快于沿海地区，区域制造业结构进一步合理。三线建设所带来的工业布局调整是西部地区自新中国成立后第一次历史性发展机遇，既为全国经济发展提供了安全保障，也为后方建设创造了条件。

三线建设动员速度极快，仅落实一年多时间，在西南、西北三线区域部署的新建、扩建和续建的大中型项目超过 300 项，由东部沿海的一线区域西迁到三线区域的工厂约有 50 家。一是关于三线建设中的军工基地建设多达 30 个，其中航空航天装备和导弹、雷达制造多集中在陕西和西南地区；二是关于三线建设中的军民两用项目多达 2000 个；三是关于三线建设中的新兴工业城市崛起，如神秘的攀枝花、十堰、绵阳、安顺、宝鸡、洛阳等，这些依靠军事战备发展起来的工业城市如今成为其所在省份除省会以外的核心城市，且大多集中在西部地区。

---

① 王庭科：《三线建设与西部大开发》，《党的文献》2000 年第 6 期。
② 李相合、陈红：《"三线建设"为西部大开发提供的经验与教训》，《内蒙古师范大学学报》（哲学社会科学版）2003 年第 6 期。

西部地区推进三线建设的重点区域在于西南，其核心是四川和重庆，在当时形成了以重庆为中心的常规兵器工业基地、以攀枝花为中心的钢铁工业基地和成昆铁路，也即所谓的"两基一线"的工业布局。此外，以成都为中心的航空工业基地和以绵阳为中心的国防尖端科技研制基地也有力地保障了中国现代军事装备的生产，成为三线建设时期的中国战略大后方与避难所。

成昆铁路堪称新中国成立初期的工程奇迹。1958 年 7 月，成昆铁路成都至峨眉段开工，经过多年努力论证，基本绘制出工程线路蓝图。但此后的时间里，成昆铁路的建设断断续续，近乎无法推进。1964 年 8 月，三线建设正式开启，成昆铁路的继续修建受到中央高度重视，尤其是 1969 年国际形势越发紧迫的背景下，中断的成昆铁路修建工作恢复。同年 9 月，中国西南铁路建设总指挥部成立，下设工地指挥部、技术委员会和支援铁路修建委员会，统一领导和集中指挥成昆铁路建设大会战，汇聚数十万筑路大军重新建设成昆铁路。1970 年 6 月，在周恩来总理的多次敦促和协调下，成昆铁路完成铺轨，并于 7 月 1 日正式全线开通运营。成昆铁路营运里程全长 1090.9 公里，北起四川成都，纵向贯穿了被高山峡谷大江大河封闭的四川西南部和滇北地区，终于南向的云南昆明。在当时，成昆铁路总投资超过 30.75 亿元，耗资巨大，施工难度极高，该铁路的建成通车也使得我国的铁路修建技术达到了当时世界先进水平。

成昆铁路是三线建设时期推进的重点国防工程，它实实在在、直接地改变了西南地区至少两千万人的生活，除保障国家重工业西迁的历史任务之外，也使西南的落后面貌得到大幅改善。在成昆铁路铺通的同时，即 1970 年 7 月 10 日，攀枝花钢铁厂一号高炉正式投产。此后历经二十余年，攀枝花两期工程全部建成。最终在一片荒凉干热的河谷间，形成了中国最大的铁路用钢、钒制品、钛原料和钛白粉生产基地和西部重要的重工业城市。依托成昆铁路，重要的航天基地——四川西昌卫星发射中心也在 70 年代末建立。同样依托此时期的西南铁路建设，重庆和成都的军事工业基地与湖北、湖南地区联系起来，由此贯通了中西部的工业分布格局，也为以后的区域性中心城市的发展奠定了产业和人口聚集的先决条件。

3. 三线建设的西部经验

三线建设蕴涵着西部人的创新，三线建设为推进西部大开发战略和

"一带一路"倡议提供了重要的经验借鉴。

一是中央政府的顶层设计为三线建设的持续推进提供保证。鉴于西方世界在 20 世纪 60 年代对新中国虎视眈眈,中央政府和领导人审时度势,做出了"三线建设"的重大战略部署。1964 年上半年,中央政府和领导人多次、及时地论证了建设三线战略大后方的指导方针和必要性。从防备敌人突然袭击,到做好"三五"计划,再到强调备战加快三线建设的具体做法,半年论证与研讨奠定了三线建设的整体思路。① 中央政府和领导人在第一时间进行顶层方案的设计,为三线建设的良好开头提供了保证。正如之后的改革开放、西部大开发,直到新时代西部内陆改革新高地的持续创新,都离不开政府层面的顶层设计,基于正确的局势研判,绘制建设和发展的宏伟蓝图,这一点是西部三线建设的宝贵经验之一,也是之后全国发展的经验之一。

二是大规模固定资产投资和基础设施建设是三线建设的实现内容。三线建设提出之际,中央领导工作小组就明确了大搞三线工业基地的建设构想,本着新建和西迁的执行方针,全部对准的是军工和机械工业以及科研院所。这些项目的新建和西迁都伴随着大量的固定资产投资和基础设施建设。正是投资驱动,中国西部当时的城镇化发展加速,产生了一定规模实实在在的基础工业体系和产业形态,丰富了三线建设的具体内容。

三是培育科技人才和引进先进技术是三线建设持续推进的关键。在 1964～1980 年,贯穿三个五年计划的 16 年中,国家在属于三线地区的 13 个省和自治区的中西部投入占同期全国基本建设总投资的 40% 多的资金;400 万工人、干部、知识分子、解放军官兵和成千上万的民工,在"备战备荒为人民""好人好马上三线"的时代号召下,建起了 1100 多个大中型工矿企业、科研单位和大专院校。在经济落后的西部地区引进技术和人才确实困难,但是只要政策、措施得力,能够提供真正发挥各类人才积极性、主动性的外部环境,而且能够较好地处理外地人才的引进与本地人才培养的关系,相信科技与人才问题是会得到解决的。

四是协同区域性中心城市布局工业产业。三线建设是中国西部地区城镇化发展的一个重要开端。优先大力发展国防科技工业和重工业使得西部

---

① 王庭科:《三线建设与西部大开发》,《党的文献》2000 年第 6 期。

地区开始步入大规模城镇化和工业化的进程，直接引导了西部地区中心城市的工业产业发展方向①，并且协同了西部地区的区域性中心城市在工业产业上的联结。在当时的三个五年计划里，西部地区形成了以重庆为中心的常规兵器工业基地、以成都为中心的航空工业基地和以陕西为中心的国防科技工业科研院校三角协同、相互支撑的战略大后方。各个区域性中心城市周围又布局次级工业基地，与中心工业城市协同联动，重工业产业布局体系基本完整。

4. 三线建设的历史意义

三线建设是在新中国成立初期开始的，是在当时的特殊年代、特殊时期的一个特殊历史现象，中央政府和领导人做出三线建设的重大战略部署，既是出于考虑国家安全的战略需要，也是全国工业战略调整的内在要求。三线建设是中国内地围绕备战、以军工为主的经济建设②，虽然伴随着建设的投资结构不合理、忽视市场供求关系和沿海老工业基地等诸多问题，但为西部地区的经济社会发展奠定了至关重要的基础，在中国发展的历史进程中有着重要意义。

一是调整工业产业区域布局。三线建设第一次大规模地整理了国防军事工业和重工业的发展布局，缩小了一、二、三线地区的发展差距，协调了中国沿海与内地、东部与西部的发展节奏。

二是推动西部城镇化发展。三线建设通过国家行政指导和五年计划极大地促进了西部地区的发展，为之后西部地区不断地开发开放打下了坚实的工业基础，由此展开的大规模工业化推动了西部城镇化的发展③，带动了相关产业和经济社会的发展，为西部地区的城镇化发展带来了大量的资本、技术和人才，这也是后来西部地区加快发展的关键原因。

二 改革开放初期的西部支撑

改革开放初期的 20 年，西部地区作为中国经济体制改革、发展速度和开放程度相对滞后的后方区域，承载着维护国家基本稳定的历史使命，对于保障国家由计划经济向市场经济转轨，起到了关键的改革支撑作用。

---

① 周明长：《三线建设与贵州省城市化》，《中共党史研究》2016 年第 12 期。
② 王毅：《三线建设中川渝地区机械企业发展与布局初探》，《开发研究》2016 年第 3 期。
③ 范松：《论"三线建设"对中国西部城镇发展的推进》，《贵州社会科学》2015 年第 3 期。

1978 年改革开放的历史选择标志着我国的发展战略发生了根本性的转变。我国通过对"四个现代化"的重新思考形成了"三步走"的战略思想。为了快速发展经济社会，提升人民生活水平至小康，我国在改革开放初期实行了部门和区域的非均衡发展路径：把农业、能源和交通、教育科学三个基础领域、五个重点部门作为战略重点；大力优先发展沿海地区；鼓励先富带动后富以实现共同富裕。

1. 非均衡发展的西部现实

随着经济发展遇到越来越多的问题，中国学术界对中国社会主义生产力布局进行了重新探讨，批判了以牺牲效率来换取公平和平衡的发展思路，开始强调效率优先原则，试图极大地激发生产发展主动性。改革开放伟大决策的落实正是非均衡发展战略的开始。

1979~1991 年，是改革开放初期西部地区经济格局演变的第一阶段。国家稳步推进非均衡的区域发展战略，重点投资建设布局在东部沿海地区，倾斜力度较大，优先建设和发展区位较好、开放力度较大、经济基础较好的东部，而在此期间，国家着力实施西部扶贫建设和民族政策，稳定国家内陆大后方。"六五"计划进行了全国基础建设投资的区域分配，东部沿海地区获得的基础建设投资是内陆地区的 1.03 倍，超过"五五"计划时的 0.84 倍，内地更新改造投资只占全国的 45.8%，大多数更新改造分布在东北、江浙、广东和四川①，国家政策向东部倾斜的趋势明显。"七五"计划使得这种非均衡发展的战略更进一步，内地的基础设施投资占比不断下降，东部沿海地区则不断增加。然而，关于能源和交通等建设，国家在 1990 年左右加大了对中、西部的投资力度，但不改非均衡发展的路径。通过"六五""七五"两个五年计划的努力，我国基本提前实现第一步目标，全国基础设施领域的发展得到明显加强。

2. 世纪之末的西部协调

其后的"八五"和"九五"计划逐步明确并把第二步目标提上日程，向第三步目标迈进。直到"八五"计划完成，国内的工业化发展仍是以外

---

① 黄志亮、许小苍、段小梅等：《西部地区经济发展新实践研究》，科学出版社，2017，第 5 页。

延为主，依靠固定资产投资需求拉动，尤其是西部地区的投资拉动特征明显。经济体制从计划体制向社会主义市场体制转变，经济增长方式从粗放型向集约型转变是当时两个具有全局性意义的变革。

1992年，邓小平南方谈话，提出区域经济协调发展的指导方针。中央政府先后开放了长江沿岸城市、内陆边境口岸城市和一些省会城市，加快发展中西部地区市场经济，扶贫的同时加快内陆地区改革开放。[①] 在20世纪末，国家对于基础设施和工业投资与布局方面，在西部地区加大改革力度，投资重点由东部沿海地区向西部地区倾斜，加快中西部地区的乡镇企业发展和国有企业改革。

1992~1999年，是改革开放初期西部地区经济格局演变的第二阶段。长江沿岸城市和内陆省会城市的逐步开放使得西部地区紧紧抓住改革开放的机遇。1993年，西部有11个市（区）开放，包括乌鲁木齐、西宁、昆明、重庆、西安、呼和浩特、成都、贵阳、银川、重庆万州区、重庆涪陵区。西部这些城市享有沿海开放地区所享有的优惠政策，标志着中国全方位、多层次对外开放的格局初步奠立。1999年之前，西部地区只有重庆和乌鲁木齐两个国家级经济技术开发区，为了加快西部地区发展，国家在21世纪初增设新的11个西部地区国家级经济技术开发区。此外，20世纪90年代，国家在西部地区还建立高新技术产业开发区，截至1997年，西部地区共有10个高新技术产业开发区，分别在成都、重庆、西安、贵阳、昆明、兰州、乌鲁木齐、绵阳、宝鸡和杨凌。[②] 尽管西部地区建立的高新技术产业开发区与东部地区的29个、中部地区的14个相比还有较大的数量和质量差距，但世纪之末协调后的西部地区在产业演进和企业改革方面还是对国家的改革开放提供了不可忽视的支撑力量。在开发区基础之上，随着外商优惠政策的调整，西部地区在吸引外资的艰难道路上不断扩大对外开放。

20世纪90年代中期，我国把科教兴国战略作为一项基本国策，并纳入国家发展战略的范畴，该战略不仅针对科教事业本身，更是我国经济社会更好发展的关键举措，西安作为西部地区科教中心的地位更加巩固了。与此同时，国家发展战略逐步由之前的非均衡发展调整到协调发展。世纪

---

① 陆大道等：《中国区域发展的理论与实践》，科学出版社，2003，第123页。
② 黄志亮、许小苍、段小梅等：《西部地区经济发展新实践研究》，科学出版社，2017，第8页。

之交，可持续发展与区域协调发展的理念也在时间和空间的两个维度上体现。

3. 西部地区的改革开放支撑国家转型

在改革开放的初期，中国区域发展战略由非均衡向协调转变，西部地区的改革开放历程见证了中国早期的转型之路，支撑了全国不断向前发展，也为21世纪全国经济快速发展的良好开端贡献了巨大力量。

（1）西部农村农业建设

改革开放至西部大开发阶段，西部地区的农村和农业经济得到了初步的发展。据统计年鉴，西部地区粮食等主要农产品的总产量由1978年的6432.5万吨增加到2000年的10125.9万吨，增长了57.4%，占当年全国粮食总产量的21.9%。在此期间，西北地区由粮食转入地区转变为粮食转出地区，自给自足能力有了很大提高，且在棉花、羊毛、奶产品、水果、花卉等方面服务周边区域。[①]

三线建设的投资为西部地区积累了一定的物质技术条件，加之改革开放初期国家多年的持续投资建设，西部地区的农业基本生产条件得到改善，形成了四川盆地、关中平原、河西走廊和新疆盆地等连片灌溉农业区和农业生产基地。农村基础设施建设也相应地显著增强，农村生活生产条件的极大改善助推了国家改革开放的浪潮，西部农业成为支撑国民经济长足发展的重要力量。但在进一步开发建设的同时，西部地区生态整体性脆弱，环境问题已经变得越来越突出，生态建设开始提上议程，并在西部大开发阶段持续注重。但西部农村农业建设和发展有效地拉动了国内的需求，为东、中部提供大量农产品和其他中间投入品，促进了全国经济发展格局的战略性调整，西部地区农业的发展也对东部工业开放提升起到了支撑作用。

（2）西部工业与基础设施发展

虽然西部地区经历了大规模的三线建设，但其基础设施依旧落后，交通、通信极其不便利，仍需要对工业体系和基础设施长期性、规模化地投资建设。

在西部工业发展中，资本投资和资本积累是决定性的因素。西部工业

---

① 尹庆双：《西部经济跨越式发展社会环境研究》，中央编译出版社，2006，第36页。

布局和结构主要是依靠投资形成的。在投资高潮期，工业发展迅速；投资减少则工业发展速度放慢。由于西部工业自身资本积累功能较弱，不能形成自我积累和自我投资的良性机制，因而资本投资基本上是依靠外来资本和政府投资。一旦政府投资方向调整和外来资本减少，就会给西部工业化进程带来极大的影响（见表2-1）。①

表 2 - 1　我国东中西部全社会固定资产投资比重

单位：%

年份 地区	1982	1984	1985	1986	1987	1988	1989	1990	1991	1992	1993	1994	1995
东部	50.6	50.5	50.1	52.2	55.6	57.9	58.0	56.8	57.4	60.5	62.8	64.1	63.8
中部	27.8	30.1	29.4	27.6	26.2	24.8	23.8	24.6	24.0	22.5	21.1	20.6	21.0
西部	14.6	14.9	15.6	14.3	13.8	13.5	14.0	14.5	14.6	13.6	12.6	11.7	11.9
其中：四川 （含重庆）	4.7	5.1	5.7	5.1	5.2	5.0	5.2	5.0	5.3	5.0	4.5	4.4	4.5
贵州	1.2	1.3	1.3	1.0	0.9	1.0	0.9	1.0	0.9	0.8	0.8	0.8	0.8
云南	2.0	1.8	1.9	1.9	1.6	1.6	1.7	1.8	1.9	1.8	2.0	1.9	1.9
西藏	0.1	0.3	0.3	0.1	0.2	0.2	0.2	0.2	0.3	0.2	0.1	0.1	0.2
陕西	2.3	2.2	2.2	2.1	2.1	1.9	2.2	2.2	2.1	1.7	1.7	1.5	1.6
甘肃	1.2	1.3	1.3	1.2	1.2	1.1	1.1	1.2	1.1	0.8	0.8	0.7	0.7
青海	0.8	0.7	0.6	0.6	0.6	0.6	0.5	0.5	0.4	0.4	0.3	0.3	0.3
宁夏	0.4	0.4	0.5	0.5	0.4	0.5	0.4	0.5	0.4	0.4	0.3	0.3	0.3
新疆	1.9	1.8	1.8	1.7	1.5	1.5	1.8	1.9	2.0	2.1	2.0	1.7	1.7

资料来源：参见廖元和《中国西部工业化进程研究》，重庆出版社，2000，第78页。

此外，在新中国成立初期，受苏联模式的影响，加之西部地区承载三线建设重工业产业，西部的新兴工业城市绝大多数是以采矿冶炼、原材料加工、机器制造等产业为主，重资本驱动特征明显，对资本的需求极为旺盛。20世纪80年代以来，国家投资建设的重点向东部沿海地区倾斜，鼓励发展农业和轻工业，西部重工业产业发展受到投资减少和政策收紧的影响，工业城市的发展遇到了很多困难。改革开放后，中央政府对东部沿海

① 杜肯堂、张蓓、任佩瑜：《西部工业发展历程：四川工业强省战略的政策启示》，《财经科学》2006年第5期。

地区发展战略的支持不仅体现在开放的优先和国家政策的重点倾斜上，还体现在要求包括西部地区在内的其他区域对东部沿海优先发展提供要素的支持上。① 中央政府通过行政主导的资源配置方式进行调拨，要求资源丰富的西部地区向东部沿海地区提供要素供应，包括自然资源、人力资本和资本投入品等。因此，西部地区发展让位于东部沿海地区的优先开发开放，区域内部的经济联系因满足东部发展的需求而难以维系，西部内部用于扩大再生产和开放发展的要素流转无法保障。

"八五"时期，国家在区域非均衡发展战略的框架内加大对中西部地区的投资力度，鼓励和引导外商到中西部地区投资。其后，中西部地区响应国家支持，坚持区域经济协调发展，持续建设能源开发和原材料工业基地。1996 年，中西部地区的在建国家重点工程占比已经达到 52.9%，至 1998 年，该比例达到 60.3%。② 20 世纪 90 年代，中央逐渐开放中西部沿江沿边城市，重点投资和布局产业，中西部地区的基础设施发展速度开始加快。但不可否认，西部地区的要素供给为东部沿海地区的发展和开放提供了支撑，东、中、西部区域经济发展差距仍在扩大。

（3）西部人力资源开发

西部人口的高增长率给人力资源的开发带来了系统性难题。1978 ~ 1998 年，西部地区人口净增加约 6860 万人，年均增长率为 14.58‰，高出东部地区 2.48 个千分点，除了较为发达的重庆、四川、陕西、内蒙古外，西部地区其余省区的人口增长率远高于全国平均水平。而 1990 ~ 2001 年，西部地区的 12 个省区市共增加了 4107 万人，增长幅度高出同时期全国平均水平 3.7‰。③ 人口增长速度过快所导致的人力资源素质过低是西部地区经济社会落后的关键因素。

中国高等教育体系中优质资源的区域分布经历了"东强西弱，呈阶梯状分布"到"东西强，中部弱"的演变过程。④ 这种演变过程既与我国经济、文化发展变迁的影响直接相关，也与政府的政策导向密切相连。新中

① 马红瀚：《中国西部区域经济格局与发展战略》，经济科学出版社，2015，第 94 页。
② 杨祖义：《20 世纪 90 年代中国区域经济发展的历史考察与基本经验》，《当代中国史研究》2006 年第 3 期。
③ 陈洛：《中国西部人力资源开发研究》，中央民族大学博士学位论文，2003。
④ 宋争辉：《中国优质高等教育资源区域分布非均衡化的历史演变与现实思考》，《高等教育研究》2012 年第 5 期。

国成立以来，西部地区高等教育有了很大发展，取得了显著成就。1949年，中国西部地区只有高等学校十余所。当时，西部高等学校多集中在陕西、重庆、四川、甘肃等省市。经过四十多年的发展，到1996年，中国西部共有普通高等学校217所，在校本专科学生54.74万人，研究生2.35万人，教职工16.32万人，专任教师7.72万人；成人高等学校212所，各类成人在校生48.07万人。西部地区共有全国重点学校14所，其中四川、重庆、陕西就有11所，占西部地区全国重点高校总数的78.6%。成都、重庆、西安、兰州是国家在计划经济条件下建设的为西南、西北服务的高等教育基地。① 西安作为当时的科教重镇，拥有六所全国重点大学，为全国发展输送优质人才。

尽管改革开放初期，西部地区高等教育的部属院校较强、地方院校较弱，但高等学校的类别和专业门类比较齐全，教育层次体系比较完整。随着"211"和"985"工程的推进，西部地区的重点大学共有21所②，西部地区的科研队伍和人才培养在当时依然可观，为西部乃至全国的经济发展和产业结构调整做出了巨大的贡献。

（4）西部对外开发开放

西部的对外开发开放主要表现在贸易和利用外资两个方面，尤其是在开发区建设的基础之上，开发与开放同步推进。西部地区的贸易开放在21世纪之前主要有三个阶段：1978～1987年贸易开放和体制改革初期，1988～1993年贸易开放和外贸经营机制转变期以及1994～2001年贸易开放和体制改革深入期。③

西部地区与沿海港口相距较远，投资环境相对较差，加之改革开放初期采取由沿海到内陆逐步推进的开放政策，形成优惠政策的梯度差异，使西部地区与东部沿海地区的对外开放水平形成极大的落差。比如1998年，西部地区的出口依存度（地区出口额和地区GDP的比值）仅为4.05%，比全国平均值和沿海地区分别低约14个和24个百分点（见表2-2）。④

---

① 梁克荫：《中国西部地区高等教育发展的战略选择》，《教育研究》2000年第4期。
② 邱均平、温芳芳：《我国高等教育资源区域分布问题研究——基于2010年中国大学及学科专业评价结果的实证分析》，《中国高教研究》2010年第7期。
③ 熊灵：《贸易开放与中国区域经济发展差异研究》，北京大学出版社，2014，第34～38页。
④ 陈栋生：《西部地区经济现状与大开发的对策》，《中国工业经济》2001年第3期。

表 2 - 2 中国出口依存度的地区差异

单位:%

类　别	年　份	全　国	东部地区	中部地区	西部地区
出口依存度	1992	18.16	26.48	8.72	4.85
	1998	18.36	28.54	4.39	4.05
外商、港澳台商企业产值占工业总产值的比重	1998	24.74	32.31	8.01	6.27

资料来源:见陈栋生《西部地区经济现状与大开发的对策》,《中国工业经济》2001 年第 3 期。

关于西部地区利用外资的情况。在 FDI 流入中国的初始阶段,东部地区的 FDI 实际利用额就远大于中、西部地区,其占比达到 93.06%。在 20 世纪 80 年代,中部地区的 FDI 实际利用额占比小于西部地区,但到 90 年代后,中部地区开放程度加大,引进的 FDI 超过西部地区,西部地区整体在 20 世纪 90 年代 FDI 处于"发展停滞"状态,截至 2000 年西部大开发伊始,中部地区的 FDI 占比高出西部地区 6 个多百分点。中国外资利用呈现由东向西逐渐递减的空间特征。人力资本和产业配套不足不利于西部地区吸引 FDI[①],改革开放的推进并没有缩小区域发展差距。

表 2 - 3 1983 ~ 2000 年中国东中西部地区 FDI 实际利用额

单位:亿美元,%

年份	东部地区		中部地区		西部地区	
	利用金额	占比	利用金额	占比	利用金额	占比
1983	5.36	93.06	0.06	1.04	0.34	5.90
1984	8.57	96.73	0.11	1.24	0.18	2.03
1985	11.81	89.61	0.69	5.24	0.68	5.16
1986	12.42	90.46	0.60	4.37	0.71	5.17
1987	12.94	89.24	0.39	2.69	1.17	8.07
1988	22.98	86.65	1.67	6.30	1.87	7.05

---

①　沈桂龙、于蕾:《FDI 与我国区域经济非均衡发展的实证研究》,《上海经济研究》2006 年第 9 期。

年份	东部地区		中部地区		西部地区	
	利用金额	占比	利用金额	占比	利用金额	占比
1989	28.17	92.15	1.18	3.86	1.22	3.99
1990	29.74	93.85	1.23	3.88	0.72	2.27
1991	38.89	94.28	1.68	4.07	0.68	1.65
1992	98.02	91.41	7.26	6.77	1.95	1.82
1993	238.88	87.37	24.28	8.88	10.26	3.75
1994	290.87	87.91	25.99	7.85	14.02	4.24
1995	324.64	87.90	33.24	9.00	11.43	3.09
1996	365.38	87.70	39.24	9.42	12.02	2.88
1997	385.59	85.88	47.88	10.66	15.54	3.46
1998	394.90	87.21	44.20	9.76	13.74	3.03
1999	350.50	87.77	37.47	9.38	11.38	2.85
2000	354.11	87.80	37.00	9.17	12.22	3.03

资料来源：赵晋平编著《利用外资与中国经济增长》，人民出版社，2001；《中国统计年鉴2001》。

20世纪80年代，贸易开放在东部沿海地区开始迅速发展，而1992年后，对外开放战略由沿海向内陆地区逐步推进，西部地区省会、直辖市相继开放，不同类型的开发区在此设立，对外贸易的优惠政策得到普及。西部与东部的对外开放同步协调，基本上形成了全方位的全国对外开放格局。

第二节　西部大开发以来西部对国家崛起的强力支撑

1999年国家开始实施西部大开发战略，至今二十多年的时间，这是西部地区融入国家区域协调发展战略的重要机遇期。西部大开发的战略范围包括重庆、四川、陕西等12个省、自治区、直辖市，面积为685万平方公里，占全国面积的71.4%。2001年，"十五"计划明确指出实施西部大开发战略、加快西部地区经济协调发展的指导方针。"十一五"计划纲要则强调，要坚持实施推进西部大开发、鼓励东部地区率先发展的区域发展战略，但也指出东中西部要良性互动，缩小区域发展差距。"十二五"规划纲要指出，要充分发挥不同地区的比较优势，推动新一轮西部大开发。

21 世纪以来，西部大开发实施过程中，国家经济快速发展使西部地区面临新的挑战。世纪之交，中国刚刚进行了以国有企业破产重组为重点的供给端改革，并开始深入探索新型工业化道路，提出可持续发展的思想理念，要求经济发展方式从粗放外延型向集约内涵型转变。加入 WTO 之后，由于中国国内的基础设施依旧需要大力建设，此时的固定资产投资量继续扩大，快速的经济发展带来了产业结构发展不平衡的加剧，表现出基础重工业化的特点，且体量不断扩大，竞争力不足，国内社会总供给与总需求矛盾激化，东、中、西部地区发展更加不均衡。大量的资本源源不断地涌入矿产开采、能源化工行业，上游产业发展膨胀，社会生产能耗急剧加大，低效率、高污染的工业发展特征变得明显。由于改革开放遗留的区域产业发展差距和发展不平衡问题，东北老工业基地以及西北地区的工业发展困境均凸显。西部大开发战略推进的前五年，基础设施建设率先初具规模，1999 ~ 2003 年西部 12 省区市的基本建设投资平均增幅达到 216.21%，加快西部地区经济体制改革及其相关软环境的改善是战略发展重点。① 自 2000 年以来，交通基础设施建设投资对西部地区经济增长效果显著，虽然货运吞吐量对经济增长有正向性作用，但客运量和货运周转量却对其有负向影响。② 西部地区的发展要真正受惠于交通基础设施的完善，这一点至关重要。2000 ~ 2007 年，西部大开发战略的实施促使西部地区的年均经济增长率提升了约 1.5 个百分点，中国区域经济发展转向收敛，但增长机制主要是通过实物资本和基础设施投资实现的，人力资本建设和法制政策软环境的建设没有相应加强。③ 有研究者同意该结论并认为这种增长机制是"政策陷阱"，会导致人力资本挤出和产业结构调整滞后，西部大开发的政策效应不能很好地发挥，直接表现为战略并未有效推动区域 GDP 和人均

---

① 白永秀：《西部大开发五年来的历史回顾与前瞻》，《西北大学学报》（哲学社会科学版）2005 年第 1 期。
② 刘学华、张学良、彭明明：《交通基础设施投资与区域经济增长的互动关系——基于西部大开发的实证分析》，《地域研究与开发》2009 年第 4 期。
③ 刘生龙、王亚华、胡鞍钢：《西部大开发成效与中国区域经济收敛》，《经济研究》2009 年第 9 期。

GDP 的快速增长。[①]

西部大开发的实施推进与国家的五年规划相辅相成，国家在五年规划中不断审议西部大开发战略和调整战略任务。其实施的总目标简单概括，即到 21 世纪中期全国基本实现社会主义现代化时，西部地区可以从根本上改变落后、贫困面貌，建设成为一个新西部。由于中国深刻融入东亚及全球分工网络，在市场经济及全面开放体制的作用下，西部正在以独特的方式融入国家发展战略。

一　对外经贸往来有限

由于中国在改革进程中一直采取渐进式改革与非平衡的发展战略，不论是体制建设还是区域发展都有所体现。因此，东部沿海地区在市场体制的引入、开发开放程度、基础设施建设等各方面都走在全国前列；再加上这些地区毗邻东南亚国家，便于国际贸易的展开，使东部成为外向化程度最高的地区。而西部地区不管是改革还是开放，都处于相对滞后的地位，加上地处内陆、交通不便等自然条件因素，西部成为全国开放程度最低的区域。

首先，西部吸引外资量较少。2000 年，东部吸引外资规模（以外商投资企业投资总额衡量）为 6817.22 亿美元，中部为 721.86 亿美元，西部 12 省区市仅为 502.92 亿美元。到 2014 年，东部吸引外资量达到 30798.51 亿美元，西部虽增长较快，达到 3235.1 亿美元，但东、西部的差距仍然显著。从吸引外资占全国的比重来看，2000 年，东部吸引外资占全国的 84.77%，2015 年降至 80.84%；西部吸引外资占全国的比重由 2000 年的 6.25%，升至 2015 年的 8.41%，上升 2 个多百分点（见图 2-1）。

其次，西部外贸发展乏力。东部省份外向型经济的发展使其成为中国外贸活动的主要聚集地，改革开放以来，全国 90% 左右的外贸额由东部省份完成，2005 年这一比重达到 92.77% 的历史最高水平，金融危机后该比重开始下滑，2009 年为 91.05%，截至 2017 年仅为 84.82%。西部 12 个省区市自 2000 年后，货物进出口外贸总额由 171.66 亿美元增至 2005 年的

---

① 刘瑞明、赵仁杰：《西部大开发：增长驱动还是政策陷阱——基于 PSM－DID 方法的研究》，《中国工业经济》2015 年第 6 期。

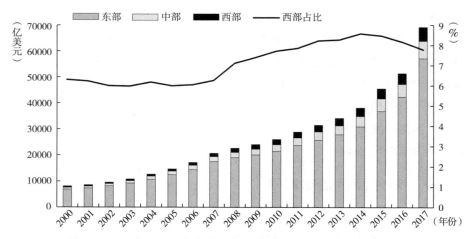

图 2 - 1 2000 ~ 2017 年东中西部外商投资企业投资额及西部占比

资料来源：Wind 资讯、《中国统计年鉴》（2001 ~ 2018 年）。

451.33 亿美元，但占全国比重由 3.62% 持续下滑至 3.17%；2005 年后逐步上升，2011 年西部外贸总额达 1838.99 亿美元，占全国比重为 5.05%；2017 年总额实现 3102.29 亿美元，占比上升至 7.55% 的历史高水平，但依然和东部地区有着巨大的差距（见图 2 - 2）。

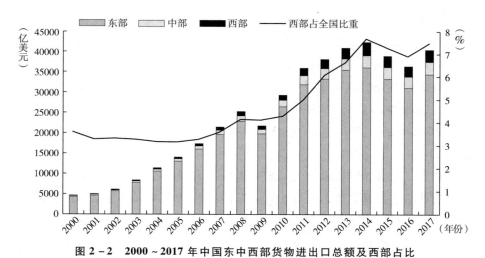

图 2 - 2 2000 ~ 2017 年中国东中西部货物进出口总额及西部占比

资料来源：国泰安 CSMAR 数据库、《中国统计年鉴》（2001 ~ 2018 年）。

再次，西部地区外贸依存度较低。2012 年，广东的外贸依存度为 133.1%，位居其次的是长三角的上海 115.2%、江苏 63.1% 和浙江

54.6%；东部沿海的天津（48.1%）、福建（44.6%）、北京（39.8%）、山东（33.3%）和海南（32.2%）的外向化程度亦相对较高。而西部地区外贸依存度最高的为重庆（28.8%），其后依次为新疆（27.9%）、广西（16.7%）、西藏（16.2%）和四川（13%），其余省区均低于10%。从西部平均的外贸依存度看，2017年整体（算数平均）为9.95%（见表2-4）。

表2-4 2017年中国各省区市外贸依存度

单位：亿元，%

地　区	2017年GDP	2017年货物进出口总额 （按境内目的地和货源地分）	外贸依存度
北　京	28014.94	8228.0	29.37
天　津	18549.19	8240.0	44.42
河　北	34016.32	5528.9	16.25
山　西	15528.42	1407.3	9.06
内蒙古	16096.21	1076.7	6.69
辽　宁	23409.24	7625.3	32.57
吉　林	14944.53	1340.2	8.97
黑龙江	15902.68	1131.1	7.11
上海市	30632.99	30286.4	98.87
江　苏	85869.76	43096.4	50.19
浙　江	51768.26	26020.6	50.26
安　徽	27018.00	3452.5	12.78
福　建	32182.09	10373.0	32.23
江　西	20006.31	2502.3	12.51
山　东	72634.15	21427.9	29.50
河　南	44552.83	5487.3	12.32
湖　北	35478.09	3127.7	8.82
湖　南	33902.96	2029.5	5.99
广　东	89705.23	75410.4	84.06

地　区	2017 年 GDP	2017 年货物进出口总额 （按境内目的地和货源地分）	外贸依存度
海　南	4462.54	925.6	20.74
广　西	18523.26	3558.6	19.21
重　庆	19424.73	3828.0	19.71
四　川	36980.22	4503.7	12.18
贵　州	13540.83	548.5	4.05
云　南	16376.34	1443.6	8.81
西　藏	1310.92	41.5	3.17
陕　西	21898.81	2741.9	12.52
甘　肃	7459.9	337.5	4.52
青　海	2624.83	30.5	1.16
宁　夏	3443.56	292.8	8.50
新　疆	10881.96	2057.5	18.91

资料来源：《中国统计年鉴2018》。

最后，代表性城市群外向型经济引领作用有限。西部地区主要兴起五个城市群，即以重庆、成都为中心的成渝城市群，以西安为中心的关中天水城市群，以乌鲁木齐为中心的天山北坡城市群，兰州西宁城市群和包括银川、吴忠等城市的宁夏沿黄城市群。从实际利用外资金额看，成渝城市群相对引领作用最为显著，2013年实际利用外资230.4亿美元，关中天水城市群为34.2亿美元，天山北坡、兰州西宁和宁夏沿黄城市群实际利用外资规模都不足1亿美元。从货物贸易额来看，成渝城市群仍然表现最为突出，达到1324.9亿美元，天山北坡和关中天水城市群也有200亿美元以上的贸易量；但兰州西宁和宁夏沿黄城市群的贸易量规模极小（见图2-3）。

总体而言，西部地区在中国加入世贸组织以后，虽然外资外贸量都有一定程度的增长，但从全国的地位来看，并未跻身开放前列，外向型活动并未成为驱动西部经济增长与发展的有效力量。

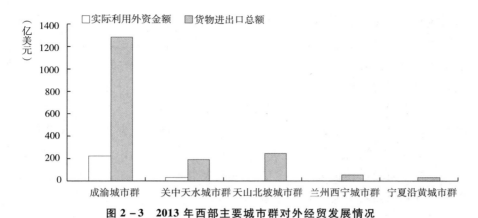

图 2-3　2013 年西部主要城市群对外经贸发展情况

资料来源：《中国城市统计年鉴 2014》以及西部各省区市统计年鉴。

二　投资驱动增长

基础设施建设是西部大开发初期的工作重点，前五年，西部地区固定资产投资增速明显高于全国平均水平，其平均增长率达到 20% 以上，总计开工 60 个重大建设工程，投资总规模约 8500 亿元。截至 2009 年的西部大开发第一个十年，西部地区开工重点工程 102 个，新增公路里程 85 万公里，新增铁路营运里程超过 8500 公里，投资总规模超过 1.74 万亿元。[①]其中，西部大开发的十大重点工程均是聚焦基础设施建设和生态保护，双向开发，双管齐下。党的十七大把科学发展观写入党章，作为国家发展的战略思想，而西部大开发的建设始终坚持这一战略思想，但基建开发与生态保护难以保持平衡。

在推进西部大开发过程中，西部地区城市开发建设以做大做强重点开发区为中心，大量投资主要围绕重庆、西安、成都三大国家中心城市展开。[②] 2010 年 5 月 7 日，国务院批准设立重庆两江新区为国家副省级新区，在城乡一体化方面进行试点改革，培育先进制造业和现代服务业协同发展，为国家发展战略提供长江上游的金融服务和创新支撑，并加强西南内陆与国际市场对接的能力。西安咸阳一体化建设起源于 2002 年，随后国务

---

① 陈栋生：《以科学发展观统领西部大开发——西部大开发十年回顾与前瞻》，《开发研究》2009 年第 4 期。

② 杨晓波：《新一轮西部大开发背景下城市新区建设研究》，《软科学》2012 年第 11 期。

院批准的《关中—天水经济区发展规划》明确了西咸新区的建设方向与核心地位。2014 年 1 月 6 日，国务院正式批复陕西设立西咸新区。作为第七个国家级新区，西咸新区是国家深入实施西部大开发战略的重点工作，其任务是创新城市发展方式。西咸新区不仅是西安建设国际化大都市的关键所在，也必然成为西北地区融入西部大开发的战略中枢，承担着"建设大西安、带动大关中、引领大西北"的重大历史使命。成都天府新区最早可追溯至 2002 年的成都平原经济区，2010 年 9 月，四川省在继续推进西部大开发战略时提出建设天府新区的区域发展规划，致力于制造业、服务业和宜商宜居城市综合建设。天府新区于 2014 年 10 月 2 日正式获批为第十一个国家级新区。

在大规模的城市建设过程中，西部地区呈现投资驱动的显著特征。在西部地区 GDP 构成中，资本形成占 GDP 的比重由 2000 年的 43.90% 升至 2017 年的 65.89%，上升 21.99 个百分点；同时最终消费比重则由 65.03% 降至 55.00%。从资本形成占全国的比重来看，2000 年西部占比为 17.12%，2017 年升至 24.60%，而最终消费占到全国的比重则由 20.74% 升至 21.22%。在固定资产投资的有力拉动下，西部基础设施建设大兴，其 GDP 占全国的比重由 2000 年的 17.46% 升至 2017 年的 19.90%（见表 2 - 5）。

表 2 - 5　2000~2017 年西部地区 GDP 支出法构成及占全国的比重

单位:%

年份	西部地区 GDP 比重		
	最终消费	资本形成	净出口
2000	65.03	43.90	- 8.93
2004	59.48	50.83	- 10.31
2008	51.76	57.69	- 9.45
2012	50.00	69.89	- 19.89
2017	55.00	65.89	- 20.89
年份	西部地区占全国比重		
	最终消费	资本形成	GDP 占全国比重
2000	20.74	17.12	17.46
2004	20.06	18.79	17.25
2008	20.11	20.64	18.05
2012	21.14	24.14	19.72
2017	21.22	24.60	19.90

资料来源：国家统计局网站，《中国统计年鉴》（2001~2018 年）。

三 西部地区外围特征明显

西部地区是中国主要矿产资源的分布地，在外向型经济驱动国家工业化和城市化过程中，西部地区从全国经济活动分布来看，更鲜明地表现为供应能源资源初级产品的外围地区（见表2-6）。

表2-6 2016年主要矿产资源基础储量在东中西部的分布

单位：%

类　别	东　部	中　部	西　部
石　油	26.58	22.82	50.59
天然气	2.34	5.21	92.45
煤　炭	6.72	46.92	46.36
铁　矿	47.53	19.82	32.65
锰　矿	5.17	8.36	86.47
铬　矿	1.14	0.00	98.86
钒　矿	1.53	4.90	93.57
原生态铁矿	4.82	4.57	90.61
铜　矿	5.36	39.06	55.58
铅　矿	11.28	10.80	77.92
锌　矿	11.00	5.98	83.02
铝土矿	0.19	29.07	70.75
菱镁矿	99.76	0.00	0.23
硫铁矿	14.94	27.97	57.09
磷　石	8.61	34.82	56.57
高岭土	22.13	8.49	69.37

资料来源：国家统计局网站，《中国统计年鉴2017》。

首先，东部地区一直在第一产业的价值创造中占有重要地位，但农业生产表现出由东部地区向中西部地区转移的明显趋势。21世纪以来，全国近四成的农业生产增加值由东部地区完成，但东部地区所占比重由2000年的42.66%降至2017年的37.09%；中部地区也贡献了很大比例的农业增加值，所占比重由2000年的32.36%降至2017年的31.99%；西部的农业生产增加值占全国的比重却在上升，2000年以后保持持续攀升的态势，2017年占全国的比重为30.92%（见表2-7）。

其次，东部是中国工业聚集地，但金融危机后，中部成为工业发展的首要地区。2000年，全国62.03%的工业增加值集中在东部，2017年为

54.93%。金融危机对东部外向型工业造成冲击，以及受东部土地供应紧张、劳动力成本攀升等影响，中低端加工制造业开始向区域外转移，中西部成为最主要的承接地区。2000年，中部工业增加值占全国的比重为22.82%，2017年攀升到25.57%。西部第二产业增加值在全国仍然占较小比重，西部大开发启动之初，第二产业增加值占全国比重还有所下降，由2000年的15.15%降至2004年的15.01%；但随后开始攀升，2012年占全国比重为19.99%。

最后，东部沿海地区发展程度较深，不断吸纳和创造第三产业，成为全国先进产业演进的中心区域。21世纪以来，全国60%以上的服务业增加值都集中在东部，并且，该比重由2000年的59.66%持续攀升到2008年的61.83%，2012年仍维持在61.03%的水平上；相反中部和西部在全国服务业增加值分布中所占比重较小，并且仅有中部地区呈现下降趋势。2000年，西部第三产业增加值占全国比重为17.35%，2008年降为17.15%，2012年小幅上升至17.80%，2017年则为18.63%，不断上升的趋势明显。

表2-7 2000~2017年三次产业增加值在东中西部的分布

单位:%

类别	年份	东部	中部	西部
第一产业增加值	2000	42.66	32.36	24.99
	2004	41.77	32.37	25.86
	2008	40.17	33.24	26.60
	2012	39.13	33.50	27.37
	2017	37.09	31.99	30.92
第二产业增加值	2000	62.03	22.82	15.15
	2004	62.71	22.28	15.01
	2008	58.99	23.79	17.22
	2012	54.15	25.86	19.99
	2017	54.93	25.57	19.51
第三产业增加值	2000	59.66	22.99	17.35
	2004	60.55	22.24	17.21
	2008	61.83	21.02	17.15
	2012	61.03	21.17	17.80
	2017	58.89	22.48	18.63

资料来源：国家统计局网站，《中国统计年鉴》（2000~2018年）。

总而言之，在中国区域对外开发开放的过程中，东部形成的是先进的主导型制造业和现代服务业，而中部承接了大量农业和基础工业，西部对全国产业和就业的贡献主要体现在第一产业领域，而第二和第三产业贡献程度在三大区域中最低。但西部三次产业增加值在全国的比重正在表现出大幅提升的态势，产业结构优化的空间巨大。

四　西部大开发的现实问题

西部大开发作为国家战略的重要组成部分，也是西部地区积极融入国家发展战略的重要途径。自科教兴国、人才强国战略实施以来，西部地区高等院校为国家建设输送了大批优秀人才，但自身发展也在一定程度上受制于人才的短缺。大力发展经济建设虽然使西部地区发展潜力得到快速有效的开发，但同时，也严重地破坏了西部地区原本脆弱的生态环境，西部地区内部差距也逐渐扩大，开发建设的不可持续方式受到诸多质疑。西部大开发初期，西部地区融入国家发展战略的现实问题主要有以下四个：区域中心与辐射外围的非平衡、经济建设与生态保护的非协调、人才资源与产业升级的非匹配以及国有重工与民营经济的非融合。

1. 区域中心与辐射外围非平衡

改革开放以来，区域非平衡发展一直伴随着国内地区经济社会发展，并表现出东部沿海与中西部内陆地区发展差距逐步扩大的态势，因此在改革开放的形势下提出并落实区域协调发展战略是极为必要的。区域非平衡困境不仅表现在东中西部的经济社会发展差距上，而且在每个区域内部的城乡结构、中心 – 外围结构中也有体现。造成区域非平衡发展的原因是多方面的，且错综复杂，有其历史禀赋问题，如地理区位、产业结构，也有其政策和机遇效应问题，如国家战略、税收政策等。

为解决区域协调发展问题，国家在"九五"计划时期着手解决区域差距过大的问题，按照市场经济规律和自然地理条件，以区域性中心城市和交通干道为依据划分国家经济区域。西部大开发初期目标即为力争十年内，西部地区能够在基础设施和生态环境方面取得突破性进展。2010年的《关于深入实施西部大开发战略的若干意见》也指出，西部地区的基本公共服务能力与东部地区差距明显缩小。但目前，西部地区仍在营商环境、民营经济活跃度、经贸往来方面与东部沿海地区存在不小差距。

尽管西部大开发战略实施二十多年来，西部地区在基础设施建设、经济发展水平、人民生活质量上有了较大的提高①，但西部地区内部仍存在很大的不协调因素。西部城市群的规划与发展落后，关中平原城市群和成渝城市群是西部地区两大城市群，由于区位和交通条件限制，城市群空间分割严重，协同效应不明显，规模和结构发展也受限。而在各城市群内部，处于区域中心的城市拥有"虹吸效应"，集聚规模会越来越大，而处于辐射外围的城市很难吸引优质要素发展起来，区域内部的空间分布不均衡，不利于城市群内部的合作与持续互动，也不利于多个区域间的城市群协同发展。区域内部发展的不均衡很大程度上是由于该区域的城乡发展差距，应把城乡一体化作为深入持续的区域发展战略的基础，大力发展乡村振兴，为西部地区融入国家发展战略提供区域协调的内部根基。

2. 经济建设与生态保护非协调

自西部大开发战略实施以来，西部地区的工业废水和固体废弃物的排放量是呈下降趋势的，而工业废气的排放量则逐年上升，西部地区生态环境的治理投资力度在不断加大。② 西部地区经济较为发达的省（区、市）对工业污染的生态治理力度较大、投资水平较高，如四川、内蒙古、陕西，青海则相反。

从西部地区经济建设与生态保护的现状来看，在西部大开发早期，西部地区的经济建设是以牺牲生态环境，消耗能源、矿产资源为代价的，开发建设模式不可持续，是一种典型的粗放型经济发展方式。但近年来，随着科学发展观的深入贯彻与可持续发展战略的落实推进，西部地区的环境污染状况相对比较稳定，环境规制政策的陆续出台，开始使经济建设与生态保护趋于协调。但目前西部地区人民依然能够感受到冬季的空气污染，众多的城市化基础设施建设项目依然在夜以继日地建设，生态环境还有很大的改善空间。经济建设与生态保护的非协调困境仍然阻碍着西部地区的经济社会和谐发展。

西部地区在大开发的同时，既要加快经济建设步伐，缩短东、中、西部地区间的发展差距，又要在大力推进工业化面前积极采取治理和保护生

---

① 肖金成、安树伟：《从区域非均衡发展到区域协调发展——中国区域发展 40 年》，《区域经济评论》2019 年第 1 期。
② 张瑞萍：《西部生态环境与经济增长协调发展研究》，兰州大学博士学位论文，2015。

态环境的有力措施，这将是每个区域协调发展的双重任务。而在西部地区，经济基础薄弱、产业结构不合理、生态环境脆弱以及贫困人口多等因素，使得双重重任完成难度更大。若可持续发展更大程度上是一种发展理念，那么西部地区在西部大开发的持续深入中，必须找寻到一种内生驱动的发展方式来匹配可持续发展战略，以缓解经济建设与生态保护的直接矛盾。

3. 人才资源与产业升级非匹配

人才强国战略是实现国家繁荣复兴的第一战略，人才资源是第一资源。在众多国家战略中，人才要素是最为活跃的，在推进文化强国、制造强国、海洋强国等国家战略中起着重要的基础性作用，也是决定国家发展战略成败和国家兴衰的根本性因素。

目前，从东、中、西部地区来看，中国东部地区的高等教育规模最大，高于和全国平均水平接近的中部地区，而西部地区最低；中国东部地区的高校人均教育经费支出远远高于中、西部地区，并且这种差距有不断扩大的趋势。[①] 虽然西安是中国科教创新重镇，但依然无法和东部更高质量和数量的高等院校相比。西部地区作为中国产业转型升级的"大后方"，也需要进行产业的演进，西部地区的中心城市均定位发展先进制造业和现代生产性服务业，实施创新驱动发展，但这需要大量的人才要素、资本要素和技术要素。由于区位条件和基础设施配套能力较弱以及产业体系无法精准吸纳高素质人才的双重困境，西部地区的人才政策效果很难与东部沿海地区相比。在产业升级中，西部地区很需要高素质的专业人才，专业人才的培养和吸纳也就成为优化承接产业结构的一种重要途径和最高的层面。[②] 西部地区的产业升级需要大批优秀的人才予以支撑，但西部地区现有的产业结构又无法供养起规模足够大、层次足够高的人才资源。这个问题的逻辑就像一个悖论。因此，近期全国的人才争夺战中，看似西部通过多项政策吸纳了很多人才，但人才的层次与产业升级需求的人才类别都无法保证。西部地区的人才资源建设与产业升级需求的匹配问题将会一直成为区域经济突飞猛进的关键。

---

① 赵冉：《我国区域高等教育协调发展研究——基于东、中、西部的分析》，《当代教育科学》2017 第 9 期。
② 田爱国：《"一带一路"建设下产业转移与西部区域协调发展研究》，《改革与战略》2016 年第 7 期。

4. 国有重工与民营经济非融合

西部地区的国有经济结构与东部发达地区相比有着很大的不同。西部地区国有企业的数量和产值都有着较高的比重，且经济效益低下，行业分布较为集中，西部区域产业结构整体缺少多元化、不合理。西部地区自然资源丰富，在终端商品生产环节不具备优势，国有企业多集中于矿产开采、有色金属冶炼和其他重型制造工业，现代生产性服务业和民营经济发展滞后。

由于新中国成立初期的三线建设，西部地区的产业结构和所有制结构带有历史遗留的重要痕迹，国有重工企业数量较多，其中很多涉及军工领域。而这些经济成分有一个重要特征：国有重工及军工产业对当地经济社会的外溢带动作用很小，产业链条封闭，研发和生产的价值不能惠及当地民生。全国军工上市企业的净利润基本处于所有国民行业的末端，如何把"军转民"和"民参军"的融合模式发展开来，对于国家整体层面都是一个有益探索，尤其是军工占比较高的西部地区。

西部地区的军工企业基本是典型的重型工业企业，主要集中在西安、成都、重庆、贵州等地，在漫长的发展历程中投入了大量的科研经费，积累了丰富的产业资源，但市场转化无渠道，而民营企业则具有机制灵活、勇于创新、联结市场等优势，若国有军工与民营市场深度融合则可以达到共赢目的，既减轻政府投入压力，又让军工硬科技在一定领域惠及当地经济社会发展。目前，军民融合才刚刚起步，西安"民参军"已经拉开序幕，但"军转民"仍考验项目的市场需求和市场化产出。

五　西部对国家发展战略的支撑

很多研究者都认为，西部大开发战略的实施不同程度上都推动了西部地区的经济增长，但发展的可持续机制、人民生活水平、生态保护、投资环境、人力资本培育等仍是战略推进过程中的突出问题。邓健、王新宇从能源效率视角出发探讨了西部大开发地区的工业多以资源型为主，发展方式粗放、产业结构不合理。[①] 西部大开发战略虽然使得新型工业化取得显著进展，但区域内省际分异较明显；新型工业化总水平以及工业化进程、

---

① 邓健、王新宇：《区域发展战略对我国地区能源效率的影响——以东北振兴和西部大开发战略为例》，《中国软科学》2015 年第 10 期。

科技创新、资源环境、社会协调发展水平均落后于其他区域。① 早期的战略实施并没有刺激到民间和外商投资的增长，出现了"政府热、民间冷"的现象，市场对此持观望态度，这种现象相较于东部发达地区依然很明显。其中非公有制和中小工业企业的经济效益较差，地区分工地位低，投资环境相对恶劣。②

关于西部大开发战略的政策效应评价研究，学者们认为，西部大开发的实施并未显著提升 GDP 增长率，综合发展水平的收敛也很有限，基础设施投入和转移支付都能够有效提升区域综合发展水平，但税收优惠等政策措施的提升力度较弱③，如何进行客观、科学的转移支付来推进西部大开发战略又是一个重大难题。④ 何春、刘来会基于区域协调发展的视角，认为西部大开发战略促进了区域经济发展，缩小了区域间差距，但扩大了西部地区内部差距，由实物投资推动的经济增长具有短期效应，产业结构和人力资本培育并未得到实质性改善。⑤ 谭周令、程豹研究表明，西部大开发对西部地区经济发展的净政策效应整体上来说不显著。⑥

西部大开发大幅增加西部投资，促使西部追赶超越，但战略实施的效应仍需系统评估。从国家参与全球分工的方式继而对西部的影响来看，西部大开发的实施，正值国家处于快速发展的阶段，由于模块网络化生产方式的兴起，中国以加工制造基地的角色迅速承接全球产业转移；基于全国对初级产品需求的攀升，西部大开发战略的实施，引导投资主要流向能源及初级产品产业，一方面使西部自身实现快速增长，各领域取得显著进展；另一方面因发展方式粗放，西部地区积累了较为严重的不平衡、不充分发展的问题，这成为西部必须转型升级的内在要求。但从西部对全局的作用而言，其对全国经济快速增长起到了重要的支撑作用。我们既要肯定西部地区对此时期国家发展的作用，也要发掘其实际问题。

---

① 罗永乐：《西部地区新型工业化水平动态分析——基于西部大开发的视角》，《经济地理》2012 年第 2 期。

② 李国平、彭思奇、曾先峰、杨洋：《中国西部大开发战略经济效应评价——基于经济增长质量的视角》，《当代经济科学》2011 年第 4 期。

③ 彭曦、陈仲常：《西部大开发政策效应评价》，《中国人口·资源与环境》2016 年第 3 期。

④ 马拴友、于红霞：《转移支付与地区经济收敛》，《经济研究》2003 年第 3 期。

⑤ 何春、刘来会：《区域协调发展视角下西部大开发政策效应的审视》，《经济问题探索》2016 年第 7 期。

⑥ 谭周令、程豹：《西部大开发的净政策效应分析》，《中国人口·资源与环境》2018 年第 3 期。

第三章
新时代高质量建设
"一带一路"的整体布局

新时代所呈现的地缘关系复杂性表明，在世界秩序完成重大调整之前，竞争与博弈不免对"和平与发展"的时代主题产生一定影响，由此决定中国在向第一个百年目标——建成社会主义现代化强国——冲刺的近三十年中必将面临机遇与挑战，高质量、高效率地全面启动社会主义现代化建设成为重大战略使命。尊重经济规律，把握时代与环境特征，依循"发展-开放"高质量协同原理，内策外联创新驱动"一带一路"建设成为新时代必要选择。新时代国家开放与发展的新格局，为西部新兴提供重要背景与契机。

第一节 "发展-开放"协同机制及
新时代高质量建设"一带一路"

20世纪后半叶，模块网络化生产方式在发达国家跨国公司创新与布局中转变为新型发展机制，并在短短十余年时间中深刻改变中国、东亚及全球分工格局；也创造出政府与市场协同的新型治理模式，由此开辟21世纪的崭新时代。

一 模块网络化生产方式兴起

模块网络化生产方式，就是指面对越趋差异化、定制化、快速变化的消费需求（异质需求），生产过程通过模块分解，各模块规模化生产，不同模块组合形成差异化产品，各模块并行运作来敏捷响应的生产组织方式。这种生产组织方式既能发挥各模块的规模化生产优势,又能利用模块组合形成的范围经济效应,还能通过各模块并行运作缩短整体生产时间,从而有利于适应市场需求的急剧变化。

这一生产方式起初被全球扩张的跨国公司采用,主要在模块分解技术取得突破的基础上,通过内部模块部门的分工与合作,提高对不同市场不同消费需求的敏捷响应能力。由于不同模块的专业技术方向不同,均需要耗费大量的研发投入;以及为了提高模块技术的应用效率,跨国公司需要获得最大规模的差异化需求,因此,跨国公司在市场拓展、规模扩张、新生产模式应用、竞争力提升的循环累积过程中不断发展壮大,并形成 20 世纪七八十年代纵向一体化、横向一体化并行推进的迅猛发展。

随着信息技术的兴起与应用,市场需求变化速度加快、差异化程度提高。跨国公司在满足各区域消费需求变化过程中面临新的挑战,一是模块分解对科技研发产生强劲需求,由此带来成本攀升;二是需求变化速度加快,使预测驱动的提前生产、提前存货面临巨大考验,由此需要转向延迟生产与供应,继而等待成本攀升;三是对生产的敏捷要求不断提高,跨国公司在协调庞大生产体系过程中的管理成本和难度增加。面对这些成本的攀升及能力的不足,跨国公司转向外包非核心环节,自身专注于核心环节,由此形成新型的分布式网络组织生产结构。1990 年代初,美国里海大学邀请国防部、工业界和学术界代表组成联合研究组,编写了"21 世纪制造企业战略",提出全球性竞争使市场变化太快,单个企业依靠自己的资源调整赶不上市场变化的速度,建议采用可以快速重构的生产单元构成扁平化组织结构,以充分自治、分布式的协同工作代替金字塔式的多层管理结构。随后,跨国公司外包非核心环节的实践逐步兴起。

生产过程一旦以模块化方式打开,模块网络化就进一步成为自我累积强化的发展机制。生产分散化使网络成员面临供给必须与异质产品需求相连接、各模块必须紧密联结的硬约束,任何脱节都可能导致所有网络成员被市场淘汰。不同于普通的企业联盟,网络组织将时间串联的生产流程通过空间并立的方式相互联结,在分享异质产品需求信息后,网络成员并行运作,大大提高对市场的响应能力和敏捷程度,网络成员间相互协作以实现协同效应成为必然选择。为了提高对消费需求的满足效率,模块厂商在真实需求即订单下达之前,不宜提前准备原材料、提前生产、提前存货,由此需要降低库存;而一旦订单下达,上游厂商就需要快速敏捷地组织生产，从而给下游供货。这一生产情境导致模块厂商转向轻资产、专业化、弹性化，也使各模块厂商在获得订单后，向上游提出具有硬约束力的定制化、差异化、要求敏捷响应的异质需求；上游是否能够按质按期供货，将极大影响模块厂商的生产进程甚至决定是否顺利完成生产，继而影响模块厂商决策后续是否维持供货合作关系。这些异质需求的循环累积，导致整体市场需求的定制化、差异化程度不断攀升，并越趋加快。不同于斯密所分析的专业化劳动分工，通过模块化分解复杂系统后得到的模块本身仍然是复杂的系统。因此，当模块化网络组织面临更趋差异化和快速变化的市场需求时，压力进一步传导至子模块，使其面临同样的模块化分解过程，新一轮生产分散化即模块网络化开始。因此，模块网络化产生时间压缩、生产分散和各模块之间及与异质需求间强化联结的内生循环机制，成为自我累积强化的发展机制（见图3-1）。

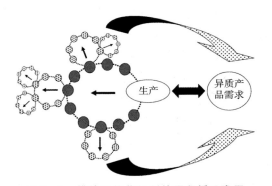

图3-1　模块网络化机制的累积循环发展

总体来说，模块网络化是利用各模块的规模经济效应和模块间的协同效应来提高效率、深化分工的发展机制；与此同时，为发挥各模块的规模经济效应，模块网络化也产生聚集异质产品需求、扩大市场范围、促进市场一体化乃至全球化的内生动力；反过来，市场通达程度的限制也会极大制约模块网络化的发展潜力和空间。

起初，跨国公司外包非核心环节的实践仍然相对有限。在20世纪90年代末亚洲金融危机的时间窗口，东南亚部分国家局势动荡，使跨国公司开始将分支机构或外包环节转移到相对稳定的中国。特别是2001年中国加入世贸组织，中国拥有庞大廉价劳动力资源的优势越趋显著，再加上市场化改革推进，各种所有制企业及厂商孕育兴起，由此加速了跨国公司外包非核心环节，其自身则更专注于发展核心环节，模块网络化机制渐趋成型并开始发挥促进分工深化的作用，这导致生产流程内部分工即产品内分工，快速成为一种新兴国际分工形式。

二 创造新型治理模式

模块网络化的发展使公共品需求，特别是人力资本累积导向的公共服务需求迅猛攀升，公共服务有必要按照模块分解、网络联结的方式来提高供给效率，并与市场组织对接，共同应对与满足消费市场的异质需求。因此，公共服务被纳入延伸的全产业链，创建政府与市场协同的新型治理模式成为促进分工深化和生产力发展的客观要求。[1]

1. 私人品向公共品的变型及异质公共服务需求加速攀升

奥斯特罗姆等指出，公共品是指或供共同使用、或消费不具有排他性的物品和服务，它与私人品不同，后者具有供单独使用且消费排他的特性，供求双方可直接连接；公共品因不具有竞争性或排他性，而需要中介来代表需求方或供给方整体，使供求相连接，政府基本上以直接供给公共品的方式兼顾履行这一中介职能。在模块网络化发展过程中，异质公共服务需求的繁衍成为内生结果并呈加速攀升态势。

第一，模块化分解使公共品能从私人品变型而来。在模块化生产网络中，不同模块的异质企业间有很大关联性、同一模块的异质企业间有很大相似性，这使越来越多的生产要素和设施甚至中间产品在异质企业间或可共同使用、或消费不排他，原本在模块化分解前供单独使用和排他消费的私人品，开始具有公共品属性。第二，异质企业为强化自身的专业化能力，将增加对公共品的需求。异质企业需要不断提高专业化能力与水平，这除了经营经验的累积、加强基础研发的投入之外，更需要获得外部的科学知识、高质素人力资源、市场环境和设施改善等支持，即增加对公共品的需求。第三，在成本和敏捷反应压力下，致力于提升专业化水平的异质企业趋向收窄专业范围，不断减少自我供给要素和中间产品的比重，特别是具有公共品属性的要素和中间产品，由此使这些公共品更多转向由外部供给。第四，在模块化网络中，因需求群体的范围、需求关系的内容等都具有很大变动性，需求群体对变型而来的公共品的消费关系复杂而易变，

从而使所产生的公共品需求是异质的，即属于异质公共品需求。最后，随着模块化分解程度的加深，企业越来越趋向专业化和异质化，从而对异质公共品产生更大需求，推动网络化机制的循环累积发展，使异质公共品需求呈加速攀升趋势。

2. 积累人力资本成为占据核心地位的公共服务需求

为提高劳动要素的生产效率，需要对劳动者的"知识、技能、健康"等进行投资，即形成人力资本，模块网络化发展使积累人力资本成为日趋占据核心地位的公共服务需求。

首先，模块化生产组织方式和异质企业的可持续发展，归根结底取决于专业化水平的提升，即取决于创新，而创新的源泉来自人力资源的心智开发和积累，即异质企业发展的核心在于异质人力资源的供给；其次，虽然具有专业化技能的人力资源主要通过"干中学"积累而成，但是其越来越需要涉及个体发育成长整个过程的大力培养和开发，即企业内外需要协同加大异质人力资本投资；再次，在模块化网络组织中，异质企业的变动性，以及企业之间的相似性，给人员流动提供便利，由此使异质人力资源本身具有很大外部性，异质人力资源渐趋具有公共品属性；最后，成本和弹性压力使异质企业越来越难以独自完成规模日益庞大的人力资本投资，而转向依赖外部提供异质人力资源，异质人力资本成为需求加速攀升的公共品。总体而言，由于心智开发和创新在异质企业与模块化生产组织方式发展中占据核心地位，随着模块网络化发展，异质人力资本越趋成为最为重要的公共品。

3. 以积累人力资本为核心的公共服务构成模块网络化系统内生组成部分

模块化技术的应用，使企业得以通过模块化、网络化的分工和协作，来应对复杂多变的异质产品需求，企业自身走向异质化和网络化；在模块化生产组织方式下，越来越多的生产要素和中间产品因可共同使用或消费不排他而渐具公共品属性；专业技能差异化的异质企业在产生独特要素需求的同时，保持自身运作灵活性和弹性，使其不断转向从外部获得异质要素，特别是以异质人力资本为核心的异质公共品。因此，模块化通过层层分解，不断细化、拉长产业链，内生出异质公共品需求，使公共服务供给成为产业链上游，并构成网络化生产系统不可缺少、日益重要的组成部分。异质产品网络、私人品生产网络、以累积人力资本为核心的公共服务供给体系，共同构成内生演进的网络化系统。

总体来说，与传统公共服务供给有着根本性差别的地方在于，模块网络化机制下，公共服务需求内生于模块网络化的发展，这使公共服务供给不再与市场处于对立面，而是异质产品市场有效运行的必要组成部分和协同力量。

4. 转向公共服务模块化供给机制

面对不断攀升的异质公共品需求，传统的由政府集中提供公共服务的方式已不能满足社会经济对异质公共品，尤其以人力资本为核心的公共品的强大需求。由于模块化网络中，异质公共品供给作为多级子模块之一，需要与其他模块实现协同，才能共同对最终异质产品需求做出敏捷的市场响应；而模块化生产方式主要利用模块分解实现模块规模经济，再通过模块组合实现供给弹性，来提高供给能力和敏捷程度。因此，为适时、有效地对日益攀升且多变的异质公共品需求做出敏捷反应，公共服务同样需要转向模块化供给机制，除了政府部门，社会组织、公益组织、私营企业等多元化组织可以共同参与公共服务的模块网络化供给体系。

模块网络化机制向公共品供给领域的延伸，表明产业链的进一步拉长，即在模块网络化机制下，具备技术创新、分工深化能力的生产系统由包含公共品供给、私人品生产、流通直至对接消费需求的全产业链构成，这是一条由异质消费需求拉动，以层级定制化供给、敏捷响应、多元组织参与为特征的弹性生产与服务供应链（见图 3-2）。

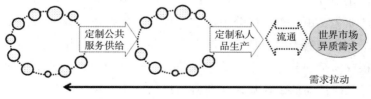

定制公共服务供给　定制私人品生产　流通　世界市场异质需求　需求拉动

图 3-2　全产业链基本构成

5. 政府与市场协同的新型治理模式

分工深化延伸到公共服务领域并需纳入全产业链的特性表明，政府与市场协同的公共治理创新可以为生产聚集继而高效满足消费需求提供可行路径，这为相对落后地区嵌入全球分工体系提供了现实路径。

对于相对落后的国家和地区而言，并不需要制造所有产品或涉及产品的所有环节，而只需面向世界市场组织生产异质产品，通过扩大规模经济效应，提高专业化分工效率。为了适应异质产业链及关联产业链的发展需要，特别是创新所需要的人力资源的开发需要，政府有必要协同多元化组织提供定制化的公共服务，包括国际公共服务，从而提升该地区所聚集产业的国际竞争力，并形成公共治理与产业聚集协同而成的系统竞争力。政府与市场协同成为模块网络化机制发展过程中必然产生及客观要求的新型治理模式。

可见，模块网络化的发展，成为新科技产业革命和治理模式创新的驱动源泉，其循环往复作用赋予新时代以实质内容和深刻内涵。

三 促进"发展－开放"高质量协同的原理

空间经济学的集聚原理揭示，在市场潜力大、运输成本低、生产可流动性强的条件下，收益递增效应使集聚达到突变点后以自组织的方式累积发展。由此表明，生产的聚集及演进，需要由足够大的市场规模作为消费支撑，提高通达程度以实现要素与商品的流动便利，并扩大生产过程的收益递增效应，三者是不可分割的组成部分，是再生产得以循环累积的必要条件和必经之路。

集聚是生产聚合的过程，行为主体的交流互动相应形成交往空间；当达到一定规模时，即形成城市。人类社会生产的演进，就是生产分工不断广化与深化的过程，即包括新产品出现的分工广化，以及中间产品专业化、独立化的分工深化。随着最终产品生产规模的扩大，中间环节不断独立化、产业化，由此再层级分工递进，分工深化构成产业演进的最主要方式。分工深化机制表明，衍生的新兴中间环节与所属各层级最终产品之间具有直接或间接的分工联系；更重要的是，新兴中间环节的衍生取决于所属各层级最终产品的生产规模，即所构成的分工网络的范围。人类社会物质生产演进就表现出早期以消费品生产为主导，工业革命后资本品生产地位攀升，后工业化时期生产性服务快速发展的特征。结合集聚机制，以及受中心地租金成本影响，高盈利、高租金承受能力的新兴生产更易占据中心地，并将低盈利、低租金承受能力的传统生产挤出中心地；分工关联但无法远离中心地的相关生产聚集在中心地周围，共同形成城市群；分工关联但能远离中心地的相关生产分散到世界各地，与中心地形成直接或间接的分工联系，构成支撑中心地新兴生产发展的分工网络。因为新兴生产与层级关联分工之间不可分割的支撑关系，中心地作为新兴生产的集聚空间与所关联分工网络之间共生演化。集聚的这一空间特征表明，中心地、城市群、分工网络、全球分工体系之间并非相互分立，而是内在紧密关联，不同地区需要从既有分工地位出发，依循集聚与分工的互动规律，才可能找到可行的发展路径（见图 3 – 3）。

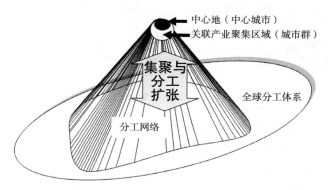

中心地（中心城市）
关联产业聚集区域（城市群）
集聚与
分工
扩张
全球分工体系
分工网络

图 3 – 3　基于集聚与分工互动的中心地与分工网络共生演化

新时代对于相对落后地区的重大机遇在于，其一，可以利用模块网络化原理，聚焦异质产品或生产环节，扩大产业链规模，促进分工深化，提高专业化水平，进而奠定国际分工地位；其二，可以通过公共治理创新，为提高所聚集的异质产业的竞争力提供重要支撑与保障。

因此，依据再生产循环要求、世界分工体系内在关联特征及新时代的新生产与治理模式，中国高质高效地驱动社会主义现代化建设的必要选择在于：促进发展与开放高质量协同，即驱动市场联通与地区产业的有机联结和互动循环，从而建构分工深化与产业演进的自组织机制，以实现自我累积强化的可持续发展。

"发展 – 开放"高质量协同的基本原理包括以下方面（见图 3 –4）。

首先，对于不同地区，需要拓展及对接内外一体化的大市场，实现软硬件联通，由此为相关集聚点嵌入整体分工体系创造条件。

其次，不同地区基于自身资源禀赋及开发潜力，选择发展异质产品产业链及其关联产业，在大市场效应下扩大生产规模，驱动模块网络化机制发展，促进技术创新与分工深化，由此奠定国际分工地位。由于关联分工

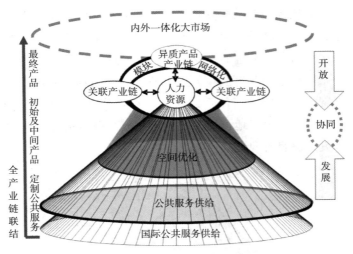

图 3-4　"发展-开放"高质量协同原理

的空间转移，以及同一产业链中不同生产环节要求空间临近以最大程度敏捷响应，因此，当异质产品生产及分工达到一定规模与水平并分布于区域内时，区域生产网络便形成，相关异质生产环节以高度协作的方式满足世界市场大规模消费需求。

再次，不管是市场基础设施不完善，还是发展新型生产所需要素资源储备不足，都可以通过公共治理的创新，提供异质产业发展所需的公共服务；随着创新重要性的上升，围绕人力资源开发的公共服务需求攀升，更需要提高定制化公共服务供给水平与效率，包括联结内外一体化市场的国际公共服务。

最后，从整体、区域及各地区不同层面而言，分别形成不同表现形式的全产业链，即产业环节联结的形式不同；但公共服务创新支撑异质产业聚集继而参与国际分工的发展方式决定，形成自主转型升级机制的全产业链具有定制公共服务、初级及中间产品到最终产品的基本联结结构。需求拉动、定制化供给、敏捷响应、网络组织是全产业链运作的重要特征。

四　新时代内策外联创新驱动"一带一路"高质量建设

1. 新时代特征及其使命

最近十余年以来，中国被卷入大国间的博弈，其根源在于：随着模块网络化生产方式的初兴，各国处于不同分工环节，因所面对需求情境的差异化及不同的行为选择，各国在科技、产业、治理演进等方面走向分化，进而导致利益分配与权力关系出现矛盾和分歧。国际矛盾动态演化形势决定了新时代显著特征。

第一，和平与发展仍将占据时代主流。新生产方式、新科技、新治理模式正在兴起，中国等发展中国家因大量从事分散生产及组装，以满足大规模人口的生存与发展需要，而在有利需求场景基础上获得发展的机遇与潜力。如果不创造条件促使潜力转化为现实，中国仍将难以推进可持续发展和实现两个百年的奋斗目标。作为全球生产体系的联结枢纽，中国因可持续再生产创造要素需求和供应能力，而与各类要素供应国、消费市场和通道地区形成坚实的共同利益基础。因此，中国有必要联合最广泛的利益相关方共同担负起维护世界和平与发展的责任，从而为时代主题的延续奠定重要基础。与此同时，在新时代悄然到来但世界新格局尚未成型的阶段，处于霸权地位的竞争方也面临着抓住时代机遇、重塑进而巩固自身统治地位的现实挑战，和平与发展也是其实现既定目标的必要条件与保障。由此决定，在世界各国共同处于新时代起跑线上，需要通过实力提升维护自身长远根本利益的阶段，和平与发展仍然具有主导时代演化的基础和条件。

第二，竞争与博弈成为不可忽视的重要影响。第二次世界大战后，世界格局呈现多极化趋势；在美国强化权力体系、加紧推行霸权主义和单边主义过程中，"一超多强"特征越趋显著。新时代新生产方式、新科技、新治理模式的兴起，给占据世界主导地位的美国带来较大冲击；作为最具分散消费与分散生产联结场景优势的中国，通过深化改革和扩大开放，累积起可观的生产制造基础与转型升级潜力。新时代背景下，需求场景方面中美此消彼长的分化，对美国霸权体系的维系带来挑战与风险，2008年后中美的周旋，直至贸易战的升级，均表明大国间利益的分歧与矛盾已有所积累并激化。可见，面向新时代，在创造性毁灭的过程中，"一超多强"的各方均面临寻找并扩大发展权的挑战；虽然寻求发展使各方仍有合作基础，但利益实现方式的差异特别是对立，使大国间的竞争与博弈不可避免；特别对于具有巨大发展潜力的中国而言，尤其需要清醒地认识到世界走向的复杂性，辩证看待外部形势，谨慎选择发展路径。

第三，根据主次矛盾演化，动态优化发展战略。面向新时代，抓住机遇、实现发展仍是各大国的核心诉求，这构成世界格局的主要矛盾，和平与发展主题仍占据主导地位；与此同时，大国发展潜力、根本利益间的分化切实存在，从而使竞争和博弈成为不可忽视的次要矛盾；并且，随着发展权与核心利益抢夺趋于白热化，不排除次要矛盾上升为主要矛盾，并影响和平与发展的时代主题。因此，新时代需要密切关注世界格局的主次矛盾变化，据此动态调整与优化发展战略，以维护国家核心利益。

党的十九大报告指出，在 2020 年全面建成小康社会之后，将通过两个阶段把我国建成富强民主文明和谐美丽的社会主义现代化强国，由此完成第一个百年目标。其中，2020 年到 2035 年要基本实现社会主义现代化，2035 年到 21 世纪中叶，要建成社会主义现代化强国。

在中国的国际地位发生实质性变化、地缘关系深刻变革的时代，中国即将走向基本实现社会主义现代化的重要开局，即实质性地推动国家转型升级，由此肩负起为驱动新一轮科技产业革命扎稳根基、为基本实现社会主义现代化开拓内外发展空间的艰巨任务；并为建设社会主义现代化强国及向第二个百年目标奋进奠定基业。国内外形势相对复杂，以及大国力量消长分化，决定新时代需要高质高效地驱动创新发展，以最大程度争取时间。

2. 内策外联创新驱动"一带一路"高质量建设的思路

"发展－开放"高质量协同，意味着产业聚集发展与扩大内外开放是内在联结、不可分割的完整系统，产业发展为开放提供需求和动力，内外开放为产业发展创造市场条件。因此，新时代的开放战略，作为全面启动社会主义现代化建设的重要组成部分，需要在总结"一带一路"六年多建设经验和教训的基础上改进优化，即转向"发展－开放"高质量协同基础上的高质量开放。

"一带一路"共建倡议提出六年多时间以来，主要围绕"六大经济走廊"和"政策沟通、设施联通、贸易畅通、资金融通、民心相通"，经由国家部委、地方政府、国有企业及部分民营机构的共同努力来有序推进。多年实践既取得显著成果，也暴露出一些问题。第一，"一带一路"覆盖广袤的欠发达地区，展开基础设施联通建设，需要投入大量资源；沿线地区发展水平低下，能够参与投入建设的能力有限；且许多国家市场环境尚未达到投资要求，也就难以获得商业资金支持，这给主要推动方带来巨大的可持续投资压力。第二，局部的互联互通建设即使有所推进，但在与大市场形成全面互联互通之前，仍然较难达到显著的市场联通效果，继而促进资源配置效率提升。第三，共建"一带一路"国家和地区普遍产业基础薄弱、市场容量小、市场机制不健全，即使建立初步的基础设施和联通条件，生产者也往往难以做出有效的生产响应，或者组织生产的成本依旧高昂，导致即使消耗大量投入，也难以驱动可持续生产，从而尽早收获经济效益。第四，"一带一路"建设带来地缘关系变化，能否取得东道国与国际社会的认同，存在不确定性；特别在大国博弈背景下，各地区、各领域的较量与竞争都在增加建设风险。第五，即使全面互联互通建成也要经过漫长的过程，此前商业价值有限势必影响支持力量的参与；大规模投入如果不能尽快形成经济效益，反而会引发更多的反对声音，从而影响"一带一路"建设全局。因此，充分利用市场机制与新兴生产方式来促进自组织分工深化，成为高质量建设"一带一路"的必要选择。

依据"发展 – 开放"高质量协同原理，"一带一路"建设需要转向内策外联的创新驱动模式（见图 3 – 5）。

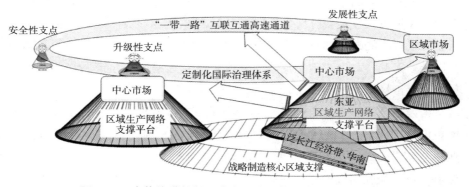

图 3 – 5　内策外联创新驱动建设"一带一路"的总体思路

第一，"一带一路"建设需要通过内策外联来有效推进。"一带一路"建设并非简单的扩大开放，而是承载着驱动新一轮科技产业革命的艰巨任务；"一带一路"沿线地缘关系复杂，推行治理创新的难度较大；而中国主权范围内的地区既累积起庞大的生产制造基础，又具有创新公共治理的广阔空间。因此，从内部策源创新开始，通过产业集聚结构与规模的变革，促使要素与商品流动内容转换，继而联动共建"一带一路"国家和地区，由局部发力来驱动整体转型。

第二，中心市场是驱动"一带一路"整体建设的主要需求源。没有需求拉动，再生产难以持续循环往复进行下去。"一带一路"建设并非仅牵涉局部地区的发展，而是延伸到广袤的世界市场。就全球市场而言，消费需求有极限且存在特定的空间分布特征。因此，扩大消费需求规模的首要条件是定位中心市场，并将"一带一路"所涉及的生产体系最大限度地与中心市场异质需求相对接，由此提供庞大生产流通体系运转的强劲消费驱动力。

第三，区域生产网络是服务于中心市场的重要生产支撑平台。在世界经济演进到当前时代，中心市场一方面消费能力较强，另一方面主要是高盈利、高租金承受能力的新兴生产或服务的聚集地，因而，盈利能力和租金承受能力较低的生产制造就趋向于空间外移。其一，距离中心地越近，越容易供给产品，中心市场的强劲消费力对关联生产制造具有空间吸引力。其二，模块网络化的兴起使敏捷响应成为越趋重要的生产要求，即缓慢的生产难以满足快速变化的消费需求，这就要求产品能够快速抵达消费市场，在软硬件流通条件不够便利的情况下，距离临近是重要应对方式。其三，中心市场的大规模消费需求，使服务于中心市场的生产制造能够集聚到较大规模，在模块分解、分工深化过程中越趋形成区域生产网络，分散在区域内不同地区的异质厂商分工协作，以敏捷响应中心市场的异质消费需求。因此，与中心市场流通便利或距离较近的区域生产网络将成为服务于中心市场的重要生产支撑平台。

第四，新科技革命趋势下，战略制造核心区域成为"一带一路"整体拓展与国家转型升级的基础性与策源性支撑。模块网络化生产方式的兴起及新科技革命的萌芽，表明在全球生产与消费规模进一步扩张的过程中，更深层次分工细化的时代即将到来。"一带一路"建设在更高程度联结全球市场的过程中，也为大规模科技创新、模块分解和分工深化创造条件。其一，新科技革命的突变性爆发依赖于可观的生产、服务与消费规模；其二，新科技革命所依赖的研发、创新继而人的心智开发等要素并非自然资源，而需要依托大规模、高效、定制化的公共服务供给以进行后天开发；其三，仅凭市场自发作用积累科技研发等新型要素，进而催生科技产业革命将是一个漫长的过程，因此，配合"一带一路"整体拓展及国家转型升级需要，有必要培育战略制造核心区域，既具备可观的生产与消费规模，为大范围分工深化、新科技革命孕育提供产业基础；又创新公共治理，为酝酿科技产业革命提供服务与支撑。不管是缺乏产业规模，还是缺乏公共治理创新，都难以承载培育新科技产业革命的使命。

第五，差异化支点是"一带一路"建设的重点地区。依据新时代新兴治理模式，共建"一带一路"国家和地区都有机会通过选择发展异质产品产业链及关联产业链、创新内外公共服务，来嵌入全球分工体系并奠定自身地位。但各地资源储备、市场基础、治理能力等存在显著差异。特别是集聚的空间特征表明，对区域乃至全球的经济开发，并不需要并行推进，而是依循中心地与分工网络共生演化的规律，对区域分工体系中的重点地区，特别是中心地进行着力开发，就能顺应集聚自组织机制并辐射引领周边区域发展。这也适用于"一带一路"拓展的特殊性，即"一带一路"沿线投资环境复杂，各地开发成本高昂，分散投资难以形成规模效应，同时导致所需应对的风险攀升；构建互联互通通道时途经多节点，导致出现中断的风险加大。因此，对投资条件较好的区域经济中心地或功能性地区进行重点开发，有利于集聚效应形成、规避投资过多地区的风险、辐射引领周边地区发展，从而大幅提高"一带一路"的建设效率。这些区域经济中心地或功能性地区被称为"一带一路"建设支点，它们主要依据所集聚产业的属性、与所辖分工网络的关联特征、在"一带一路"建设中肩负的使命，来确定差异化的功能定位和定制化建设方案，即属于差异化支点。其中，由于"一带一路"建设的主要目标是造福共建"一带一路"国家人民，因此，承担带动地区发展任务的发展性支点与负责引领转型升级的升级性支点构成差异化支点的主体；此外，若干地区不具备开发条件或基础，但对"一带一路"建设或地区安全具有重要意义的节点，也需强化建设，笔者称之为安全性支点，其开发规模和程度不必过大与过高，但需承担起相应的安全功能。

第六，由差异化支点支撑起"一带一路"市场互联互通的高速通道。内外一体化大市场的构建继而市场的互联互通对"一带一路"建设顺利推进尤为关键。借鉴高速铁路通过架设桥墩承载轨道，以规避沿线复杂地势进而提高通达效率的原理，"一带一路"也需避免随自然地理及地区分布来大范围地建设软硬件联通设施，而应以差异化支点为依托，在其相对周边形成的商品和要素规模化吞吐基础上，建设干线联通设施，以尽快形成"一带一路"全局性互联互通高速通道，保障沿线支点的集聚机制尽早启动，进而为"一带一路"建设增强市场推动力。而支点与周边地区，则主要通过建设支线联通设施来促进市场一体化，以增强支点对周边的辐射带动力，也依托腹地规模扩张为支点的生产与流通聚集提供有效支撑。

第七，从差异化支点、区域生产网络、高速通道等不同层面建构定制化国际治理体系。为了促使互联互通环境的形成，提供各层面产业集聚所需要的跨国公共服务，以及协调越趋频繁的经贸、政治、文化等联系，在差异化支点、区域生产网络等各层面需要建构正式或非正式的国际协调机制、规则及其组织，所构成的整体即为国际治理体系。由于"一带一路"各层面建设的方式、功能、目标均有差异，所需要的国际公共服务亦呈现异质化特征，因此，国际治理体系的建构也需利用模块网络化原理，通过多元组织参与并协同的方式，来定制化提供国际公共服务。

作为"一带一路"高质量建设的驱动源，中国在内外经贸格局基础上，所需要推进的是逐步建构与扩展"发展－开放"协同新格局。其实质是，聚焦北美、欧洲、东亚中心市场，国内依托泛长江经济带、华南等战略制造群落作为核心支撑平台，创新公共治理，驱动新科技产业革命，联动东西两条生产流通廊，保障多元化能源原材料输入和产品输出，形成东西互济、内外联动的可持续发展生态；国外依托东亚、欧洲、北美等层级区域生产网络，敏捷服务中心市场，带动新兴国家工业化，保障能源原材料安全供应，服务于国内转型发展需要；北方安全带依托南方生产制造聚集群落提供技术与产业支撑，又为其提供基础性安全保障。在此过程中，中国驱动构建起世界消费市场、生产国、能源国、通道国之间命运相关、共生共荣的协同发展与开放合作格局。

第二节 高质量建设"一带一路"面对的国内外经济环境

选取全球 110 个主要国家和地区，基于欧盟、北美自由贸易协定、"10＋3"等既有的主要区域一体化协议，及地区代表性、关联性及地域邻近等因素，大致划分北美、西北欧、东亚、中东欧、欧洲其他地区、东亚其他地区、南亚、西亚、中亚、非洲、大洋洲、拉美共 12 个区域，利用 Unctad 和 Uncomtrade 数据库中 1998 年至 2018 年的数据对全球分工格局进行统计分析；另外，结合区域战略及地区分化特征，将中国划分为北方、泛长江经济带、华南、西北共 4 大区域，利用 CEIC 数据库 1998 年至 2017

年数据对中国的分工格局进行统计分析，据此勾勒高质量建设"一带一路"所面对的内外环境。①

一　世界经济格局的主要特征

1. 北美、西北欧和东亚是全球三大经济贸易区域，且东亚地位大幅攀升

2018 年，北美、西北欧和东亚 GDP 占全球比重分别为 27.6%、20.7% 和 28.1%，合计占到世界的 76.4%；出口比重分别为 13.2%、30% 和 31.5%，合计占到 74.7%；三大区域 2016 年进口世界最终产品比重分别为 22.1%、25.8% 和 18.9%。可见，三大区域构成全球最主要的经济、贸易与消费聚集地（见表 3 – 1）。

三大区域中，除了人口比重，东亚其他指标在 1998 年仍然属于最小规模；但到 2018 年，从 GDP 总量、商品出口和进口规模来看，东亚均已超过北美和西北欧，上升为世界第一大经济区域。由此可见，东亚在创造消费需求、拉动世界经济运行的潜力方面，已有显著提升。

---

① 北美：加拿大、墨西哥、美国（北美自由贸易协定）；西北欧：奥地利、比利时、丹麦、芬兰、法国、德国、爱尔兰、意大利、荷兰、挪威、西班牙、瑞典、瑞士、英国（欧盟与欧洲自由贸易联盟主要经济体）；东亚：中国、中国香港、印度尼西亚、日本、韩国、马来西亚、菲律宾、新加坡、泰国、越南（东盟"10＋3"主要经济体，因 Uncomtrade 数据库没有中国台湾数据，而 Unctad 数据库有，因此本研究使用东亚 11 国和地区数据时包括中国台湾）；中东欧：阿尔巴尼亚、波黑、保加利亚、克罗地亚、捷克、爱沙尼亚、匈牙利、拉脱维亚、立陶宛、黑山、波兰、罗马尼亚、塞尔维亚、斯洛伐克、斯洛文尼亚、马其顿（已经加入或拟加入欧盟的中东欧国家）；欧洲其他地区：希腊、摩尔多瓦、白俄罗斯、俄罗斯、乌克兰、塞浦路斯；东亚其他地区：文莱、柬埔寨、中国澳门、中国台湾地区、朝鲜、老挝、蒙古、缅甸、尼泊尔（其他东亚 8 区指去除中国台湾）；南亚：阿富汗、孟加拉国、不丹、印度、马尔代夫、巴基斯坦、斯里兰卡；西亚：亚美尼亚、阿塞拜疆、巴林、格鲁吉亚、伊朗、伊拉克、以色列、约旦、科威特、黎巴嫩、利比亚、阿曼、卡塔尔、沙特阿拉伯、巴勒斯坦、叙利亚、土耳其、阿联酋；中亚：哈萨克斯坦、吉尔吉斯斯坦、塔吉克斯坦、土库曼斯坦、乌兹别克斯坦；非洲：阿尔及利亚、吉布提、埃及、厄立特里亚、埃塞俄比亚、肯尼亚、毛里塔尼亚、摩洛哥、尼日利亚、索马里、南非、苏丹、突尼斯、也门；大洋洲：澳大利亚、新西兰；拉美：阿根廷、巴西、智利、哥伦比亚、秘鲁、委内瑞拉。中国，北方：北京、天津、河北、山东、辽宁、吉林、黑龙江、山西、内蒙古；泛长江经济带：上海、江苏、浙江、安徽、江西、湖北、湖南、重庆、四川、贵州、云南、陕西、河南；华南：广东、福建、广西、海南；西北：西藏、甘肃、青海、宁夏、新疆。

表 3 - 1　全球主要区域相关指标占世界的比重

单位:%

类别	区域/年份	北美	西北欧	东亚	中东欧	欧洲其他地区	东亚其他地区	南亚	西亚	中亚	非洲	大洋洲	拉美	总计
GDP	1998	32.8	29.6	19.4	1.44	1.50	1.01	1.77	2.80	0.14	1.37	1.42	4.85	98.1
	2008	27.5	28.2	19.5	2.55	3.52	0.83	2.45	4.65	0.31	1.88	1.87	4.59	97.7
	2018	27.6	20.7	28.1	2.04	2.42	0.26	4.00	4.39	0.31	1.92	1.93	4.04	97.8
人口	1998	6.8	6.1	31.6	1.97	3.56	2.20	21.92	3.82	0.91	7.02	0.37	5.16	91.5
	2008	6.7	5.7	30.1	1.83	3.03	2.16	22.94	4.08	0.90	7.70	0.38	5.18	90.6
	2018	6.5	5.2	28.8	1.58	2.80	1.79	23.32	4.33	0.94	9.14	0.39	5.09	90.0
商品出口	1998	18.4	42.0	21.9	2.28	1.81	2.19	0.95	3.22	0.19	1.22	1.23	2.33	97.7
	2008	12.6	34.3	24.6	4.24	3.52	1.77	1.49	7.77	0.60	2.04	1.35	3.07	97.3
	2018	13.2	30.0	31.5	4.90	2.94	0.26	2.06	6.95	0.44	1.47	1.52	2.57	97.8
商品进口	1998	22.7	39.0	17.4	3.00	1.91	2.06	1.18	3.64	0.18	1.61	1.37	2.67	96.7
	2008	17.7	33.3	22.1	5.09	2.95	1.65	2.47	5.16	0.37	2.07	1.42	2.57	96.8
	2018	18.0	28.5	28.9	5.02	2.15	0.42	3.37	5.04	0.30	2.04	1.41	2.19	97.3
服务出口	2005	17.0	45.3	15.4	3.21	2.86	0.41	2.23	3.67	0.12	1.79	1.59	1.34	94.9
	2008	15.6	43.6	16.4	4.16	2.46	0.47	2.92	3.54	0.16	1.80	1.49	1.56	95.3
	2018	16.3	38.6	19.0	4.18	2.50	1.01	3.91	4.57	0.22	1.41	1.47	1.28	94.4
服务进口	2005	15.1	42.5	19.5	2.43	2.46	0.18	2.83	5.08	0.33	1.69	1.59	2.00	95.8
	2008	13.4	40.4	19.3	3.23	3.33	0.18	2.73	6.27	0.33	2.24	1.61	2.53	95.5
	2018	12.7	36.0	24.2	2.83	2.56	0.36	3.70	6.04	0.26	1.86	1.53	2.30	94.3
最终产品进口	2008	20.9	36.8	15.7	5.3	4.4	0.1	1.3	4.7	0.3	1.8	2.0	2.6	96.0
	2016	22.1	25.8	18.9	4.8	2.4	0.4	1.4	12.2	0.2	4.1	2.1	2.1	96.4

资料来源:根据 Unctad 和 Uncomtrade 数据计算。

2. 东亚成为全球首要区域生产网络

从世界工业分布而言,1998 年,东亚 11 国(地区)工业产值占比为 26.2%,低于北美的 28.8% 和西北欧的 27.5%;东亚 11 国(地区)的制造业比重仅为 23%,远低于北美的 31.5% 和西北欧的 30.2%。到 2008 年,东亚 11 国(地区)的工业和制造业比重均已超过北美和西北欧,2017 年的领先优势更为显著,东亚 11 国(地区)工业产值占世界比重达到

37.3%，远超于北美的 20.6% 和西北欧的 17%；东亚 11 国（地区）的制造业产值占比在 2016 年为 42.3%，而北美仅为 21.2%、西北欧则为 18.5%。东亚 11 国（地区）成为全球最具规模优势的工业制造区域，北美和西北欧发达地区的工业制造规模则大幅下滑；再加上北美和西北欧人口规模不仅相对有限，而且近 20 年占世界总人口比重持续下滑，东亚 11 国（地区）的人口占比虽也有所下降，但 2018 年占到世界的 28.8%，规模优势仍然显著。因此，在模块网络化驱动生产系统流程分解、分工深化而渐趋形成规模庞大的生产网络过程中，东亚所具有的生产制造规模及孕育新科技潜力方面的竞争优势相对显著（见表 3－2）。

表 3－2　全球主要区域产业指标占世界的比重

单位:%

类别	年份	北美	西北欧	东亚	中东欧	欧洲其他地区	东亚其他地区	南亚	西亚	中亚	非洲	大洋洲	拉美	总计	中国
农业	1998	11.9	15.1	28.1	2.27	2.45	0.92	12.17	6.30	0.65	5.11	1.33	6.80	93.0	15.5
	2008	9.5	10.1	32.5	2.64	3.79	1.00	12.16	5.56	0.79	7.32	1.37	6.61	93.4	21.5
	2017	7.1	6.4	41.1	1.58	2.65	1.08	15.46	4.26	0.64	7.29	1.37	5.60	94.5	30.3
工业	1998	28.8	27.5	26.2	1.60	1.62	0.11	1.73	3.55	0.14	1.40	1.28	4.30	98.3	5.5
	2008	22.4	23.5	26.1	2.65	3.47	0.19	2.60	7.91	0.42	2.11	1.75	4.61	97.7	12.0
	2017	20.6	17.0	37.3	2.05	2.57	0.28	3.85	6.16	0.43	1.89	1.70	4.01	97.8	23
制造业	1998	31.5	30.2	23.0	1.59	1.45	0.09	1.66	2.54	0.12	1.15	1.05	4.05	98.4	
	2008	21.7	25.4	32.7	2.77	3.07	0.14	2.59	3.26	0.32	1.21	1.05	4.10	98.3	14.6
	2016	21.2	18.5	42.3	2.14	1.56	0.22	3.50	3.24	0.37	1.36	0.85	3.24	98.5	25.5
服务业	1998	38.3	27.8	18.8	1.18	1.27	0.08	1.14	2.36	0.10	1.13	1.44	4.68	98.3	1.9
	2008	33.2	28.3	18.3	2.25	3.07	0.11	1.84	3.56	0.24	1.53	1.93	3.95	98.1	4.9
	2017	34.0	21.1	23.8	1.65	2.18	0.20	3.12	3.75	0.25	1.60	2.10	4.31	98.0	11.7

资料来源：根据 Unctad 数据计算。

3. 中国在东亚区域生产网络中占据生产与贸易的主导地位

首先，中国占据越趋重要的全球制造聚集中心地位。1998 年，东亚主要国家（地区）制造业占世界的比重约为 23%。到 2004 年，中国制造业产值占世界产值的 8.7%，仍低于日本制造业 14.3% 的比重，东亚 11 国

（地区）制造业产值占世界的 30.2%。2008 年，中国制造业占比升至 14.6%，已高于日本 10.7% 的水平，占据东亚 11 国（地区）的首位。美国次贷危机后，中国进一步吸引全球制造业聚集，到 2016 年中国制造业占世界产值比重为 25.5%，2008～2016 年攀升 10.89 个百分点，同期日本下降 2.57 个百分点。在中国的带动下，东亚的韩国、印度尼西亚、中国台湾、菲律宾、泰国等制造业也有小幅上升，2016 年东亚 11 国（地区）制造业总计占到世界的 42.3%，达到历史最高水平。2016 年，中国制造业产值占到东亚区域生产网络的 60% 以上，是位居其次的日本 19.3% 的 3 倍。中国是东亚乃至全球首要制造聚集中心（见表 3 – 3）。

表 3 – 3　2004～2016 年东亚 11 国（地区）制造业产值占世界比重及 2008～2016 年变化

国家和地区	2004 年	2008 年	2012 年	2016 年	2008 年至 2016 年变化
中　国	8.7	14.6	22.5	25.5	10.89
中国香港	0.1	0.0	0.0	0.0	− 0.01
印度尼西亚	1.0	1.3	1.6	1.6	0.25
日　本	14.3	10.7	10.2	8.1	− 2.57
韩　国	2.7	2.6	2.9	3.1	0.55
马来西亚	0.5	0.6	0.6	0.6	0.00
菲律宾	0.3	0.4	0.4	0.5	0.10
新加坡	0.4	0.4	0.5	0.5	0.07
泰　国	0.7	0.9	0.9	0.9	0.04
越　南	0.1	0.2	0.2	0.2	0.06
中国台湾	1.4	1.1	1.2	1.3	0.20
东亚 11 国（地区）	30.2	32.7	41.0	42.3	9.57

资料来源：根据 Unctad 数据计算。

其次，中国构成东亚贸易发展的主力。从 20 世纪 90 年代末以来东亚地区进出口贸易发展来看，中国占据世界的比重大幅攀升，在 1998～2008 年由占世界总出口的 3.3%、世界总进口的 2.5%，分别升至 8.9% 和 6.9%；到 2018 年出口比重又上升 3.9 个百分点至 12.8%，进口比重上升 3.9 个百分点达到 10.8%。区域内第二大贸易体——日本在 1998 年至 2008 年和 2008 年至 2018 年间，出口占世界比重分别下滑 2.2 个和 1 个百分点，进口比重分别下滑 0.3 个和 0.8 个百分点，2018 年出口占比仅为 3.8%、进口占比也为 3.8%。在中国的有力支撑下，东亚 11 国（地区）2018 年占到世界总出口的 31.5%、世界总进口的 28.9%（见表 3 – 4），中国分别占东亚区域出口总额的 40.5% 、东亚进口总额的 37.3% 。

表 3 – 4   1998～2018 年东亚 11 国（地区）进出口占世界的比重及变化

单位:% , 个百分点

国家和地区	占世界总出口的比重						
	1998 年	2003 年	2008 年	2013 年	2018 年	1998 年至 2008 年变化	2008 年至 2018 年变化
中　国	3.3	5.8	8.9	11.7	12.8	5.5	3.9
中国香港	3.2	3.0	2.3	2.8	2.9	– 0.9	0.6
印度尼西亚	0.9	0.8	0.9	1.0	0.9	0.0	0
日　本	7.0	6.2	4.8	3.8	3.8	– 2.2	– 1
韩　国	2.4	2.6	2.6	3.0	3.1	0.2	0.5
马来西亚	1.3	1.4	1.2	1.2	1.3	– 0.1	0.1
菲律宾	0.5	0.5	0.3	0.3	0.3	– 0.2	0
新加坡	2.0	2.1	2.1	2.2	2.1	0.1	0
泰　国	1.0	1.1	1.1	1.2	1.3	0.1	0.2
越　南	0.2	0.3	0.4	0.7	1.3	0.2	0.9
中国台湾	2.0	2.0	1.6	1.6	1.7	– 0.4	0.1
东亚 11 国（地区）	23.9	25.7	26.2	29.3	31.5	2.3	5.3
国家和地区	占世界总进口的比重						
	1998 年	2003 年	2008 年	2013 年	2018 年	1998 年至 2008 年变化	2008 年至 2018 年变化
中　国	2.5	5.3	6.9	10.3	10.8	4.4	3.9
中国香港	3.3	3.0	2.4	3.3	3.2	– 0.9	0.8
印度尼西亚	0.6	0.5	0.8	1.0	1.0	0.1	0.2
日　本	5.0	4.9	4.6	4.4	3.8	– 0.3	– 0.8
韩　国	1.7	2.3	2.6	2.7	2.7	1.0	0.1
马来西亚	1.0	1.1	0.9	1.1	1.1	– 0.1	0.2
菲律宾	0.6	0.5	0.4	0.3	0.6	– 0.2	0.2
新加坡	1.8	1.8	1.9	2.0	1.9	0.1	0
泰　国	0.8	1.0	1.1	1.3	1.3	0.3	0.2
越　南	0.2	0.3	0.5	0.7	1.2	0.3	0.7
中国台湾	1.9	1.6	1.5	1.5	1.4	– 0.4	– 0.1
东亚 11 国（地区）	19.3	22.3	23.6	28.6	28.9	4.3	5.3

资料来源：根据 Unctad 数据计算。

最后，中国上升为东亚地区发展重心。1998 年，日本的 GDP 占世界
的 12.83%，中国仅为 3.29%；两国分别占东亚 11 国（地区）总量的
63.3% 和 16.2%。随着经济的快速增长，2010 年中国 GDP 正式超越日本，
占据东亚区域的首要地位。2018 年，中国 GDP 占世界的 15.95%，占东亚
11 国（地区）总量的 56.7%；东亚地区整体 GDP 占到世界的 28.11%，
比 2008 年高 7.98 个百分点。中国经济有力地引领了东亚的崛起与发展
（见表 3 - 5）。

表 3 - 5 1998～2018 年东亚 11 国（地区）GDP 占世界比重及变化

单位:%，个百分点

国家和地区	1998 年	2003 年	2008 年	2013 年	2018 年	1998 年至 2008 年变化	2008 年至 2018 年变化
中 国	3.29	4.28	7.23	12.51	15.95	3.95	8.72
中国香港	0.54	0.41	0.34	0.36	0.43	-0.19	0.09
印度尼西亚	0.36	0.64	0.85	1.18	1.22	0.50	0.37
日 本	12.83	11.40	7.92	6.69	5.84	-4.91	-2.08
韩 国	1.19	1.74	1.57	1.69	1.90	0.38	0.33
马来西亚	0.23	0.28	0.36	0.42	0.42	0.13	0.06
菲律宾	0.23	0.22	0.27	0.35	0.39	0.04	0.12
新加坡	0.27	0.25	0.30	0.39	0.41	0.03	0.11
泰 国	0.36	0.39	0.46	0.55	0.59	0.10	0.13
越 南	0.09	0.10	0.16	0.22	0.29	0.07	0.13
中国台湾	0.89	0.82	0.66	0.66	0.69	-0.24	0.03
东亚 11 国（地区）	20.27	20.53	20.13	25.03	28.11	-0.14	7.98

资料来源：根据 Unctad 数据计算。

二 中国经济格局的主要特征

改革开放后，中国的产业聚集与外向型经济发展主要发生在东部沿海
地区。随着拥挤效应出现，东部转型升级及各项成本攀升，2008 年前后，
东部加工制造业加快了向中西部转移；而此时期，泛长江经济带不断强化
产业承接与聚集，担任中国开放和发展的主力；以广东为核心的华南地区
仍然占据较大比重，且在产业升级方面呈现初步成效。

1. 泛长江经济带兴起并成为中国开放与发展的主力

首先，泛长江经济带强化并成为中国制造业聚集区。华北、长三角地区原是中国工业的主要聚集区，但由于东北工业衰落、长三角转型升级、中西部加强产业承接，泛长江经济带从整体上聚集起更大规模的生产制造。通过考察制造业的工业销售产值，以聚集判断制造业产业转移状况，2012 年，北方的制造业销售产值仍占到全国的 31.1%，2016 年已降至27.5%；西北地区制造业销售产值占比较低，并继续呈移出态势；华南地区有 1.6 个百分点的小幅上升，2016 年占比为 17.7%；泛长江经济带的比重则由 2012 年的 49.9%，升至 2016 年的 53.4%，上升 3.5 个百分点（见图 3-6）。

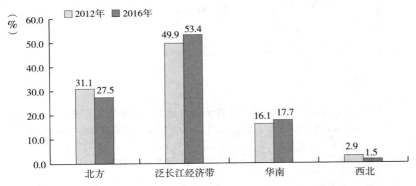

图 3-6　2012 年与 2016 年中国主要区域制造业销售产值占全国比重
资料来源：《中国工业统计年鉴》（2013 年、2017 年）。

根据《国民经济行业分类标准》中制造业所分的 31 个大类中，2016年，泛长江经济带有 28 个行业的工业销售产值占比超过 45%，有 20 个行业占比超过 50%，有 7 个行业占比超过 60%。其中，占比最高的是烟草制品业，占比达到 75.43%；其次是化学纤维制造业，虽然 2016 年占全国份额有所下降，但仍高达 75.1%；仪器仪表制造业占比较 2012 年略有上升，占比为 69.9%；酒、饮料和精制茶制造业占比达到 63.7%。从制造业占全国的份额变化来看，除化学纤维制造业和有色金属冶炼与压延加工业外，其他制造业行业 2016 年份额均较 2012 年有所增加。可以看出，无论是饮料、烟草、纺织、服装服饰、造纸、化学原料、有色金属冶炼等传统制造业，还是化学纤维、交通运输设备、专用设备、电气机械、电子设备、仪器仪表等高端制造业，泛长江经济带都占据着半壁江山，个别行业甚至占据主导地位（见图3－7）。

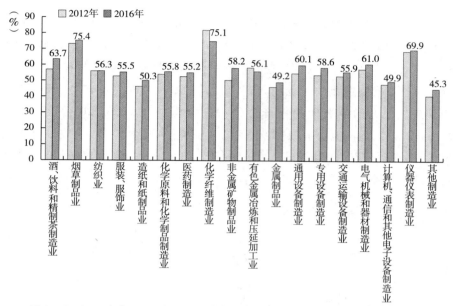

图3－7　2012年与2016年泛长江经济带制造业各行业销售产值占全国比重

说明：交通运输设备制造业为《国民经济行业分类》中的汽车制造业与铁路、船舶、航空航天和其他运输设备制造业之和。

资料来源：根据《中国工业统计年鉴》（2013年、2017年）计算。

从工业总产值占全国的比重来看，1998年，泛长江经济带占比48.4%，北方占比32.8%，华南占比16.4%，西北占比2.3%。1998年至2008年，北方工业总产值全国占比在2000年达到33.9%的历史高位后，较长时期保持相对稳定、比重变化不大。2008年后，北方的工业产值开始下降，特别是2014年后呈现加速下滑态势，到2017年占全国比重仅为26.9%。而华南在2013年降至16.1%的低位后有所攀升，2017年占比18%。泛长江经济带的工业总产值则不断上升，占比持续升至2017年的52.8%，从而成为引领中国工业发展的主力（见图3－8）。

其次，泛长江经济带成为中国对外开放新承载区。20世纪后期，珠三角是中国扩大开放的主阵地，1995年，中国实际使用的对外直接投资中，43.2%聚集于华南地区。21世纪以后，长三角吸收外资的能力不断攀升，并超越珠三角成为外资聚集中心。2008年后，华南地区吸收外资的比重加速下滑，直到2014年后稳定在14%左右的水平，相较1990年代后期已经

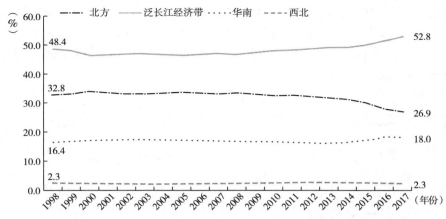

图 3 – 8　1998～2017 年中国主要区域工业总产值占全国比重
资料来源：根据 CEIC 数据库计算并绘制。

大幅萎缩。虽然北方在 21 世纪以后的实际使用外资也有所上升，但在 2014 年后加速下降，2016 年仅占全国的 26.6%。而泛长江经济带不仅在 21 世纪后实际使用外资比重持续上升，2014 年后更是呈现加速态势，2016 年吸纳外资占全国比重已达到 59%（见图 3 –9）。

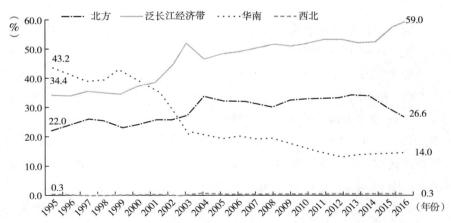

图 3 – 9　1995～2016 年中国主要区域实际使用外国直接投资占全国比重
资料来源：根据 CEIC 数据库计算并绘制。

从进出口贸易发展来看，1990 年代到 21 世纪初，华南一直占据首要地位，占中国进出口比重超过 40%。随着全面开放格局的形成，泛长江经济带的贸易比重开始上升并于 2004 年出口比重、2003 年进口比重超过华南地区。在 2008 年全球需求疲软的形势下，华南、北方地区出口占比均不断下降，而泛长江经济带在 2014 年开始持续攀升，2018 年占到全国出口的 49.7%，进口比重也回升到 43.5%。泛长江经济带成为 2008 年以来中国开放发展的主导力量（见图 3 - 10）。

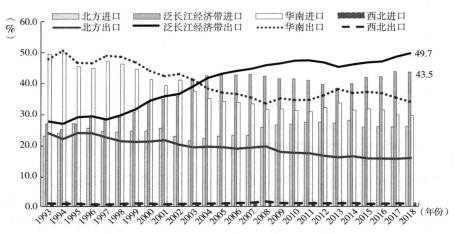

图 3 - 10　1993 ~ 2018 年中国主要区域进出口占全国比重

资料来源：根据 CEIC 数据库计算并绘制。

最后，泛长江经济带为中国经济增长提供新动力。泛长江经济带覆盖区域广泛，在中国经济总量中一直居首位。1998 年，泛长江经济带 GDP 占全国的 48.5%，北方地区占 31.5%，华南地区占 16.9%，西北地区仅占 3.1%。在中国"入世"前后，中国的经济增长重心向北方和华南地区偏移，2008 年北方地区 GDP 占全国比重达到 32.7% 的历史高位；1999 年至 2007 年，华南地区 GDP 占比也始终保持在 17% 以上。2008 年后，北方地区经济比重开始下滑，2014 年后下降幅度增大，2018 年 GDP 占全国的 27.6%；华南地区有小幅上升，从 2013 年的 16.1% 升至 2018 年的 17.3%；而泛长江经济带则在 2014 年后增幅显著，2013 年占全国比重为 48.8%，2018 年升至 52%，5 年间提高 3.2 个百分点，成为中国在全球经济疲软形势下保持增长的重要地区动力（见图 3 - 11）。

可见，正是泛长江经济带生产聚集及整体规模效应的提升，带来中国新的开放与发展动力，由此支撑中国自身及引领东亚进一步扩大区域生产网络的协同与联动，并奠定东亚在全球经济中的重要地位。

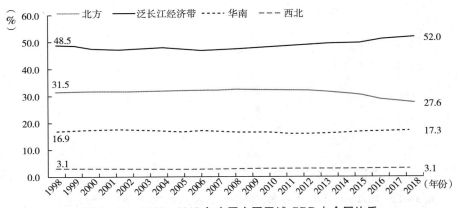

图 3 - 11　1998 ~ 2018 年中国主要区域 GDP 占全国比重

资料来源：根据 CEIC 数据库计算并绘制。

2. 腹地扩张助推泛长江经济带崛起

从泛长江经济带内部来看，中西部地区加强产业承接，提供了整体转型发展的强劲动力。

首先，泛长江经济带的承接与延伸区加快吸纳制造业。2012 年至 2016 年，根据全国各省区市制造业工业销售值份额变化，参与制造业区域产业转移过程中的主要转出省区市（份额降低超过 0.2 个百分点）包括辽宁、上海、浙江、山西、黑龙江等，主要转入省区市（份额上升超过 0.1 个百分点）包括河南、河北、广东、安徽、重庆、江西、湖北、福建、广西、湖南、四川、贵州、山东等，泛长江经济带的承接区与延伸区表现突出。2012 年，长三角核心区的制造业销售产值占全国的 24.8%，2016 年降至23.1%；承接区则由 17% 提升至 20.2%，延伸区由 6.8% 升至 8.5%，形成新的工业聚集区（见图 3 - 12）。

其次，泛长江经济带承接区成为首要的工业聚集区。制造业流入促使承接区整体工业规模不断扩张，并取代核心区，成为首要的工业聚集区。1998 年，泛长江经济带的长三角核心区工业总产值占全国比重为 22.5%，在区内处于引领地位。21 世纪以后，长三角的工业产值比重不断下滑，2013 年跌至 18.4%；泛长江经济带的建设又为其提供支撑，2017 年提升至 20.5%。而中西部承接区的工业产值比重持续攀升，2004 年为 13.7%，2017 年已追平核心区，达到 20.5%。河南、陕西等延伸区的工业比重也有小幅提升，2017 年占全国的 9%，为 1990 年代末以来的最高水平（见图 3 - 13）。从制

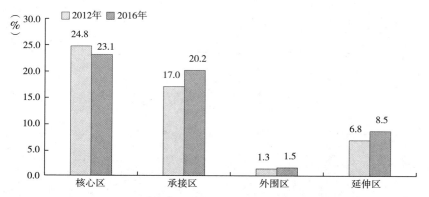

图 3 - 12　2012 年、2016 年泛长江经济带主要区域制造业销售产值占全国比重

资料来源：《中国工业统计年鉴》（2013 年、2017 年）。

造业的工业总产值占全国的比重变化来看，泛长江经济带承接区所占比重已经于 2011 年开始超过核心区，2018 年占全国比重为 21.1%，长三角核心区则为 19.8%（见图 3 - 13）。

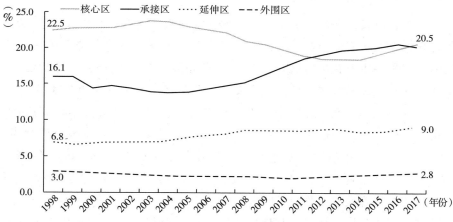

图 3 - 13　1998～2017 年泛长江经济带主要区域工业总产值占全国比重

资料来源：根据 CEIC 数据库计算并绘制。

再次，承接区提供外向型经济发展的新动力。在泛长江经济带范围内，苏浙沪核心区一直是外资流入的主要地区，1995 年其实际使用外资合计占全国的 25.3%；2003 年达到历史最高值，为 39.7%。随后，核心区吸纳外资比重逐渐下降。随着西部大开发和中部崛起战略的推进，泛长江经济带的中西部承接区成为吸引外资的新聚集区，2014 年后增速又有所攀

升，到 2016 年承接区使用外资全国占比已经达到 23.9%，相比 1995 年
6.6% 的水平提升了 17.3 个百分点，仅次于核心区吸引外资的比重
24.6%。延伸区中河南也成为增长主力，1995 年吸引外资比重仅为 1.3%，
2016 年提升至 6.9%；陕西则由 0.9% 提升至 2%。延伸区 2016 年合计吸
引外资比重为 8.9%。而贵州、云南外围区，差异聚集规模有限，使其吸
引外资依旧乏力，2016 年其合计占到全国的 1.7%（见图 3-14）。

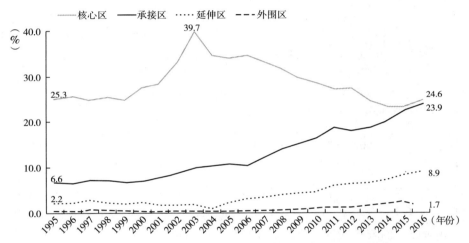

图 3-14 1995~2016 年泛长江经济带主要区域实际使用外国直接投资占全国比重
资料来源：根据 CEIC 数据库计算并绘制。

从进出口贸易发展来看，泛长江经济带的核心区仍然承担着主导角
色，从中国扩大开放到 2008 年全球经济萧条后，其所占中国总出口的比重
持续上升，从 1993 年的 19.4% 升至 2010 年的 41.6%，进口比重由 1993
年的 18.9%，升至 2006 年的高位 38.1%。受外部市场萎缩的影响，核心
区进出口下滑显著，而承接区成为进出口贸易增长的新动力，2009 年，承
接区出口仅占全国的 3.9%、进口占比 4%，到 2018 年，分别升至 8.4% 和
6.5%；再加上延伸区 2009 年至 2018 年出口和进口占比分别提升 2.4 个百
分点和 1.3 个百分点，由此使泛长江经济带在全国进出口占比中依旧保持
上升态势，占据主导和引领地位（见图 3-15）。

最后，承接区已经跃升至泛长江经济带首要经济区域地位。随着开放
型经济的发展，长三角作为全国首要的开发开放区，经济总量不断攀升。
1993 年，苏浙沪"二省一市"GDP 总量占到全国的 19.3%，超过承接区

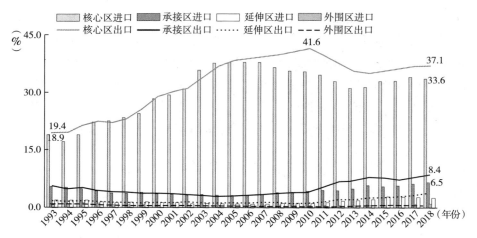

图 3 - 15 1993 ~ 2018 年泛长江经济带主要区域进出口占全国比重
资料来源：根据 CEIC 数据库计算并绘制。

19% 的水平。2002 年至 2008 年，核心区经济总量始终保持在全国 20% 以上的份额；承接区则从 2006 年开始，由 16.7% 的低位逐步攀升，2012 年承接区 GDP 总量占比已经超过核心区，2018 年承接区 GDP 总量占全国比重为 20.6%，核心区则为 19.8%。在全国经济进入新常态的形势下，承接区相对强劲的增长提供了泛长江经济带崛起的重要力量（见图3 - 16）。

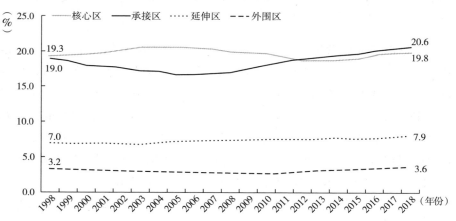

图 3 - 16 1998 ~ 2018 年泛长江经济带主要区域 GDP 占全国比重
资料来源：根据 CEIC 数据库计算并绘制。

总体而言，由于泛长江经济带中西部地区加强产业承接，进一步提升了整体的制造业、工业和经济活动的聚集规模，也为扩大对外开放提供强劲动力。

3. 以广东为核心的华南地区在转型升级方面取得进展

随着外向型经济的聚集，广东成为中国工业和贸易重省。2008年前后，广东加快转型升级步伐，推动创新型经济发展，迄今已取得一定成效。作为高科技产业的主要聚集区，广东依旧辐射带动华南地区发展，支撑国家转型升级。

第一，作为改革开放的前沿，广东在促进加工制造业发展过程中，引领华南地区成为全国首要的工业和贸易聚集区。1998年，广东出口占到全国的41.6%，进口占到39.6%；包括广东、福建、广西、海南在内的华南地区总出口占到全国的48.6%，进口占到46.1%，接近全国一半份额。从工业产值比重而言，1998年广东占到全国的11%，华南地区占到16.4%。随着内地特别是泛长江经济带的产业聚集，广东及华南的贸易地位逐步下滑，但工业聚集仍有小幅上升。2018年，广东出口占到全国的28.7%、进口比重占到23.6%，华南地区出口占比是33.8%、进口占比为29.5%，均是近20年来的最低水平。从工业发展而言，2017年广东工业产值占全国的11.7%，虽比21世纪初有所下降，但在2008年曾跌落到10.3%的基础上又有所攀升；华南地区的工业产值占全国的18%，也高于2008年16.1%的水平。由于珠三角外围大多为山区，交通不便，福建、广西、海南经济基础与人口规模都相对薄弱，一定程度上制约华南地区大规模扩张经济腹地，从而影响其工业与经济聚集。但作为毗邻东南亚最近的开放前沿，广东所引领的华南地区仍然吸聚一定规模的工业与经贸活动，是中国参与东亚区域生产网络的又一重要地区（见图3-17）。

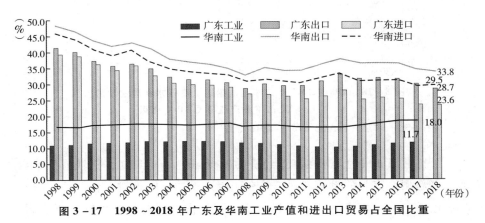

图3-17　1998~2018年广东及华南工业产值和进出口贸易占全国比重

资料来源：根据 CEIC 数据计算。

第二，广东产业转型升级已取得初步进展。改革开放初期，广东曾是农业经济比重非常高的省，1982年农业产值占GDP比重曾高达34.8%。外向型经济发展使其加快工业化推进，特别是21世纪参与东亚区域生产网络使其加工制造业不断聚集，第二产业占GDP比重在2006年达到51%的历史高位。2008年前后，广东通过"腾笼换鸟"等措施驱动转型升级，服务业渐趋占据首要地位，2018年，第三产业占比达到54.2%。经过十多年的探索与累积，广东在自主转型升级方面已有所进展，在促进发展与开放的体制机制创新方面也取得一定突破。从广东省来看，信息化学品、医药、航空航天、电子及通信设备、电子计算机及办公设备、医疗设备及仪器仪表是六大类高技术制造业，2008年，广东规模以上高技术制造业的增加值为3664亿元，占工业产值的20.8%、GDP的9.9%；到2017年，攀升至9508亿元，占工业产值的26.9%、GDP的10.6%（见图3-18）。其中，电子计算机及办公设备制造业增加值占高技术制造业的比重由2008年的66.1%提高到2017年的83.7%。

图3-18　2008~2017年广东省规模以上高技术制造业增加值
及占工业产值与GDP的比重

资料来源：《广东统计年鉴》（2009~2018年）。

第三，深圳成为全国创新型经济的先行区。21世纪初，深圳就开始启动"创新型城市"的设计规划，并在城市建设中不断推进。在深圳，新兴产业包括新一代信息技术、文化创意、互联网、新材料、生物、新能源、节能环保、海洋产业、航空航天、智能制造、生命健康等产业，2009年，这些新兴产业增加值为 2266 亿元,占深圳 GDP 的 26.7%;2017 年增加至 9.87 亿元,占 GDP 的 40.8%(见图 3-19)。其中,新一代信息技术产业增加值占新兴产业的 50% 左右;互联网、智能制造产业的增幅显著,前者由 2009 年占新兴产业增加值的 5.6% 升至 2017 年的 11.1%,后者在 2016 年纳入统计,2017 年增加值达到 640 亿元,所占比重为 7%。信息、智能、互联网产业等是新一轮科技产业革命的核心组成部分,深圳所形成的产业聚集基础与规模,为其融入并引领新科技产业革命创造了重要条件。

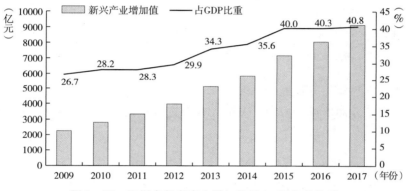

图 3-19 深圳市新兴产业增加值及占 GDP 的比重

资料来源:《深圳统计年鉴》(2010~2018 年)。

第四,深圳现代服务业转型取得显著成效。在创新型城市建设过程中,深圳除了先进制造业取得突破以外,还通过"两化融合"形成先进制造业与现代服务业的互动互促发展。2010 年,深圳工业产值占 GDP 的 44.2%,到 2017 年,工业产值占比仍然保持在 38.8% 的水平;流通性服务业产值由 2010 年占 GDP 的 14.8%,降至 2017 年的 13.6%;生产性服务业产值比重快速提升,从 2010 年占 GDP 的 29% 升至 2017 年的 35.5%。其中,金融服务业所占比重基本维持在 13% 的水平。而与科技创新密切相关的信息传输、软件和信息技术服务业产值占比由 2010 年的 4.3%,不断提升至 2017 年的 7.9%;科学研究和技术服务业产值占比由 2010 年的 1.4% 升至 2017 年的 3.1%,从而成为生产性服务业增长的主力。新型生产性服务业与先进制造业的融合发展,提供了产业转型升级的内在驱动力,为深圳继续引领产业转型奠定了基础(见表 3-6)。

表3-6 2010~2017年深圳主要产业构成

单位:%

年 份 类 别	2010	2013	2017
工业	44.2	41.6	38.8
生产性服务业	29	31.8	35.5
其中:金融业	13.6	13	13
信息传输、软件和信息技术服务业	4.3	5.4	7.9
科学研究和技术服务业	1.4	2.5	3.1
流通性服务业	14.8	15.5	13.6

资料来源:相关年份的《深圳统计年鉴》。

相较泛长江经济带和华南地区而言,北部与西北部地区的工业聚集、开放能力等方面的竞争力趋于下滑,在促进生产规模扩张方面的潜力相对有限。

第三节 高质量建设"一带一路"的内外联动

一 促进东西双向互济、推动南北耦合支撑

中国经济地理演化到当前阶段的特征,决定泛长江经济带等战略制造群落需要发挥各自优势,为优化国内资源配置、促进东西双向互济、实现南北耦合支撑提供强大动力。

1. 泛长江经济带承载支撑国家转型升级和新型开放的战略重任

泛长江经济带具有显著的规模生产与流通优势,以市场机制为纽带,创新治理模式,驱动资源东中西协调配置,泛长江经济带的开发建设为国家转型升级和"东西双向互济"提供强大动力。

首先,泛长江经济带提供经济重心由东向西延伸的平台,为西向发展与开放奠定基础。泛长江经济带依托长江水系、铁路、公路、航空等集疏运网络,形成规模庞大、纵深的潜在经济腹地。在西部大开发、中部崛起等区域战略推进过程中,中西部基础设施大为改善,工业体系齐全。2008

年以来，在全球市场下滑、东部外向型经济受到冲击的形势下，劳动密集型加工制造业加大了转移力度；中西部在软硬件基础设施改进基础上，依托相对丰富且规模庞大的廉价劳动力资源，成为产业转移的主要承接地；东部地区既依托内陆的生产制造基础，又转向更高技术水平的制造业和服务业的发展。因此，泛长江经济带形成上中下游地区具有内在产业关联性的生产制造服务群落，并产生更为强大的产业聚集效应。中西部承接区在市场自组织机制作用和规模经济效应基础上推进工业化，其经济效益和竞争力得到提升，从而助推泛长江经济带成为全国首要的产业聚集区。泛长江经济带内部基于市场机制的产业转移，提供了中西部发展的自组织动力，从而使经济重心切实地由东部开始向西部转移，并形成东中西部之间不可分割的产业系统联结关系。中西部经济活动规模的扩大，赋予西向发展以实质意义，并为西向开放奠定产业基础。

其次，泛长江经济带生产制造的规模化集聚，提供东西向开放的原动力。由于泛长江经济带上中下游、东中西部地区形成大规模的产业聚集群落，不同地区除了相互之间产生要素与产品的供给需求关系之外，规模化的生产更使其从外部市场获得能源、原材料，并向外部市场输出产品的需求。改革开放以来，中国主要在沿海地区聚集外向型经济活动，北美、东亚是其最主要的要素来源和服务市场，由此主要形成东向开放的格局。随着泛长江经济带生产制造腹地向上中游、中西部转移，且规模不断攀升，更为强劲的货物与服务内外吞吐需求由此产生。面对广阔的全球市场，中西部的要素、产品吞吐需要通过更为便捷的软硬件联通设施对外实现连接，西向开放成为现实选择。正是泛长江经济带的规模化产业聚集，提供了东西双向开放所需服务要素与产品流动的物质源泉和动力。

最后，泛长江经济带生产制造系统的分工深化，提供中国在开放中崛起、在崛起中开放的核心支撑。泛长江经济带的逐步崛起主要取决于沿海加工制造及相关工业的区域间转移，由此所形成大规模的生产聚集为进一步的产业升级奠定重要基础。在数字化、网络化、智能化科技革命兴起的浪潮下，泛长江经济带生产制造所具有的规模，奠定了新科技产业革命孕育的物质基础，提供了切实的需求动力；更为重要的是，在驱动新兴科技发展过程中，泛长江经济带生产制造群落面临着巨大的产业更新与演进升级的机遇，并将基于分工深化驱动起规模效应和范围效应更大的生产制造系统与网络，由此使中国真正地扮演新一轮科技产业革命的引领角色。泛长江经济带的生产制造系统扩张、转型与升级离不开广阔的国内外市场，其产生的多元化、大规模的要素、产品、服务吞吐，构成中国新型对外联系的实质内容。泛长江经济带是中国实现在开放中崛起、在崛起中开放战略的核心承载与支撑平台。

2. 粤港澳大湾区引领的华南地区仍然肩负开拓创新使命

广东因毗邻港澳、东南亚，对外交往便利，成为20世纪70年代末改革开放的开拓创新者。经过四十多年的建设与发展，粤港澳大湾区再度升级为国家重大战略区域，依托其坚实的经济基础、丰富的创新资源、多元的制度文化等，继续肩负着诸多先行先试的艰巨的改革任务。

第一，粤港澳具有各异的基础与优势。在东亚生产网络形成过程中，粤港澳以不同方式参与并奠定自身国际地位。其中，香港是助推内地成为加工制造枢纽的商品双向中转和资金单向中转中心；澳门是依托内地的博彩旅游休闲中心；珠三角是外向型加工制造业聚集地。从粤港澳的优势来看，港澳在"一国两制"的制度保障下，具有各自广泛的海外商业网络，保持高度的自治权、自由权利、开放程度、法治体系等，还成为多元文化交融、两种制度合作、不同文明对话的平台；珠三角在实体产业发展、创新科技开发等领域处于全国领先地位。

第二，国家需要粤港澳作为功能各异的支点融入发展大局。近代以来，中国并没有海外殖民史，因此，展开与共建"一带一路"国家的交往与合作，对内地而言都是较大的挑战；特别是内地坚持社会主义道路和发展方向，与资本主义世界的意识形态差异仍将在较长时间内存在并产生作用。此外，"一带一路"建设，将显著改变国际金融和治理秩序，如何顺利且稳定地推进，对国家而言仍是巨大考验。通过文化、制度、文明交融平台，建立起内地与外部世界的对话、交流和合作机制，是国家战略转型和"一带一路"建设的重大需求。党的十九大的召开，将"一国两制"纳入习近平新时代中国特色社会主义建设的基本方略，指出把维护中央对港、澳的全面管治权和保障特别行政区高度自治权有机结合起来，确保"一国两制"方针不会变、不动摇，确保"一国两制"实践不变形、不走样，这表明"一国两制"将一如既往地坚持并得到完善，而港澳的制度、文化优势仍将得以维护和保持。因此，国家切实需要港澳作为内地及周边城市均不可比拟的功能性支点，保持相对独立性与特殊性，发挥积极作用，服务于国家发展大局。而广东作为内地深化改革扩大开放的前沿，承担的战略使命重在先进制造和生产性服务的创新与演进，与"一国两制"下港澳的使命与功能存在显著差异。

第三，粤港澳引领的华南地区有必要加强与泛长江经济带的联动，以强化服务于国家的支撑作用。粤港澳市场机制健全、与国际市场对接程度高，从而走在国家发展与开放的前沿；然而，珠三角腹地经济薄弱，影响其进一步的产业集聚；再加上新科技革命兴起过程中，将基于信息、智能等技术重构制造、服务、消费乃至社会整个系统，生产的总体规模效应将加强。因此，扩大腹地支撑，促进庞大产业生态基础上的新兴衍生，成为粤港澳大湾区实现创新引领的必要选择。除了华南地区构成大湾区可辐射腹地外，还需要将泛长江经济带战略制造核心区域纳入，既由其提供规模化产业生态支撑，又发挥粤港澳紧密联结东亚区域生产网络、"一带一路"大市场的优势，将港澳服务于内地的生产体系重构，助推泛长江经济带战略制造群落的发展。

3. 北方战略安全带依托"南北耦合支撑"提供多元安全保障

随着产业南移，中国北部地区的生产制造及经济比重相对有所下滑，但独特的地理区位、资源禀赋等决定其承载维护国家战略安全的诸多使命，并需要通过"南北耦合支撑"的方式实现新型发展。

第一，北京作为全国政治经济文化和国际交往中心，引领京津冀及环渤海地区发展，肩负着维护国家主权和执政安全的重大职责。中国特色社会主义建设的持续推进奠定了党坚实的执政基础，但非公有制经济成分的发展、国际垄断资本主义的挑战，都使国家主权与党的执政地位面临风险与考验，从理论与实践层面捍卫国家主权、党的执政权，仍然任重道远；特别是大国竞争与博弈越趋复杂化的国际背景下，更加需要理论创新、实践突破、战略与战术相结合，以最大程度维护国家根本利益。

第二，北方诸多地区肩负多重国家安全使命。东北曾是中国重要的工业基地，在国家转型升级过程中，老工业基地再开发始终责任重大；在"冰上丝绸之路"开发过程中，东北是北向开放的重要窗口；然而，其在市场条件、要素基础、规模效应等方面均呈现竞争力下滑的态势；与此同时，东北又是国家重要的粮食产地，承担保障粮食安全的重任。黄河流域覆盖9个省区，再加上西北延伸至新疆，不少地区生态环境脆弱、水资源丰裕但分布不均、发展水平低下、多民族聚居，陕西、山西、新疆等还是煤炭、石油、天然气等重要能源的供应地，"三股势力"在西北边疆仍有影响。因此，保障生态安全、能源安全、水安全、主权安全、民族和谐等成为这些地区承载的重要使命。

第三，北方安全带只有通过"南北耦合支撑"深化跨区域合作的创新驱动，才能完成多元化安全重任。在北方发展基础薄弱、南方因生产规模效应扩大而不断吸聚工业制造的背景下，北方又面对多元化且艰巨的安全保障任务，这使北方地区局限于区域内来寻求出路的难度大幅上升。与此同时，南方的可持续发展依赖于北方提供可靠的安全保障，南方形成的科技、生产能力为北方发展提供物质基础。因此，南北形成互动支撑的耦合关系，北方充分利用南方产业聚集继而科创能力提升的基础与资源，加强与南方合作，与南方联动开发创新安全保障技术、机制等，进而提升国家安全保障功能，这对于北方可持续发展与维护国家根本利益而言甚为重要。

二 聚焦生产消费重心推进陆海内外联动

1. 层级市场与区域生产网络联动的必然性

在新兴生产方式和新科技革命的深刻影响下，全球生产消费系统将展开新一轮的转移与重构，层级市场与区域生产网络的联动结合成为潜在走向。

第一，中心市场和区域市场构成层级消费市场。生产的聚集带来人口的聚集，继而消费能力的聚集，生产集群所形成的规模效应，为区域一体化奠定经济基础，并使区域整体消费能力相较分散市场更高，从而形成中心市场化。而信息通信技术的发展，使分散生产、分散消费有可能先近距离集中，虽然整体规模效应较小，导致生产能力、消费能力都相对有限，但其累积发展有助于区域市场的形成。从全球消费市场分布来看，中心市场的聚集化、规模扩张和区域市场的形成与累积，将并行发展，并为更高程度的全球一体化准备条件。

第二，区域生产网络的兴起与层级分化发展。生产系统的流程分解为生产集群化提供微观动力，也构成生产网络区域化发展的强大动力，大规模专业化生产环节的空间聚集在外部规模经济效应和范围经济效应提升过程中，整体竞争力累积攀升。这同时也表明，模块网络化驱使生产系统的分工越深化、生产环节越多、联结越便利，所能创造的整体规模经济效应越有力领先于其他聚集化程度有限的地区，从而形成区域生产网络之间的分化。特别是不同区域生产网络再基于生产流通的不同环节展开差异化分工与协作，将带来层级区域生产网络之间的空间分离与分工协作。

第三，层级市场与层级区域生产网络的联动。生产流程的分解使各环节趋向于在各自要素禀赋聚集区集中，由此呈现一定程度的空间分化。不同生产与服务环节所获得报酬的差异，使消费市场也呈现空间分化。聚集高端生产或服务环节的区域，往往具有较强的消费与购买力而成为中心市场；中低端生产或服务环节的聚集地消费能力较弱，易于形成区域市场。区域生产网络规模效应的提升带来层级分化，主导性区域生产网络成为全球生产系统的核心构成，在与从属性区域生产网络形成分工联系的基础上，对其运作起到支撑作用。中心市场消费能力较强，同时响应敏捷化的要求，使靠近市场的快速响应的区域生产网络有发展的潜力与必要；在缺乏大规模生产聚集条件的情况下，近中心市场的区域生产网络有必要依托主导性区域生产网络所提供的规模化生产支撑，提高生产效率。因此，中心市场、区域市场、主导性区域生产网络、从属性区域生产网络共同构成需求扩张、生产效率提升、敏捷响应程度提高的联动协作系统。

2. 围绕三大中心区域拓展层级市场

综观前述 110 国（及地区）的经济与人口分布，从各区域消费能力来看，不管是商品总进口还是最终产品的进口能力，西北欧、北美、东亚、西亚、中东欧分别是全球最主要的进口消费地；并且，其他区域与之差距悬殊。因此，北美、以西北欧为主的欧洲，以及包含东亚和西亚的亚洲，是"一带一路"建设有必要密切对接的中心市场。

从三大中心市场来看，区域内贸易构成最主要的部分，北美 3 国，除美国以区域外贸易为主外，加拿大和墨西哥最主要展开区域内贸易；除中国外，东亚 10 国和地区平均区域内贸易比重在 50% 左右；在西北欧国家，除德国的区域内贸易比重在 45% 左右外，其他国家最主要的是展开内部贸易。区域内贸易的高水平发展，表明中心市场的一体化联结程度较高，再加上总体规模庞大，具有拉动世界经济运转的大市场效应。其中，东亚是经济与贸易规模上升最为显著的地区，其中心市场效应正加快提升（见表3-7）。

表 3 − 7　2017 年全球主要地区区域内贸易占总贸易比重

单位：%

类　别	区域内出口	区域内进口	类　别	区域内出口	区域内进口
北　美			西北欧		
加拿大	77.3	57.7	奥地利	55.8	60.2
墨西哥	82.7	48.7	比利时	66.3	61.7
美　国	34.0	25.9	丹　麦	54.7	65.3
东　亚			芬　兰	51.7	52.1
中　国	34.6	31.4	法　国	54.8	54.3
中国香港	66.9	70.7	德　国	47.7	43.6
印度尼西亚	52.9	61.8	爱尔兰	51.5	56.7
日　本	46.7	43.6	意大利	48.1	51.6
马来西亚	57.8	58.3	荷　兰	64.3	50.8
菲律宾	61.5	67.2	挪　威	76.1	51.1
韩　国	52.6	43.3	西班牙	51.4	45.1
新加坡	63.1	47.8	瑞　典	61.1	69.4
泰　国*	47.1	57.8	瑞　士	42.1	55.2
越　南	42.9	70.7	英　国	48.2	51.7

＊此处为泰国 2016 年数据。

资料来源：根据 Uncomtrade 数据计算。

除北美、西北欧、东亚三大经济聚集区域之外，世界更广袤地区覆盖的人口众多，但经济发展水平较低，这需要通过区域市场的拓展来推进建设。基于长尾市场对个体消费能力要求不高，但对个体数量有要求，因此，包括南亚、非洲、拉美和西亚等人口聚集程度高、具有一定消费能力的地区，是区域市场的潜在开拓目标。

区域市场的拓展方式取决于基本经济原理。首先，现代信息、网络、数字技术大幅降低信息传播的成本，这为低收入群体的市场联结提供可能；而长尾市场的意义在于，通过低收入消费能力的大规模聚集，累积起即使差异化、小批量化，总量也很可观的消费规模，可以为生产提供驱动力。其次，模块网络化生产技术为响应长尾市场需求提供可能。模块网络化生产的优势在于，通过模块的专业化生产和模块组合的范围经济优势，能够对大规模差异化消费需求进行敏捷响应，规模经济和范围经济的叠加，为大幅降低生产成本提供可能，这为满足长尾市场需求奠定物质技术基础。最后，需要通过"枢纽－网络"的方式实现区域市场联结。非中心市场的重要特征是经济发展水平较低、总体消费能力不高，由此使长距离的软硬件联通设施建设，都面临成本高昂、经济价值有限的现实挑战。因此，以区域内部强化联结为主，促进枢纽形成，跨区域之间着力于枢纽之间的联结，是更为合理的区域市场拓展方式。

3. 以东亚区域生产网络为核心联结多层次区域生产平台

随着新兴生产方式在更大范围驱动运转，其重构世界生产消费体系的力度不断加大，市场范围的扩张，生产网络的层级化、功能对接与协调、近市场化，成为重要发展趋势。

第一，模块网络化生产方式最先在东亚取得显著进展，并使东亚形成其他任何地区短期内难以超越的工业聚集规模，且既往北美分工体系已将东亚作为生产网络支撑，因此，继续强化东亚产品内分工网络优势，并扩大其服务范围，即拓展延伸到三大中心市场及其他沿线市场，从而支撑"一带一路"整体建设，形成世界范围的重要生产布局。

第二，北美与欧洲区域发展联结东亚生产网络、服务中心市场的层级生产平台。北美和欧洲是工业发达国家聚集区，随着外包业务的兴起，北美加快了将生产制造向东亚的转移，欧洲也相继加大外包力度。通过欧盟东扩，中东欧国家起初成为产业承接地，中东欧 16 国的工业产值占世界的比重由 1998 年的 1.6% 升至 2008 年的 2.65%，制造业比重由 1.59% 升至 2.77%；但 2008 年后，这些国家同样出现增长乏力的现象，2016 年其工业占世界的比重又降至 1.99%，制造业占比降至 2.14%。与此同时，北美和西北欧仍然是全球中心市场，且人口规模较小，呈现萎缩态势。缺乏生产制造的规模化优势，使北美与欧洲难以再度成为全球主导型生产制造聚集群落，而与东亚区域生产网络分工协作且服务于中心市场的生产制造聚集区，具有较强发展潜力。

第三，除了东亚、北美及欧洲区域生产网络，其他地区的生产聚集规模较小，通过与主导型区域生产网络相对接，包括南亚、西亚、拉美等新兴的欠发达地区生产聚集平台的发展，有助于服务区域市场。

4. 泛长江经济带提供原动力，以驱动"陆海内外联动"

泛长江经济带同内地更多区域，特别是东亚区域生产网络的协同，将强劲驱动"陆海内外联动"。

首先，泛长江经济带构成东亚区域生产网络的核心部分。当前，中国已经成为东亚区域生产网络的加工制造中心与联结枢纽，而泛长江经济带承载着中国一半以上的生产制造规模和对外经贸往来。在中国驱动新科技革命兴起，并融入、重构生产制造体系的过程中，泛长江经济带作为规模效应最大的生产制造群落，承载着这一历史使命；并在提升中国生产技术水平过程中，引领东亚区域生产网络基于新科技产业革命进行重构。泛长江经济带是东亚区域生产网络发展及转型升级的核心力量。

其次，东亚区域生产网络的规模扩张与分工深化，将进一步巩固其世界生产制造系统的主导地位。东亚区域生产网络的规模扩张和分工深化，将创造更广泛的外部规模经济效应，这是任何其他劳动力储备、生产基础、产业关联等达不到相应程度的生产网络所难以企及的。特别是发达国家趋向后工业社会转型，难以再聚集大规模生产制造，这就为东亚主导世界生产制造体系发展创造更加广阔的空间与机遇。

最后，东亚区域生产网络在对接近中心市场生产网络，提高中心及其他区域市场的服务水平与能力过程中，形成新开放格局下的"陆海内外联动"。在东亚区域生产网络的大规模、大范围、高质量扩张过程中，得以为其他区域生产网络提供分工支撑，进而协同它们共同服务于各中心与区域市场的即时需求，世界生产、消费、流通格局面临深刻重构，北美、欧洲、亚洲三大中心市场，以及中小区域市场，各层级生产网络，广泛的能源原材料供应国，在中国以及东亚形成生产聚集与流动枢纽，从而构成"陆海内外联动"的开放格局。生产的运转、新兴科技对世界生产制造的重构，特别是中国及东亚积极发挥生产制造作用，为"陆海内外联动"提供了动因和内容。

总体而言，泛长江经济带所承载的东中西部生产制造群落的扩张，及融入新兴科技的重构，承担促进"东西双向互济"的功能；并通过联动东亚区域生产网络，引导其转向规模扩张与技术升级，以提供联通世界的新型动力，从而使"陆海内外联动"成为融入新科技革命的可持续发展机制与过程，"东西双向互济"与"陆海内外联动"在泛长江经济带战略重心区的作用下共同开辟全面开放新格局。

三 夯建"多式联运港区城"支点，建构高速通道体系

多式联运港作为流通枢纽，为支点建设提供了聚集规模化需求的可能，以及承载公共治理创新的平台；以多式联运港为流通枢纽，联结起广泛的高速通道体系，是联通内外一体化大市场的高效路径。

1. 建设"多式联运港区城"支点

除肩负保障地缘安全使命的安全性战略支点之外，带动地区工业化、城市化的发展性支点和引领产业与地区转型的升级性支点，都需要持续驱动再生产循环，各自差别主要体现为主导异质产业、所辖分工网络范围、角色与功能等有所不同。"一带一路"的支点建构就是发展属性与功能各异的"港区城"联动机制。

第一，规模化集聚要求决定"港区城"及其变型模式是支点建设的主要方式。只有联结消费的流通实现规模化，才能为生产聚集提供可能；在条件薄弱基础上促进规模化集聚，需要公共服务的供给与支撑；三者规模化联动才能促使集聚兴起。因此，将要素和商品规模化吞吐的平台或通道称为"港口"，将促进再生产循环规模化联动的公共服务聚集平台或空间载体称为"园区"，生产及其关联行为主体——人口的规模化聚集形成"城市"，建设"一带一路"支点，就是要驱动其"港区城"联动机制。对于市场发育完善、要素供给充足、集聚机制成熟的地区，公共服务的供给需求下降，支点建设即可采用"港城"模式。

第二，"港区城"支点的选择取决于具备规模化集聚的条件或潜力。在生产分工越趋细化的时代，组织异质产品生产，不仅需要要素供给，还需要关联环节支撑，以及具备生产、流通、市场条件等，"港区城"支点的建构就需要从系统层面考察是否具有促进异质产业规模扩张的条件或潜力。特别是能源、土地、人口、产业集群等要素或生产条件往往难以移动，具有禀赋、地域邻近、联结便利是"港区城"支点选择与定位的重要依据。

第三，交通运输方式的变革决定基于不同地理特征可以发展各异的"多式联运港区城"支点。海洋运输曾是历史上规模效应最为显著的流通方式，因此，海港支点是"港区城"支点的首要形式。随着小批量、多批次运输需求的攀升，以及高速公路、高速铁路、航空等运输方式的现代

化，多种运输方式所能达到的规模效应不断提升，由此为多元"港区城"支点建设提供可能。然而，陆地联通远比海洋联通复杂，为提高运输效率与流通的规模效应，发展多式联运是必要选择。因此，基于不同的地理特征，"一带一路"就需要建构各异的"多式联运港区城"支点。

对于达不到规模化集聚水平的地区，"多式联运港区城"建设模式同样具有借鉴意义，即通过促进"港区城"联动推动地方发展，使其成为"一带一路"的参与节点，对于投资者而言具有投资价值，但在"一带一路"全局中难以承载枢纽性支点的角色与功能。

2. 基于"多式联运港区城"支点建构高速通道体系

"多式联运港区城"支点的建构既需要具备规模化流通条件，又将提供大规模的要素与商品吞吐，并且，支点的生产集聚辐射影响周边腹地的要素和商品流动，因此，"一带一路"硬件联通设施有必要基于"多式联运港区城"支点建构"枢纽－干线－网络"式高速通道体系。

首先，以"多式联运港区城"支点为枢纽，建构支点间的干线运输设施，为"一带一路"物流提供高速通道。"枢纽－干线"为彼此提供规模化运输支撑，一是有利于提高运输设施的利用率，二是减少散点建设的高昂成本及潜在风险，三是加快市场通达性建设，由此尽快形成具有商业价值的"一带一路"高速通道。

其次，以"多式联运港区城"支点为枢纽，建设辐射周边的支线网络，提高集疏运能力，有利于扩张腹地范围，为支点的集散货提供源泉与支撑，并促进支点的集聚机制形成与发挥作用。

最后，"多式联运港区城"支点与干线运输架构的高速通道建设既需要顶层设计，又不能完全局限于事前规划，"多式联运港区城"支点建设是否取得成效，决定了其能否成为流通枢纽，继而决定其所连接的交通设施能否成为干线。因此，"枢纽－干线"高速通道的建构又是动态调整的过程，支点的形成为开辟干线通道提供基础，但支点建设不力又会使干线设施失去经济功能，并降低其利用率。

四　服务"一带一路"拓展实践，建构国际治理体系

1. 需求拉动的定制化供给及治理体系建构方式

"一带一路"建设使中国各类主体与其他国家各类主体之间的互动交

往进一步深化，其产生相互间经济关系及其特征，决定了国际经济治理体系的建构方式。

第一，基于交往的国际公共服务需求衍生。"一带一路"建设既使国际资本、人员进入中国市场的空间扩大了，也打开了国内资本、人员走向广阔世界的大门，由此促进多元文化背景下中外个体、机构间的互动与交往。由于人类社会每个个体都在自身所经历情境中形成个体认知、思想和行为习惯等，在互动情境产生前，每个个体都是各自所处文化环境的产物，其互动交往存在跨文化的约束与影响。随着共处与交往的情境增多，个体在建构可交流的新文化过程中，不断提升交往效率。对于生产、流通等经济活动而言，在具备交流基础的前提下，私人品因供单独使用且消费排他，其供给与需求对接可通过交易双方自行协调解决；而公共品或供共同使用、或消费不具有排他性，其供求对接难以仅靠交易双方自行协调，由第三方参与对接与协调成为必然，其公共性取决于需求方所涉及的范围与规模。因此，在"一带一路"建设促进内外交流过程中，随着交往规模的扩大、领域的拓展，国际公共服务需求相应攀升；即使在私人品国际供求对接过程中，应对文化差异造成的交流交往障碍，也成为国际公共服务的重要需求来源（见图3-20）。

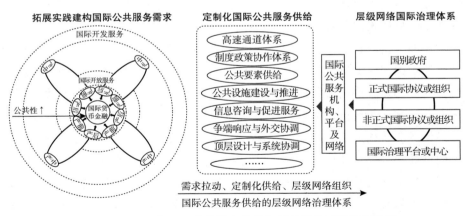

图3-20　定制化国际公共服务供求与层级网络国际治理体系

第二，定制化供给国际公共服务。"一带一路"建设中内外交往带来国际交往及经贸活动的增多，进而国际公共服务需求的攀升；而需求的满足将反向促进交往广化、深化，这是一个循环往复、累积强化的过程。由于国际公共服务需求并非统一、同质的，其公共性是因需求属性、范围和规模而具有异质性、动态变化的特征。因此，在提供国际公共服务时，应以定制化为原则，依据国际公共服务异质需求产生的时间、属性、阶段等，异质化、动态化地确定供给，从而提高供给效率，以规避供给不足、偏差或过剩等带来的损失。

第三，层级网络的国际治理体系。面对异质化、动态变化的国际公共服务需求，其供给方式同样可以应用模块网络化原理，根据所需要服务的国际公共性，由不同范围主体共商共建，通过成立正式或非正式国际协议及组织的方式，创新供给机制，促进专业化分工和合作，提高供给效率。在国际公共服务供给过程中，相关国政府及国际机构担任重要的协调主体角色，信息发达与沟通便利的地区在国际协调实践攀升过程中，建构国际治理平台或中心，成为参与国际公共服务供给的独特专业性环节。由于"一带一路"建设覆盖范围广泛，国际公共服务供给机构的专业化、平台化、网络化是其提高服务能力与水平的必要条件。由于国际公共服务的公共性差异以及多元组织参与供给，其运作及相互间联结成的协作体系，即为国际治理体系。公共性越高的国际公共服务，越需要更多国家政府参与；公共性越低的服务，越可以由非政府组织甚至私人机构参与；这些参与国际公共服务供给的多元组织既模块分解又网络联结，由此形成国际治理体系的层级网络特征。

第四，需求拉动的循序建构。由于"一带一路"建设过程中，参与互动交往的国家（地区）、人员的规模、方式、程度不断变化，且随着收益递增效应的提升，内外经贸交往相应扩张与深化，其带来国际公共服务需求变动，进而决定国际公共服务供给的对象、内容、规模等。因此，国际治理体系的建构并不是由供给端驱动，而是取决于需求端发展，即按照需求的进展与强度，建构多元组织来定制化提供国际公共服务，继而形成层级网络式国际治理体系。这一过程首先是由需求端拉动的，其次是循序建构，最后是具有弹性变动特征，以适应动态国际交往基础上的国际公共服务需求变迁。

2. 高质量推进"一带一路"实践，建构国际公共服务需求

高质量推进"一带一路"实践，也就是充分发挥市场机制作用，使不同地区成为具有自组织累积强化能力的产业集聚点，相互间能够共建一体

化市场，并依赖市场潜力的提升驱动自身发展与转型升级。"一带一路"建设的推进是由点到线、到面的逐步建构过程，这决定了国际公共服务需求产生的特征。

第一，国际公共服务需求主要包括国际开放服务和国际开发服务。在高质量建设"一带一路"过程中，各经济体是具有相对独立性的产业及人口聚集系统，其累积强化的发展依赖于产前、产中、产后的全流程通达与便利，继而需要提供促进产中运作的开发服务和促进产前要素流入、产后商品流出的开放服务。在各集聚系统相互联结构成一体化大市场过程中，为了促进彼此间要素和商品流动，在互动交往的基础上，国际开放服务需求相应产生。各集聚系统虽然具有相对独立性，其开发服务主要取决于本地产中运作的需要。但是，随着国际投资的流动，参与东道国地区开发的需求不断攀升，由此构成国际开发服务需求的来源。

第二，国际开放服务需求的产生依赖于参与经贸往来的经济体数量及交易对象类别。为了促进彼此间的要素与商品交易往来，不同经济体需要从硬件和软件层面促进互联互通。参与的经济体越多，所需要建构的软硬件互联互通设施越多，且因不同经济体之间协调交易对象的差异，需要定制化地提供国际开放服务。根据能源原材料、资本、人员、商品、服务等经贸往来主要标的的差别，促进联通的国际开放服务内容和属性相应变迁，这也决定了不同经济体之间、同一经济体在不同时期，需要提供的国际开放服务是不断变化的。

第三，国际开发服务需求的产生依赖于在不同国家和地区参与开发服务供给的程度。开发服务需要满足本地产业集聚与运营的需求，因而原则上是本地化而非国际化的。但是，当吸引大规模国际投资参与本地经营时，有必要协调与国际投资者的相互关系；当外国机构有能力共同参与促进东道国地区开发时，国际开发服务的需求相应产生。随着参与共建"一带一路"的国家和地区增多，中国更多企业"走出去"，走向更多的国家与地区，以及更多参与东道国本地开发服务供给，国际开发服务的需求不断攀升。

第四，作为国际交易的一般等价物，国际货币及其流通成为公共性最高的国际公共服务。不同经济体之间不同要素或商品的交易，所需要的国际开放服务有所差异；各个经济体所需要的国际开发服务，也是定制化、本地化的，这使服务于不同生产流程的国际开发服务和国际开放服务的公共性都相对有限，并随服务范围扩大，公共性不断攀升。由于货币是交易的一般等价物，所有国际商品与服务贸易所依赖的等价物即国际货币，保障其广泛流通构成最为核心的国际公共服务。

第五，成员方参与建设、互动交往的数量增加，国际公共服务需求攀升，国际开放服务需求增长领先于国际开发服务需求。"一带一路"建设将各集聚系统联结进一体化市场，开放市场为产业集聚创造条件，产业发展为开放提供要素、商品与服务吞吐内容，开放领域的互动交往成为建设起点，且共建"一带一路"成员方共同参与互动交往，决定更广泛的国际开放规则，由此国际开放服务需求率先产生，且随着参与交往方数量的增加公共性加强。国际开发服务取决于各经济体自身的发展需求，主要基于投资方与东道国之间的互动交往，国际开发服务的定制性更强；随着投资方需要更多国家提供开发服务，需要融合更多元文化，公共性更高的国际开发服务需求不断攀升。不管是国际开放服务需求，还是国际开发服务需求，其变动都基于"一带一路"建设推进实践，动态地跟踪及响应需求变化，成为国际公共服务供给的决策依据与准则。

3. 打造功能性国际治理中心的必要选择

"一带一路"建设的特殊性，决定中国需要通过双向内外拓展来提高国际合作的能力与水平，在国家主权范围内发挥代表性地区的资源优势，打造差异化功能性国际交往平台和治理中心，具有现实必要性。

第一，推进国际交往是一个循序建构的过程，需要通过启动点发挥推动作用，并逐步发展为国际交往中心。国际交往涉及跨国、跨文化背景下的人员互动，相较同国同文化背景之下，国际交往、交通、通信、沟通等成本大幅攀升；随着交往的深化，特别是彼此社会、经济、政治等联系越趋紧密，促进国家交往的组织、机构等上层建筑才得以稳固建构。因此，在完全自发状态下，国际交往是一个缓慢且循序建构的过程。"一带一路"建设的推进，就是通过政府、企业、社会组织等各方力量的协同，创造更为有利的互动情境，继而加快国际交往。互动交往以及共识达成，依赖于分散的个体行为，这更增加了不确定性和难度。因此，聚集分散的、具有交流意愿和能力的个体，在特定的空间创造更多交往场景，也就是建构促进国际交往的启动点；相对集中的交往场景，便利共识形成，并使之成为参与方合作的助推力。在共识、合作、成效的循环往复作用机制下，形成国际交往的示范效应，并助推更大范围交往的开展。随着启动点集聚便利于国际交往的软硬件基础设施及服务机制，竞争优势相应形成；在累积强化作用过程中，启动点具有率先成为国际交往中心的潜力（见图3-21）。

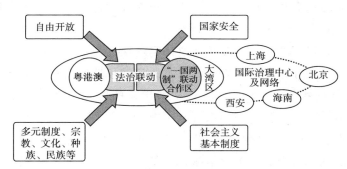

图3-21 功能性国际治理中心及网络

第二，处于社会主义初级阶段的中国在扩大开放过程中需要保障国家安全。新中国建立的是社会主义国家，由代表最广大人民根本利益的中国共产党领导，以马克思主义基本原理为指导，坚持社会主义基本经济与政治制度，实行人民民主专政，建设社会主义现代化强国，实现中华民族伟大复兴。坚持社会主义基本制度的中国在扩大国际交往、提高自由开放程度过程中，面对着社会主义制度与不同社会制度、不同宗教信仰、不同文化背景、不同种族民族等之间的矛盾与冲突；特别是处于欠发达的初级阶段，中国各方面制度并不完善，存在着国家安全的隐患和风险。如何在扩大开放过程中有效地保障国家安全，并促进对外交往，是摆在面前的现实挑战。

第三，跨文化交往的难度决定主权范围内先行建构差异化国际交往中心确有必要。面对跨文化交往的循序建构特征，以及保障国家安全的现实需要，通过在主权范围内率先建构国际交往中心，一方面承担启动点职能，另一方面加强规制与监管，以维护国家安全。之所以强调主权范围之内，主要是离开主权范围，一是存在推动建设的难度，二是不易控制风险。由于文化交往具有多元属性与特征，基于不同的资源与文化优势，需要打造功能有所差异的交往中心，以最大规模吸引偏好差异化的多国人员参与互动交往，以促进广泛共识加快形成。由于北京是政治、经济、文化及中央决策中心，在国内及国际交往中均扮演核心角色，从而奠定其顶层决策与国际治理中心的地位。以香港为中心城市的粤港澳大湾区以"一国两制""两大法系""三个独立关税区"并存的独特制度优势，为其展开多元化的国际交往奠定基础。上海背靠泛长江经济带，后者为其提供强大的腹地支撑，这为上海成为泛长江经济带战略核心制造群落的国际经济金融交往中心创造条件。西安作为汇聚中华文化的千年古都，是古丝绸之路的起点，也曾是历史上多元文化交流中心，基于历史人文优势创造国内外人员交流互动的场景，西安有条件建构国际交往与治理中心。海南是相对独立的岛屿，位于东亚地理中心，优越的自然环境使其在促进国际人员往来与交流中能够发挥独特优势。这些差异化的国际交往中心基于各自优势、发挥独特功能，便于建构主权范围内多元化的国际交往平台，从而有助于国际公共服务供给机构运作及国际治理体系的发展。

第四，为国际公共服务供给体系提供平台支撑。面对大规模差异化的国际公共服务需求，多元化的政府或非政府国际组织可以通过网络组织的模式，共同参与国际公共服务的定制化供给。然而，这同样是一个发展缓慢并且难度较大的过程。为了促进国际治理体系的建构，有必要为国际公共服务供给体系建构提供必要的公共服务平台支撑，以降低多元化国际治理机构的组建与运作成本。这些公共服务平台包括信息交流基础设施、国际化人力资源储备、安全设施、法治规管等。

第四章
新时代西部发展形势与创建内陆开放新体制

第一节　新时代西部发展的潜力与机遇

尽管西部大开发战略的实施切实地推动了西部地区经济社会全面快速的发展，但面临的问题依然众多，尤其是在新的国际环境变化中和国内经济发展思路的转变中，西部地区必须面对新的历史条件，紧抓新的历史机遇，不断挖掘自身发展潜力，找出一条适合当下和未来的开放与发展之路。

一　陆海时代丝绸之路经济带建设有赖于西部创新突破

仅从经济可行性而言，丝绸之路经济带在"一带一路"建设中相对困难，再加上中亚地区复杂的安全形势、跨文化交往等问题，使这一倡议推进更加艰难。然而，模块网络化这一新兴生产方式与发展机制，推动海权时代向陆海时代转型，欧亚经济圈通过丝绸之路经济带实现陆路联通，将代表着生产力发展要求与时代走向。

1. 模块网络化推动海权时代向陆海时代转型

当海洋运输取代陆路运输占据国际商贸往来的主导地位后，经济活动、人口聚居也向沿海、近海偏移，人类由陆权时代进入海权时代。同质产品的规模化生产、规模化运输需求，为海权时代的繁荣奠定坚实的物质和生产方式基础。然而，20 世纪末以来，诸多科技和生产方式的变革，正在驱使海权时代向陆海时代转型。

首先，模块网络化发展机制对流通方式提出更高要求。进入异质产品时代，不仅产品差异化程度高，而且要求敏捷响应，由此驱使生产流程展开模块分解与网络联结，一方面利用规模经济效应，另一方面利用范围经济效应，满足异质产品快速变化的需求。面对模块分解的循环往复，生产系统渐趋微专化、细碎化、敏捷化；由此要求流通方式亦能对小批量、多品种、快速运输做出积极响应。20 世纪末以来，东亚主要国家和地区地域邻近、毗邻海洋，交通便利，模块网络化主要在此区域率先兴起，海洋运输仍然作为其首要运输方式。然而，作为一种先进的社会生产组织方式，随着其生产、流通能力的上升，所渗透的区域生产系统将不断扩张，远距离的异质产品敏捷流通就开始考验海洋运输的有效性。海洋运输的显著特征是大规模、长距离、耗时长，当规模化生产、规模化运输占据生产方式主导地位时，海洋运输的优势显著；然而，当模块网络化发展要求小批量、多品种、频繁周转的流通方式时，大型船舶在备货等待、耗时航行、复杂分拣等各环节都难以适应异质产品敏捷流通的要求，海洋运输曾经的优势转变为劣势。

其次，铁路、航空技术的发展为陆地时代的重新到来奠定物质基础。1964 年 10 月 1 日，世界上第一条真正意义上的高速铁路日本的新干线正式通车。目前，法国、日本、德国、西班牙和意大利高速列车的最高运行时速分别达到 300 公里、300 公里、280 公里、270 公里和 250 公里，如果做进一步改善，运行时速可以达到 350～400 公里。中国作为后起国家，目前投入运营的高速铁路已经达到 6800 多公里，成为世界上高速铁路系统技术最全、集成能力最强、运营里程最长、运行速度最高、在建规模最大的国家。2014 年 4 月，中国在大秦铁路实施 3 万吨重载列车运行试验取得成功，使中国成为世界上掌握 3 万吨铁路重载技术的仅有几个国家之一。在航空领域，不仅军用、民用，而且公务机、农用机、无人机等通用航空技术也取得显著进展。高速铁路具有输送力强、速度较快、安全性好、正点率高、能耗较低等优势，重载列车实现陆地运输的规模化和时效性相结合，空运虽然运输量较小但具有显著的时效性。陆路和空运技术的突破使点对点运输实现弹性组合和时效性，由此更能满足异质产品敏捷运输的需求。模块网络化发展机制与高铁、空运等运输方式的结合，将使陆地时代的重新到来转变为现实。

最后，亚欧融合为向陆海时代转型提供契机。东亚和西欧分处欧亚大陆的两侧，从东亚到欧洲，海洋路线需要经过南海、马六甲海峡、印度洋、红海、地中海，最后到达大西洋，距离遥远，耗时漫长。目前，中国在运行的第一欧亚大陆桥，从俄罗斯东部的符拉迪沃斯托克经过莫斯科到欧洲各国，最后到荷兰鹿特丹港，全程 13000 公里左右，是连接东北亚和欧洲的陆路通道；第二欧亚大陆桥东起中国连云港，经新疆、哈萨克斯坦、俄罗斯等，到达荷兰的鹿特丹，全长约 10800 公里，连接起中国东中西部与中亚、欧洲；在建的第三欧亚大陆桥从深圳港起，途经昆明、缅甸、巴基斯坦、土耳其等，最终到达荷兰的鹿特丹港，全长 15000 公里，比经东南沿海通过马六甲海峡进入印度洋的行程还要短 3000 公里左右。从上海经重庆到达德国杜伊斯堡，走铁路仅需 22 天，走海路则需 38 天左右，陆地运输的时间优势相对显著。① 可见，连接欧亚的陆路通道在距离上比海路更有优势，随着先进铁路和航空技术的引入，特别是模块网络化生产方式在欧亚区域的扩展产生异质产品敏捷运输的需求，将使陆地运输具有广阔发展前景。由于社会经济系统的复杂性和多层次性，海运、陆运、空运等方式在不同距离、价格、时间、运量等要求下具有各自优势，海洋运输作为当前主导的国际运输方式，仍占有重要地位。因此，欧亚融合将催生陆地兴起、与海洋协同的陆海时代。

2. 丝绸之路经济带建设肩负时代使命

尽管从当前阶段来看，丝绸之路经济带的建设难度高、风险大、收效慢，但从时代走向来看，以创新的理念和方式建设丝绸之路经济带，具有深远的历史意义。

首先，欧亚融合取得根本性突破的核心在于，以全新方式打开陆路通道。模块网络化首先在东亚、亚太地区快速发展，而难以在欧亚间实现突破，很重要的一个原因在于东亚与欧洲海路运输路途遥远，市场联结效率无法适应分工持续深化、产业链不断重组的需要。欧亚两大经济圈所蕴藏的潜在大市场效应要转变成现实，需要运输成本足够低、市场联结效率足够高，以驱动两大经济圈内的分工重构。因此，利用先进的交通运输技术和便利化措施，促使欧亚间陆路互联互通，是新生产流通方式得以在欧亚间驱动运转的重要前提；以创新方式建设丝绸之路经济带，将使"一带一路"倡议、新兴生产方式拓展、全球经济格局重构、向陆海时代转型获得

① 《上海走海路到欧洲要 38 天》，《重庆晨报》2011 年 8 月 1 日。

真正的突破性进展。

其次，中国西部将树立内陆地区自主转型的先行示范。中国西部和丝绸之路经济带共建国家的发展环境和条件类似，深处内陆而难以利用国际市场促使本地产业集聚和经济发展；如何转型升级，是这些国家和地区共同面对的巨大挑战。虽然深处全球产业链低端，但通过参与模块网络化发展机制，中国在最近十余年时间内取得了突飞猛进的发展，这表明，利用先进生产方式，可以开发出落后经济体系的发展潜力；然而，中国经济建设和开放重心偏向沿海，也意味着中西部等内陆地区仍然面对如何摆脱低发展水平的历史课题。因此，中国目前仅仅取得实现转型发展的部分经验，如何将之适用于内陆相对落后地区，仍然是严峻的现实考验。"一带一路"特别是丝绸之路经济带建设的最大意义在于通过欧、亚市场互联互通，使沿线地区得以充分利用广阔国际市场、选择差异化产业发展方向，利用模块网络化发展原理，深化分工，实现转型升级。但是，这一发展思路如何由理论推导转变成现实，还存在巨大疑问，且夹杂各种内外障碍。丝绸之路经济带的建设难以通过将中国不成熟的经验和理论推导向沿线地区传播的方式取得进展，中国只有在西部地区率先创新试验，寻求实质性突破，才有可能找到具有可操作性的现实路径，引导共建丝绸之路经济带国家和地区共同发展。因此，中国西部地区的转型升级，肩负着重大而艰巨的历史使命，不仅事关自身发展，而且涉及中国整体战略，更需要为共建"一带一路"国家和地区展开先行探索。

最后，共建丝绸之路经济带国家和地区需要探索外围地区中心化的发展路径。由于深处内陆，丝绸之路经济带沿线国家和地区普遍经济发展水平较低，但大多拥有丰富的能源、矿藏等初级产品资源，如哈萨克斯坦的石油、土库曼斯坦的天然气、中国新疆的油气资源等。经济基础薄弱条件下的对外开放，使这些地区容易陷入"资源诅咒"，而成为国际经济体系的外围。在中心－外围的马太效应下，"一带一路"的两极分化将日益加剧，并埋下矛盾激化的隐患，最终威胁"一带一路"的可持续发展。因此，共建丝绸之路经济带国家和地区面对着如何科学利用自然资源、摆脱"资源诅咒"、由外围实现中心化的历史挑战。模块网络化的机制表明，在全球产业链的各个环节，都有可能促使分工进一步深化，实现技术升级和产业转型；挖掘人口的心智资源、加强创新，是后发地区依托国际市场实现转型升级的必由之路。因此，共建丝绸之路经济带国家和地区有责任与义务，积极探索外围地区中心化的可行路径；而欧亚发达国家和地区，同样有必要协助外围地区增强产业累积和发展能力。自然资源禀赋丰裕的外围国家的中心化，不仅是丝绸之路经济带而且是"一带一路"可持续发展的内在要求，也是应对全球社会经济两极分化的积极探索。

总而言之，丝绸之路经济带在强化西向开放过程中，有赖于充分利用模块网络化生产方式，创新体制机制，以建构"一带一路"特别是丝绸之路经济带可持续发展的可靠支点。

二 西部地区经济发展新格局的演变

在新的历史形势下，西部地区也正在创造着新的经济发展格局。从新旧动能的内核式转变，到空间布局的外在式拓展，无不反映着西部地区新格局的巨大演变。而在这样的历史条件下，西部地区有着巨大的发展潜力和发展机遇。

1. 西部地区新旧动能转换

西部地区在新的历史起点上必须顺应改革转型的时代要求，积极做好新旧动能转换，培育新动能、改造旧动能。在新一轮科技产业革命中探索经济社会发展的新技术、新产业和新模式，对传统产业进行更新改造，对于西部地区追赶超越意义重大。从演变趋势来看，中央政府已经对中国经济发展阶段有较为深刻的判断："我国经济正处在新旧动能转换的艰难进程中"，即经济社会进入"新常态"，同时已着手逐步推进经济"新旧动能转换"工作。而人才、科创、环境、政策等是西部地区新旧动能转换的关键因素，也是经济发展新格局演变的发力点。

随着全国各大城市加大对人才吸引的力度，尤其是"新一线"城市，如西安、武汉、成都、重庆等，越来越多的各个层次的人才开始汇聚到除北上广深外的第二梯队大城市。短时间的人才大规模聚集为西部地区的经济发展新格局提供新动能，顺应了创新驱动发展战略的历史潮流，为未来创新驱动发展储备了人力资本。成都市2018年新引进国家"千人计划"专家34人，累计吸引超过25万名本科及以上学历毕业生落户；西安市2018年创下人才净流入新高，全年共迁入超38万人，引入人才增长率（4%）与深圳市并列全国第一，重庆市2018年新增人口也超26万。社会各类人才到西部中心城市聚集的规模明显，也必将支撑新一轮西部创新再发展。

党的十八大以来，西部地区的科技创新正在加速。当前，我国科技创新正处于从量的积累向质的飞跃、从点的突破向系统能力提升的重要时期，在国家发展全局中的核心位置更加凸显。《中国区域创新能力监测报告2016—2017》显示，我国已经形成各具特色的区域科技创新总体格局，创新资源投入和科技成果转化由东部一枝独秀向东中西部协同发展转变。尤其是伴随着"一带一路"倡议等新的发展机遇，在中央各项区域创新政策的扶持下，西部地区创新投入快速增长，实际增长68.6%，超过东部地区67.3%的增长速度。产业结构优化的步伐明显加快，西部地区高技术产业增加值实际增长速度达到101.8%，超过东部地区（49.6%）52.2个百分点。西部地区的知识密集型服务业增加值实际增长了111%，超过东部地区（81.8%）的速度。① 西部地区的成都、重庆、西安、兰州等大城市集中了一批知名高校和科研院所，拥有很好的创新资源和科研基础，如西安的中国西部科技创新港——智慧学镇于2018年建成并开始投入使用。

《中国西部地区营商环境评价报告》显示，通过对西部地区12个省区市的评估，西部地区营商环境排在前五位的分别是陕西、四川、重庆、广西、云南。其中陕西以52.46分位居西部地区第一。西部地区中陕西、四川和重庆这三个发展程度较高的省市在基础设施建设、技术创新环境、金融环境等指标的排名均在全国处于中游水平。陕西在2018年启动了《优化提升营商环境工作三年行动计划（2018—2020年）》，并将2018年称为"营商环境提升年"，力争通过3年左右的努力，全省营商环境和竞争力指标达到或超过国内经济发达地区水平。《2019中国城市营商环境指数评价报告》也显示出成都、西安的营商环境指数列全国城市的前十名。从2018年开始，西部地区的"新一线"城市经济发展环境不断改善。

随着"一带一路"倡议和自由贸易试验区的协同联动，内陆型中心城市作为改革开放的新高地正在政府职能、政策设计等层面配合西部地区整体转型发展，人才、科技创新、营商环境等也在助力西部新旧动能转换。

2. 西部地区城市群空间布局

城市群是我国经济发展增长极的重要载体，也是最具创新活力的板

---

① 科学技术部：《中国区域创新能力监测报告2016—2017》，科学技术文献出版社，2017。

块。目前，我国已经形成八大国家级城市群，而在西部地区只有以重庆、成都为中心的成渝城市群。① 除此之外，西部地区还兴起了其他四个次级城市群，即以西安为中心的关中天水城市群，以乌鲁木齐为中心的天山北坡城市群，兰州西宁城市群和包括银川、吴忠等城市的宁夏沿黄城市群。

城市群的空间发展以新城新区的拓展为基础。随着"一带一路"倡议、粤港澳大湾区和长江经济带建设总体框架的推进，西部地区也在同步建设新城新区以打造西部城市群空间。西部地区城市群以国家级新区为战略导向，以国家级经济技术开发区、高新技术开发区为战略支撑，以省（区、市）级各类新城新区为重要补充。② 而西部地区城市群建设深入拓展必将跨省域联结中心城市及其腹地，如成都、重庆、西安。城市群空间的再扩展会对特定区域发挥辐射带动作用，并且推动中心城市和外围腹地之间的复杂生产网络演进，为产业高端化发展提供多层次载体。

但西部地区在建设城市群的进程中，面临着产业布局重叠现象，区域和次区域内的产业发展表现出恶性竞争和无序竞争。产业承接加剧了西部地区环境污染的严峻局势，东西部地区的发展差距在进一步拉大。

随着国家区域发展战略的推进，当前长江经济带已经形成以上海、武汉、重庆等特大城市为点、长江为纽带的"点－轴"发展模式，以及以东部地区为核心、中部地区为次核心、西部地区为边缘的"核心－边缘"渐进发展模式，两种发展模式共同组成现今长江经济带串珠状条带经济空间格局。③ 未来区域一体化发展将为长江经济带西部辐射区域带来巨大的发展机会和潜力。西部地区在当下应统筹对接国家重大发展战略以免被进一步边缘化和差距扩大化。

三　西部地区经济发展的历史新机遇

向西开放是中国提出的伟大倡议和国际合作公共产品④，面临着全方

---

① 王佳宁、罗重谱：《新时代中国区域协调发展战略论纲》，《改革》2017 年第 12 期。
② 姜庆国：《新时代西部地区新城新区建设：定位、问题及发展战略》，《深圳大学学报》（人文社会科学版）2018 年第 2 期。
③ 傅钰、钟业喜、冯兴华：《长江经济带区域经济空间结构演变》，《世界地理研究》2018 年第 3 期。
④ 王义桅：《"一带一路"机遇与挑战》，人民出版社，2015，第 41 页。

位开放机遇、周边外交机遇、地区合作机遇和全球发展机遇。① "一带一路"倡议将加快西部地区对外开放，自由贸易试验区将推动内陆深化改革和区域、产业发展转型，创新驱动发展战略将重新塑造西部地区科技产业新形态。

1. "一带一路"倡议加快西部地区对外开放

"一带一路"倡议为西部地区开发开放开拓了新的发展空间。"一带一路"海外支点的构建主要集中在亚非欧三个区域性大市场。支点的全球空间布局表现出极强的区域性，沿着丝绸之路经济带和海上丝绸之路两条跨大洲路径分布。陆上区域的海外支点应以境外经贸合作区或产业园区呈现，而海上区域的海外支点则应以港口呈现，不同初始形式终将联结港口－园区－城市协同。共建"一带一路"必将提升西部地区开发开放的发展质量和发展速度。

丝绸之路经济带以重点的多式联运港口为节点，以国际产能合作园区为支撑，共建共赢支点城市整体发展。丝绸之路经济带的支点国家或地区基本属于内陆型，远离海洋，完全不具备建设海港支点的条件，但具备结合陆空运输的大规模要素流转条件，如白俄罗斯、哈萨克斯坦。既然陆路运输和航空运输远不及海洋运输所引致的规模效应，技术极大创新下的陆路、航空与海洋运输结合的多式联运可以弥补单种运输方式规模效应的不足。目前，丝绸之路经济带的港口支点建设还相对较少，大多以国际产能合作园区的方式直接切入共建，紧邻交通主干线和大中城市。按照港区城建设模式的系统范式，承载要素规模流转的临港核心必须建立，港口以陆港和空港结合的形式来建设，形成内陆型多式联运港口支点，与国际产能合作园区衔接，所在城市为其发展提供综合服务。

海上丝绸之路以重点的要塞式海港为节点，以临港经济衍生的关联产业为支撑，共建共赢支点城市整体发展。海上丝绸之路从中国南方沿海出发，联结东南亚、南亚、南太平洋，贯穿印度洋至亚非交界处，最终联结欧洲大市场。从该路径的自然条件来看，发展海港支点是港区城建设模式的首选方式，而且海港具有独一无二的规模优势。海上丝绸之路海港支点

---

① 汪慧玲、张耀华：《改革开放 40 年：我国西部地区发展与新时代的向西开放》，《甘肃社会科学》2018 年第 5 期。

构建还具有很强的政治、军事战略意义，如斯里兰卡、吉布提。尽管如此，"一带一路"海外支点的构建依然是基于经济发展的合作，并非战略支点的政治和军事导向的强调。

2. 自由贸易试验区推动内陆型改革新高地建设

双（多）边自贸区（FTA）、国内自由贸易试验区（FTZ）和"一带一路"倡议是中国构建开放型经济新体制的三大转型探索战略。2013 年 9 月 29 日，中国（上海）自由贸易试验区正式挂牌成立。上海自贸区直接促进了上海国际经济、金融、贸易、航运中心建设，通过地区辐射和产业集聚效应，带动区域经济发展。2016 年 8 月 31 日，党中央、国务院决定，在辽宁省、浙江省、河南省、湖北省、重庆市、四川省、陕西省新设立七个自由贸易试验区。这代表着中国自由贸易试验区建设进入试点探索的新航程。2018 年 10 月 16 日，海南自由贸易试验区建设的总体方案也得到国务院批复并同意设立。

自由贸易试验区分为五种：转口集散型、贸工综合型、出口加工型、保税仓库型、商业零售型。① 关于"一带一路"倡议与中国自由贸易试验区发展的关系问题，中国自由贸易试验区与"21 世纪海上丝绸之路"建设是一脉相承、相互促进的，自由贸易试验区的建设将吸引更多国家参与到"21 世纪海上丝绸之路"建设中，而"21 世纪海上丝绸之路"的发展又将促进自由贸易试验区更深层次的改革和开放。② 在沿海边境地区设立自由贸易试验区虽有着重要的地缘优势，但要将"一带一路"倡议落到实处并富有成效，有必要构建以沿海（沿边）自由贸易试验区和内陆中心城市自由贸易试验区一体化的网络格局，特别是通过设立内陆型自由贸易试验区，延伸或辐射沿海（沿边）自由贸易试验区功能。③ 各省（区、市）对共建"一带一路"国家和地区的出口拉动 GDP 增长空间差异显著，其中沿海地区贡献最大，内陆边境地区的贡献也都较大，这与地缘、亲缘优势

---

① 夏善晨：《中国（上海）自由贸易区：理念和功能定位》，《国际经济合作》2013 年第 7 期。
② 张时立：《中国自贸区建设与"21 世纪海上丝绸之路"——以上海自贸区建设为例》，《社会科学研究》2016 年第 1 期。
③ 苏凤昌、李宇、纪丽娟：《"一带一路"战略下的西安自贸区建设可行性研究》，《陕西行政学院学报》2016 年第 1 期。

有着紧密联系。① 西部地区应发挥地缘和文化相对优势拓宽贸易投资便利化的途径，加强与共建"一带一路"国家和地区的经贸联系。

"一带一路"倡议与中国自由贸易试验区建设实际上是一种相互协同、联动推进的系统过程，"一带一路"倡议以自由贸易试验区为载体，充分发挥中国在自由贸易试验区建设以及区域各领域合作等方面的优势，加快自由贸易试验区建设，进而推动"一带一路"倡议实施，二者相互协作，形成全方位的中国对外开放格局。② 构建"一带一路"自由贸易试验区网络是实施"一带一路"倡议向西开放的重要措施，全面推进、重点突破、多层次融合协调整合的战略是西部地区发展的新机遇，逐步形成布局合理、覆盖全面、呈放射状分布的区域一体化网络。③ 推进贸易投资自由化与便利化是"一带一路"沿线自由贸易试验区实施的基本方向。贸易畅通是"一带一路"建设的重点领域，而"一带一路"贸易畅通的突破口在于自由贸易试验区建设。

西部地区应紧紧围绕制度创新，通过不同功能定位的自由贸易试验区的实验探索，形成可复制、可推广的高标准的开放体制机制，构建中国开放型经济新体制。④ 目前的中国自贸区建设与国内产业缺乏互动机制，自由贸易试验区建设与国内产业的全过程联系机制建立是西部地区探索的突破点。国际产能合作实际上是基于一个最基本的考虑。现在从全球的情况来看，发达国家基础设施建设正好需要更新、改造、完善，发展中国家都在大力推进工业化和城镇化，因此它们需要大量产能，特别是制造业产能。因此，"一带一路"建设也好，国际产能合作也好，是符合当前全球经济发展实际的，对于西部发展有着重要的历史机遇。

就目前而言，推进落实"一带一路"倡议，较为可行的路径是在国内外以一些核心区域或重要节点作为战略支撑，这些重要节点就是由自由贸易试验区来承载。从深化对外开放战略角度来看，如果说"一带一路"是从构建对外开放新格局的战略高度出发，那么自由贸易试验区则是在投资自由化、贸易便利化、金融国际化、行政管理简化等方面先行先试。把

---

① 邹嘉龄、刘春腊、尹国庆、唐志鹏：《中国与"一带一路"沿线国家贸易格局及其经济贡献》，《地理科学进展》2015 年第 5 期。
② 罗清和、曾婧：《"一带一路"与中国自由贸易区建设》，《区域经济评论》2016 年第 1 期。
③ 张晓君：《"一带一路"战略下自由贸易区网络构建的挑战与对策》，《法学杂志》2016 年第 1 期。
④ 陈建奇：《中国开放型经济的新发展、新挑战及新战略》，《国际贸易》2015 年第 9 期。

"一带一路"倡议与中国自由贸易试验区建设协同联动起来具有重要的现实意义。"一带一路"倡议应引导中国自由贸易试验区发展，西部内陆地区自由贸易试验区的建设与发展也应遵循和服务于"一带一路"倡议，辐射周边地区并带动区域发展。

3. 创新驱动发展战略引领科技产业新格局

科技创新是西部地区实现经济社会高质量发展的短板。但西部地区整体面临着创新资源聚合度不高、高端创新资源较少、高端创新人才总量不够大、研发投入不足、创新能力不强、优质企业总量偏小、创新生态环境不优等众多创新发展瓶颈。

2012年底召开的党的十八大明确提出："科技创新是提高社会生产力和综合国力的战略支撑，必须摆在国家发展全局的核心位置。"中国新时代的发展要坚持走中国特色自主创新道路、实施创新驱动发展战略。创新驱动发展战略有两层内涵：一是中国未来的发展不是以传统劳动力和能源资源驱动的，而是要依靠科技创新驱动；二是创新的目的是驱动发展，并不能仅停留在创新研究上。2016年5月，中共中央、国务院发布《国家创新驱动发展战略纲要》。实施创新驱动发展战略，对于我国形成国际竞争新优势和占领产业高端节点具有全局性战略意义。

《中国城市科技创新发展报告2018》综合评比了我国289个城市的科技创新水平并进行指数量化，其中，北京、深圳、上海、广州、南京、武汉、苏州、天津、杭州、西安总体排名前十。西安作为唯一上榜的西部城市，在创新资源分项指标上名列第二位，而在创新环境、创新服务、创新绩效分项指标中几乎没有西部中心城市，而这些创新考核的指标正是当下西部地区中心城市进行科技创新的发力点。尽管西部地区与东中部的经济发展水平存在一定差距，但2018年西部地区整体的科技创新水平要高于中部地区，具有较强科技创新能力的城市数量也仅次于东部地区（见图4-1、图4-2）。

进入新时代，我国经济发展由数量型增长继续向质量型增长转变，在加强对外开放和对内改革的同时，实现西部地区以创新为核心的经济发展转型尤为重要。① 把资源环境、社会进步纳入发展质量评价指标体系，2017年

---

① 任保平、张倩：《西部大开发20年西部地区经济发展的成就、经验与转型》，《陕西师范大学学报》（哲学社会科学版）2019年第4期。

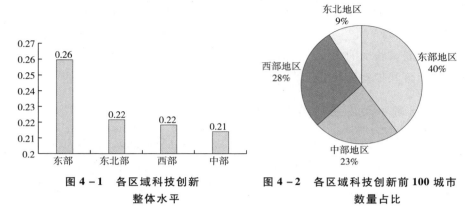

图 4 - 1　各区域科技创新
整体水平

图 4 - 2　各区域科技创新前 100 城市
数量占比

资料来源：《中国城市科技创新发展报告 2018》。

西部地区的高质量经济发展省市以陕西、重庆为代表。[①]　西部地区的中心城市和发达省区市正在积极实施创新驱动发展战略，打造新时代高新科技产业新形态。

第二节　西部内陆开放新体制的建构思路

作为"一带一路"高质量建设的驱动源，中国在内外经贸格局基础上，所需要推进的是逐步建构与扩展"陆海内外联动、东西双向互济、南北耦合支撑""发展－开放"协同新格局。其中，处于东西、南北交接处的省市在四向联动中承载着关键的耦合交互功能，从地域分布来看，主要包括陕西、河南、四川、重庆、湖北等省市。对于处于不利竞争地位的西部内陆地区而言，与沿海发达地区有很大差异，这就决定了西部内陆地区不仅仅是学习借鉴先行自由贸易试验区的开放经验，更重要的是，从自身的发展基础、条件和开放需求出发，创新发展模式。具体来说，就是需要通过设立开放型试验区，创建"发展－开放"高质量协同的全生态自主转型机制，提供全流程定制化开发开放服务，探索层级网络公共治理方式，以抓住追赶超越的发展机遇。[②]

---

① 程启智、马建东：《中国西部地区经济发展质量评价：2006—2017 年》，《云南财经大学学报》2019 年第 4 期。

② 马莉莉：《开放型经济新体制的建构原理与方法》，《人文杂志》2019 年第 2 期。

一　西部内陆开放型试验区引入"发展－开放"协同机制

受地理位置、资源禀赋、发展基础、制度建设等因素制约，西部在市场化条件下处在并不十分有利的地位，要抓住潜在的发展机遇，转化为现实的追赶超越，西部内陆地区有必要依据国内外环境和新兴生产方式原理，设立先行试验区，以"发展－开放"协同的原则探索新型体制机制。

第一，设立开放型试验区驱动开放与发展。由于一定地区的经济结构归根结底取决于社会群体的生产行为构成，受限于其所处环境决定的认知、能力，以及组织、制度、文化等约束，而具有相对稳定性，较难实现变迁。因此，通过持续引入新情境，进而改变群体认知、互动、生产行为，是相对落后地区加快发展的必由之路。由于社会群体行为难以整体改变；西部内陆地区资源相对有限，全面开发的条件并不充分；以及地区间发展情况差异大、市场经济制度仍不完善，在缺乏前期探索的条件下，难以建立全国统一的符合国际经贸规则与发展趋势的开放格局。因此，西部有必要基于自身条件，设立开放型经济试验区，从局部引入外来的、驱动内部重组的新情境，在持续性的情境更新中，改变局部生产行为，继而由局部带动整体，最终驱动系统性的地区产业转型升级与可持续发展。

第二，基于差异化对接与助推"一带一路"分工网络以寻求发展。由于一定地区所集聚产业的升级取决于其所依托分工网络的规模，因此，西部地区在寻求发展时：首先，有必要开拓国际市场，寻求与国际分工网络的对接，特别在国家推动"一带一路"建设的背景下，需要对接"一带一路"分工网络的发展空间，以扩大本地产业集聚的支撑基础；其次，西部内陆地区普遍资源条件有限、经济发展水平较低，因此难以全方位地开发本地产业，各地区需要寻求差异化发展道路，选择各自主导产业，在做大做强的过程中，引领分工深化、产业升级；最后，"一带一路"沿线普遍是发展水平较低的国家和地区，这使"一带一路"分工网络还非常薄弱，其发展壮大本身也将依靠各个产业集聚中心的自主转型升级，因此，西部内陆地区新兴集聚中心将同"一带一路"分工网络共生演进、互为支撑。

第三，选择产业链延伸至公共服务供给领域的系统化体制机制建设。模块网络化原理表明，产业升级可以依托销售规模扩大，促使分工细化来实现；并且公共服务同样面临着模块分解和网络联结的需要，以及需要与产业发展需求相对接，以共同提升产品竞争力。因此，内陆地区在收窄产业选择范围、通过开放扩大潜在市场规模后，需要从内部创新公共治理，为产业集聚和分工深化提供定制化的政策措施和公共服务，以支撑产业集聚与升级。

第四，促使西部内陆开放型经济试验区多点协同发展。西部内陆开放型试验区在进行体制机制创新、驱动新型发展模式的过程中，不仅需要地方开拓进取，还需要国家发挥整体协调作用，这是西部内陆地区自身能力薄弱，以及对国际公共服务有需求等因素决定的。从国家层面需要提供的公共服务来看，主要包括经验分享与推广、国际谈判与协议签署执行、区域发展协调、跨区域和跨国的软硬件设施联通等。

总体而言，西部内陆开放型试验区的建设，是借力开放以推动转型、以支点转型支撑新型开放的一项改造地区社会经济生态的系统性工程，发展与开放互为因果、不可分割，分散的支点转型与全面的开放格局协同发展，同样内在关联、相辅相成。

二　政府与市场协同创建内陆开放型试验区的全生态自主转型机制

驱动模块网络化的关键在于，集聚尽可能大规模的同质、异质消费需求，使产业体系得以模块分解与网络联结，并循环往复发展下去。这给相对落后地区指明了可行的发展方向与路径。在把握时代背景和地方发展特征的基础上，西部内陆开放型试验区建设的核心理念就是，充分利用外部环境，驱动模块网络化新型发展机制，通过内生的产业链网分工深化，形成内在关联的、具有自组织性的全生态产业系统，建构内陆型改革开放新高地。因此，结合产业链延伸至公共服务领域的特征，开放型试验区主要依据产业系统的内在关联性、自组织性建构自主转型机制（见图4-3）。

第一，遴选差异化的主导产业，作为率先突破的领域。主导产业选择的标准，一是具有初步发展基础和条件，能够充分利用地区既有资源和优势；二是符合社会发展需要，能够拓展与累积国内外市场需求；三是复杂程度越高、技术关联度越高，越有利于模块分解与网络化发展。主导产业的率先发展有利于形成初步经验，以服务于后续新兴产业的遴选与培育。促进产业链条的分工深化，将引致生产性服务、流通性服务的衍生，并构成生产流程的分支模块，反过来支撑生产制造的技术升级；生产制造、生

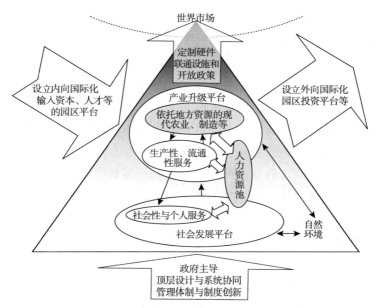

图 4 - 3　内陆开放型试验区的全生态自主转型机制

产性服务、流通性服务协同发展，共同构成产业升级平台。

第二，发展个人及社会性服务，培育人力资源池，建构社会发展平台，支持产业升级平台的运行。产业升级平台的运行对高质素人力资源的需求不断攀升，而人力资源的培育有赖于个人服务及社会性服务的供给，特别是教育、医疗、住房等社会性服务，对于提高家庭生活质量、个人发育与成长至关重要。此外，人口与产业聚集的物理空间供给，即园区与城市规划建设等，亦是产业升级平台高效运作的必要支撑。反过来，产业升级平台的技术升级和高效生产，可以为社会发展平台的分工深化提供生产与服务支持。

第三，产业升级平台和社会发展平台都需要与自然环境、生态系统相互协调。西部内陆地区生态系统相对脆弱，产业与社会发展需要考虑自然环境的可承载性；与环境协调发展本身可以催生新的生产与服务环节和产业，由此进一步扩张地区生产系统。

第四，选择定制化的硬件联通设施和开放政策，以促使软硬件设施联通，助推主导产业进入国内外市场。主导产业的发展需要广阔的市场空间，深处内陆的西部地区强化物理设施的联通，特别是便利化、去除规管壁垒等软件设施的联通甚为重要。由于内陆地区的企业拓展国内外市场更为困难、担负成本高昂，因此软硬件设施的互联互通作为重要的公共品，需要政府协同各界力量提高其供给效率、水平与质量。

第五，设立内向国际化园区，吸收先进技术、资金和管理经验。为支撑本地产业升级，有必要提供贸易、投资便利化条件，设立开放程度更高的产业园区、自由贸易园区，吸引服务于产业链体系分工深化的先进技术和资金等；通过产业园区，一方面可以发挥集聚效应，另一方面便于集中提供公共治理领域的创新服务，以及规避外资流入带来的负面影响。

第六，在本地资本具备条件、实力及具有发展需要的前提下，以有助于本地产业集聚为考量，设立外向国际化园区，如国际产能合作园区、国际投资平台等，促进本地资本"走出去"。在本地产业面临转型升级需要时，为了助推优势产能扩大市场拓展范围，可以助其向海外拓展。由于共建"一带一路"国家大多经济发展水平不高、国内社会政治相对复杂、宗教文化影响广泛，对于中国企业而言，存在一定优势，但要面对国际市场较大的投资风险；而且，共建"一带一路"国家往往难以承受全面开放。因此，设立国际产能合作园区和投资平台等，其一，发挥集聚效应；其二，构筑公共平台，助推抗风险能力较弱的中小企业走向海外市场，并规避在东道国经营的各类风险；其三，尽量减少外资流入给东道国带去的市场冲击；其四，便于东道国局部开放；其五，有利于拉动投资管理等先进产业在国内衍生。因此，选择合适的投资国和投资领域、洽谈合作条件等，是西部地方政府甚至国家需要提供的重要公共服务。为避免国际关系变动给国际产能合作园区带来的冲击，由第三国或多国合作设立园区，亦是可以探索的发展路径。但对于欠发达地区而言，海外园区的布局往往耗费资源且本身具有更大范围甚至国家层面的公共产品属性，因而有必要以服务于本地产业聚集及发展需要而进行选择，以及积极借助国家层面的海外园区及平台。

第七，基于全生态的系统协调。所谓全生态，包括产业集聚、生产性服务衍生、流通性服务发展、社会性服务兴起、产品产出、要素输入、内外经济联系形成，这并不是相互独立、彼此割裂的，而是内在联结、供求对接，具有自组织性、人口与产业有机融合的完整系统，这也是社会制度建构其上可以良性循环的经济基础，构成社会经济系统可持续发展的基本生态。因此，促成产业体系的全生态联结与协调，是自主转型机制得以建构的必要条件。

在内陆地区开辟发展空间过程中，内陆地区既有的资源条件和不利形势决定，完全依靠市场会使其难以走向产业集聚和深化，而完全依靠政府，也将不易持续。因此，西部内陆开放型试验区的建设和发展，既需要充分发挥市场机制作用，驱动模块网络化的自组织功能；又需要发挥政府的顶层设计、系统协调和有效服务等作用，创新公共服务供给方式和管理体制成为必要选择。

三　发展与开放协同原则下的全流程服务需求

将发展与开放协同，是西部内陆地区基于有限的资源和条件，充分利用模块网络化新兴生产方式和市场机制，走差异化发展道路的可行选择。对接开放环境促进集聚继而转型，为全流程服务提出相应需求。

1. 全流程服务的必要性

完成生产的循环，需要经历要素集中、生产组织、产品产出，最终到完成销售的整个过程。所有生产、流通等环节组成的整体，将之称为生产和再生产的全流程。驱动模块网络化机制，为欠发达地区嵌入全球或区域产业链、实现内生的转型升级提供了机遇和可行路径，但对生产与市场的联结性提出更高要求。作为局部模块的生产，只有与其他模块完成联结，才可能产出完整的产品；最终产品只有与消费需求联结，才可能完成销售；而任何环节的脱节，都将导致再生产不可循环，进而发展受阻。在产业集聚中走向转型升级与发展，必要条件是与更广阔的外部市场紧密联结，发展与开放的协同是欠发达内陆地区追赶前行的必由之路；将分散、碎片化的环节联结起来，保障生产、再生产所有流程得以无缝连接、高效循环，是发展与开放协同的内在要求和集中体现。在需求分散、资源分散的现实条件下，市场是处理分散信息和组织资源配置的高效机制。然而，大量不同程度公共性产品的存在，表明市场又不是万能的；特别是在模块网络化机制下，异质性的准公共产品需求大幅攀升，有必要创新相应的机制保障供给；当创新越趋重要时，物质生产和服务劳动所依赖的并非既有的要素禀赋，而在于培育开发全新的资源，市场更难以对不存在的要素资源进行定价和配置。因此，欠发达地区在利用先进生产方式驱动内生发展时，有必要将市场机制和政府功能有机结合起来，通过提供全流程服务，保障生产和再生产的循环往复，继而实现产业集聚和转型升级（见图4-4）。

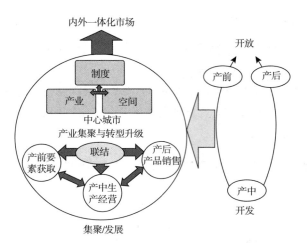

图 4 - 4 全流程开发开放新体制建构原理

2. 全流程服务的内涵与类别

全流程服务就是根据生产和再生产各环节运作及其连接需要提供的各类服务。在一定空间范围的经济活动中，从生产和再生产全流程的基本环节来看，主要包括产前的要素获取阶段、产中的生产经营阶段，以及产后的产品销售阶段；各环节的经济活动又表现为需要相应的空间载体，并受到制度文化的激励或约束。因此，保障要素资源的聚集与供应、生产经营的自由便利、产品销售的顺畅广泛，生产系统对内、对外的高效联结，以及空间、制度等层面给予配套，是全流程服务的主要发展方向。

在生产流程分解以及连接过程中，所产生的具有私人品属性的生产、流通服务，市场具有组织供求对接的资源配置作用，它们可提供全流程市场服务；除此之外，还产生具有不同程度公共品属性的服务需求，这就要求社会机构、政府部门等多元主体共同参与服务供给，它们可提供全流程公共服务。由于全流程市场服务可以直接作为市场体系的内在组成部分，而无须专门研究；而相对于市场自发对接服务供求，从生产系统和所有生产环节联结、制度保障等角度提供服务具有显著的公共性；市场外主体为再生产流程提供专门服务具有其特殊性。因此，全流程服务也主要指围绕再生产各环节和联结需要提供的非市场性服务。

由于要素的聚集一方面来源于外部流入，另一方面来源于本地培育。生产经营主要体现为本地运作，而产品输出除了本地消化，更重要的源于外部市场的消费。因此，从全流程服务的主要类别来看，包括本地开发和对外开放两大方面，两者方向、内容不同，但不可分割，共同构成促进本地产业集聚和升级的支撑力量。全流程开发开放服务的有效供给，成为开放型试验区进行体制机制创新的重要目标和内容。

3. 全流程服务的主要特征

全流程服务是应欠发达地区在资源禀赋、资源条件有限的前提下驱动内生发展之需而产生，其范围涉及再生产循环各环节顺畅运作及系统联结的整个流程，内容繁杂、动态变化，其具有的鲜明特征如下。

第一，需求驱动性。全流程服务的产生，是为了保障产业集聚的再生产循环得以持续进行，不管从产前、产中，还是产后，只要满足于生产与再生产的高效、有序展开，相关服务都属于全流程服务范围。这些服务的内容、数量、质量、组织方式、时间要求等，都取决于生产流程各环节的切实需要，定制化是全流程服务的基本特征。

第二，流程联结性。全流程服务的供给将使自身一并融入全产业链，共同提高本地产业及产品的市场竞争力。全流程服务强化流程联结性，不仅体现在助推再生产各环节之间相互联结，而且要求服务本身与再生产各环节分别紧密联结，并共同组成内在高效联结的产业链系统。分散基础上的联结、联结前提下的分散是全流程服务发展的内在要求。

第三，动态调整性。由于各产业集聚点所聚集的产业各异，且处在不停的动态演化过程之中。因此，全流程服务并不是各地统一、稳定不变的；而是各地差异显著、时刻处在动态调整过程之中。欠发达地区需要根据本地再生产循环持续运作的需要，定制化地选择开发开放服务；并依据不同的发展阶段和切实需要，持续调整、改进、优化全流程服务，以形成本地所聚集产业的市场竞争力和实现可持续发展。

第四，系统协调性。全流程服务并非夸大或无限扩张政府的干预力量，而是在把握和遵循市场规律的前提下，欠发达地区通过系统协调，识别世界走势，抓住发展契机，聚焦重点目标，统筹有限资源，从内部挖掘潜力，形成自主转型机制，走上追赶发展的道路。这主要是因为欠发达地区处于不利的竞争地位，纯粹依赖市场机制作用容易被边缘化；而全流程服务有助于补足竞争条件的缺陷，以使欠发达地区有可能充分利用市场机制，实现有限产业的深度发展，以确定自身在全球或区域产业链中的竞争地位。从再生产各环节联结、空间布局、制度优化等各方面协调能力与目标之间的差距，强化系统整合与协调，是全流程服务的重要属性。

四　西部内陆开放型经济试验区的全流程开发开放新体制

为了驱动自主转型机制在西部内陆地区的建构，需要创新全流程开发开放体制，主要基于集聚的产前、产中、产后全流程提供定制化服务，并依据公共性差异，创建层级网络结构的公共治理机制，以提高地区经济发展的整体效率。

1. 全流程定制化开发开放服务的主要领域

全流程开发开放服务是应不同地区的产业集聚与发展需要定制化建构及相机调整变化的，根据需求来源和服务目标的差异，可对其主要领域进行归类。

从再生产的全流程特征来看，全流程开发开放服务主要包括促进产品输出的产后服务、促进企业经营和产业集聚的产中服务、促进要素集中的产前服务，以及从整体而言的系统协调服务（见图4－5）。

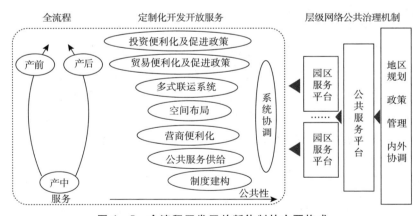

图4－5　全流程开发开放新体制的主要构成

第一，产后服务主要是便利产品输出到更大市场范围的软硬件联通设施，包括构建多式联运系统以通达广泛的市场网络，以及通过贸易便利化提高商品内外流通效率。

第二，产中服务主要是从企业经营的各环节入手，减少行政壁垒和各项交易成本，提高运作效率。主要包括创新行政服务流程，减少规管造成的企业经营效率损失；优化空间布局，便利企业组织要素、资源及产品的流通；改善市场环境与制度，以充分发挥市场机制作用。

第三，产前服务主要促进生产要素和资源的聚集，为企业生产经营创造条件。要素供给既可以来自本地既有资源禀赋，也可以来自其他地区的输入，特别在生产越来越依赖于创新、人力资源的时代，要素的累积还有赖于开发和培育。因此，产前服务除了同样依赖于多式联运系统提高硬件通达性之外，主要包括提高投资便利化程度以吸引资本、管理、人才等本地供给不足的要素，以及进行教育、医疗、住房等公共服务创新，以培育地区发展所需的大规模人力资源。

第四，系统协调服务主要是从整体角度协调产业、空间、制度、全流程联结等关系，提高外部规模经济效应，减少地区发展系统的内部损耗。

由于产前的要素流动与产后的产品输出都需要与外部市场密切连接，多式联运系统和贸易投资便利化都属于开放服务范畴；而行政服务创新、空间格局优化、市场制度建设和公共服务供给等，起到保障经营顺畅、生产能力培育的作用，主要属于开发服务范畴。发展与开放的协同，要求开发服务与开放服务在全流程范围内实现协同，这有赖于系统协调服务发挥相应作用。

2. 层级网络公共治理机制

基于模块网络化原理，随着异质公共品需求的大幅攀升，公共品亦需要通过网络化组织的模式来提高供给效率和能力，专业化模块分解及网络联结构成其重要组成部分。欠发达地区在自然资源和条件有限的前提下，通过促进局部模块的生产规模扩张和分工深化，嵌入全球或区域产业链，这需要大量的资源开发，特别是人力资源开发。由此，欠发达地区对异质公共品的需求将显著攀升。为了保障全流程服务的有效供给，内陆欠发达地区有必要在试验区创建层级网络公共治理机制，以提高地方政府在促进地区发展过程中的敏捷反应能力。

所谓层级网络公共治理机制，就是基于模块网络化原理，根据全流程服务不同类别的公共性差异，建立服务于不同范围市场主体的组织机构，从不同层面提供全流程定制化开发开放服务；并以网络化的方式加强服务机构联结，在全流程优化中改进组织机构设置和服务质量，最终共同提高公共品供给效率，继而支撑地方产业集聚和可持续发展能力提升（见图

4－5）。

层级网络公共治理机制的主要构成如下。

第一，面向一定范围内微观主体，直接提供各项服务的准公共服务平台，集中表现为园区服务平台。产业集聚必然表现为其相应的空间形态，促使要素、生产在空间上集聚，有助于节约微观主体经营过程中的交通、信息传递等交易成本；企业集中共同分摊基础设施等建设运营成本，也有助于提高公用设施的利用率和规模经济效应。此外，不同产业集群所需要的公共服务存在差异，一定范围微观主体所需的公共服务，并不一定为其他区域的微观主体所需，由此体现为面向特定范围微观主体的准公共服务属性。将产业集中和空间相结合，就体现为产业园区。以园区作为准公共服务承载平台，面向所聚集的经营主体直接提供全流程定制化开发开放服务，比如贸易投资便利化服务、行政服务、孵化器服务等，这是层级网络公共治理机制与市场主体对接来发挥作用的具体表现。

第二，面向整个地区微观主体的公共服务平台。在全流程开发开放服务中，诸如围绕人力资源培育而产生的教育、医疗、住房等公共服务，是促进要素累积的产前服务的重要组成部分，但并非局部地区或单个产业园区所需，其专业化方向也有自身特征。因此，从整个地区入手，组织这类公共服务的供应链网络，有助于提高地区的要素储备水平和质素，从而提升产前服务能力。

第三，负责系统协调的公共服务平台。与上述两类公共服务平台不同，系统协调平台并不面向具体的微观主体，而是负责从发展与开放协同、全生态产业系统、产前产中产后全流程、产业聚集与定制化开发开放服务对接、全流程开发开放服务体系优化等整体角度，协调发展、布局、制度、内外等多元关系，主要包括产业定位、空间布局、综合交通网络等的地区发展规划，协调各方关系和优化流程的政策制定与实施，市场制度、城市布局等软硬件基础设施建设，外部合作关系和网络拓展等。

第四，通过公共服务模块化网络组织提高公共品供给效率。大量异质性公共品需求的存在，要求创新公共品供给方式。模块网络化通过模块分解与网络联结的方式，提高异质模块的专业化水平，模块组合满足定制化需求，以及优化流程、同步化提升敏捷响应能力，这些都为公共品供给的组织提供重要思路。设计和选择各层面公共品的供应链供给模式，是层级网络公共治理机制的重要创新内容。

同全流程服务一样，层级网络公共治理机制是应全流程服务需求而建构并需要不断调整优化所提供的公共服务的专业化组织体系，因此，定制化、差异化、动态化是其显著特征。

五　西部内陆开放型经济试验区体制机制创新的评价方式

对于欠发达地区而言，开放本身不是目标，只有促进地区转型与发展，开放才具有现实意义；而且，分工深化和产业升级，只有在开放的大市场中才可能成为现实，因此，发展与开放协同，是西部内陆开放型经济试验区体制机制创新的根本出发点和评价准则。

基于中心城市与分工网络的共生演化关系、模块化生产方式下欠发达地区的可发展空间和路径，以及产业聚集及其所需服务的特征，西部内陆开放型经济试验区是否进行有效的体制机制创新、全流程开发开放新体制建设进展如何，主要从五个层面进行判定。

第一，全生态产业系统的协调程度。对于欠发达地区而言，有限资源条件下能否驱动全生态的自主转型机制，很大程度上影响发展潜力和方向。全生态产业系统的协调程度，主要考察地区在既有资源、条件和发展基础前提下，对于产业发展目标、产业间关系、空间布局、开发开放思路、实施路径等重要发展内容，整体规划和设计如何，是否内在协调，是否具有转型升级的潜力。

第二，开放服务的定制化程度。主要针对所聚集产业的要素流动和产品输出而言，考察开放服务是否符合发展需要，是否能提升要素、产品的内外流通效率。

第三，开发服务的定制化程度。主要针对所聚集产业的生产经营和要素资源储备，考察开发服务是否能提高企业生产经营效率，保障顺畅经营，以及有助于其培育发展能力。

第四，全流程开发开放服务的协同程度。全流程服务供给的目标是促使产前、产中、产后内在联结，进而产业聚集，由此驱动自主转型机制。考察全流程服务的协同程度，就是从产前、产中、产后是否有效联结出发，评判其服务效果和助推自主转型机制运行的潜力。

第五，产业聚集及其区域分工地位。全流程开发开放新体制建构的目标是驱动地方转型和发展，地区产业聚集规模、结构、国际市场地位，是衡量体制机制创新是否有效和成功的决定性标准。

　　总体而言，以发展与开放协同为原则、以驱动全生态自主转型机制为目标，建设包含全流程服务及层级网络公共治理机制在内的全流程开发开放新体制，是西部内陆地区在开放型试验区需要寻求突破的新型体制机制，由于定制化、差异化的要求，各地区并不存在统一的发展模式和架构，而是需要欠发达地区根据各自发展情况和需求，逐步建构和优化；并根据系统设计的协同程度，特别是转型升级实绩进行考量和评价。

第五章
西部先行自贸区的新型开放及支点发展

第一节　陕西的新型开放及支点发展

一　陕西开放型经济建设背景及进展

2013 年底，国家"一带一路"倡议提出，这标志着西部内陆地区面对"向西开放"的重大机遇。《西部大开发"十三五"规划》把西部省区市积极参与和融入"一带一路"建设作为首要的开放内容，陕西的新型开放思路就主要围绕参与"一带一路"建设展开。

2013 年 11 月，西安市出台《关于加快建设丝绸之路经济带新起点的实施方案》，提出打造丝绸之路经济带开发开放高地和金融商贸物流中心、机械制造业中心、能源储运交易中心、文化旅游中心、科技研发中心、高端人才培养中心的"一高地六中心"方案。在国际招标基础上，2015 年 3月，西安市发改委公布《西安建设丝绸之路经济带（新起点）战略规划》，描绘出"六中心"建设的方式是依托"自由贸易区、中新合作项目、国际内陆港、欧亚论坛合作园区"四大抓手和"国际合作、科教创新、经贸物流、金融服务、文化交流"五大平台。陕西省政府则分别在 2015 年至2019 年出台《陕西省推进建设丝绸之路经济带和 21 世纪海上丝绸之路实施方案（2015—2020 年）》，并先后发布五个年度《"一带一路"建设行动计划》，主要聚焦"五大中心"，不断细化行动方案，以打造西部科学发展新引擎、内陆改革开放新高地。2016 年 2 月，《陕西省"十三五"规划》指出，陕西全方位提升开放水平的目标是打造内陆改革开放新高地；2017年 4 月，中国（陕西）自由贸易试验区正式挂牌，地域范围主要涵盖三大片区,总面积 119.95 平方公里,包括由西安高新区内的高新综合保税区、西安出口加工区 B 区,西安经开区内的出口加工 A 区和西咸新区内的保税物流中心〔B 型〕共同构成的中心片区,西安国际港务片区和杨凌示范片区。2017 年 6 月,《陕西省"十三五"建设内陆改革开放新高地规划》出台,勾勒出内陆型地区参与"一带一路"建设、推进新型开放的主要思路。随着陕西提出发展"三个经济",《关于大力发展"三个经济"推动构建内陆改革开放新高地的意见》《关于大力发展"三个经济"的若干政策》《陕西省推进"三个经济"发展 2019 年工作要点》等重要文件陆续出台,发展"三个经济"成为陕西建设"一带一路""五大中心"、打造内陆改革开放新高地、实现高质量发展的重要抓手与突破口。

陕西"三个经济"与"一带一路"建设的工作进展如下。

第一,塑造内外开放格局。陕西在"十三五"规划中指出,开放主要包括两个层面的含义,一方面是对外开放,包括向东加强与韩国的合作;向西加强与中亚各国在能源资源、装备制造、商贸旅游、现代农业等领域的合作,并延伸至欧洲;向南借助丝博会、欧亚经济论坛等平台,深化与港澳台、东盟地区在金融、旅游、新兴产业等领域合作,以及与非洲、澳大利亚、新西兰等在现代农业、资源开发等领域合作;向北则开展与蒙古、俄罗斯等国的合作交往。另一方面是与毗邻地区合作,包括主动融入京津冀一体化、长江经济带,加强与成渝、长江中游、中原、呼包银榆等城市群的合作交流(见图 5-1)。

第二,提高国际化互联互通水平,发展交通商贸物流。主要是建设"陆、空、信息、管道"多种方式无缝衔接的综合立体交通网络,形成承东启西、连接南北、高效便捷的立体大通道,以辐射周边、联通全国和共建"一带一路"地区。在硬件联通设施基础上,陕西着力建设"三网三港"核心骨干物流体系,优化运输组织及集疏运系统,完善国际铁路物流网络;建设西安新筑铁路综合物流中心,拓展提升国际港务区功能;加强与沿海港口的联动,建设国家多式联运示范基地;加快机场新建、扩建,积极探索临空经济示范区建设,发展航空物流,系统发展物联网和现代综合交通物流体系;推动通信基础设施建设,实现 4G 全覆盖,加快 5G 技术的应用和商用,推进西安国际互联网数据专用通道及 IPv6 示范城市建设等。在铁路、公路、航空、通信网络日趋完善的基础上,陕西大幅提高中欧班列、中亚班列网络覆盖、运行效率和效益,增开航线,新设口岸,提

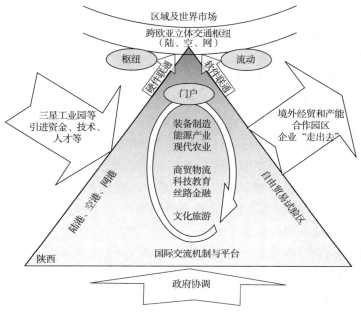

图 5 – 1　陕西"三个经济"与"一带一路"建设进展

升便利化程度，降低国际物流成本，使陕西成为西部地区重要交通商贸物流中心。

　　第三，推进装备制造、能源化工、有色冶金、集成设施、现代农业等优势领域国际产能合作。一方面是与韩、俄等国共建能源化工、电子信息、先进制造、航空航天、有色冶金等一批特色产业园区，重点建设中俄丝路创新园、中哈人民苹果友谊园，此外还包括中韩（陕西）产业园、中俄丝绸之路创新园、中意航空谷、中吉空港经济产业园、中哈产业园咸阳纺织工业园区、中以创新示范园、空港新城丝路国际产业园、泾河新城美国科技产业园、陕港融资租赁合作园、半导体国际合作产业园等，以吸收国外先进技术、资金和管理经验。另一方面是鼓励企业参与欧美、新兴市场国家和地区水电、风电、光伏发电等新能源项目的投资建设；支持陕汽、法士特、陕鼓等优势装备制造企业在共建"一带一路"国家和地区布局设点；鼓励陕煤化集团、延长石油等更多有实力的企业开展境外基础设施投资和能源资源等合作与"走出去"；为了给"走出去"企业提供发展平台，陕西还提出加强印尼陕西钢铁产业园、柬埔寨中柬金边经济特区和非洲安哥拉农业高技术园区等境外经贸合作区、产业集聚区、农业合作区、跨境经济合作区等园区建设，以促进国际产能合作。

第四，拓展科技教育领域的合作。一方面发挥陕西在科研领域的既有优势，建设国际科技合作产业基地、国际科学家协同创新研究及信息共享平台、杨凌现代农业国际创新园等，吸引国外机构在陕设立全球研发中心、实验室、企业技术研究院，鼓励有实力的企业在海外建设研发中心、国际科技合作园区等，促进陕西与共建"一带一路"国家的双向技术交流。另一方面是开发与利用教育资源，建设波兰研究中心、土库曼斯坦研究中心、阿拉伯文化研究中心等智库，成立丝绸之路大学联盟、"一带一路"职教联盟等有关联盟和教育研究机构，加快培养国家急需的非通用语种人才和国别区域研究人才，建设面向丝绸之路沿线国家的教育培训基地、海外培训机构等，加大服务于"一带一路"建设的人力资源培育。

第五，建设国际旅游、文化、会展等服务中心。陕西是文化、旅游大省，这为国际人文交流与合作创造了有利条件。陕西着重在智慧旅游系统建设、提供过境免签等人员流动便利条件、发展特色旅游品牌和项目方面巩固陕西国际旅游中心的地位，如丝路起点旅游、红色旅游、沿黄旅游、秦岭人文生态旅游、帝陵文化旅游等六大品牌。基于特有的中华文明、中国革命、中华地理的文化标识、精神标识和自然标识等优势，陕西依托国家级非物质文化遗产代表性项目，举办丝绸之路国际艺术节及系列丝路旅游主题活动，建设版权交易国际综合公共服务平台等，加快陕西（西安）文化中心和历史文化基地建设。此外，陕西还通过举办欧亚经济论坛、丝博会暨西洽会、杨凌农高会、陕粤港澳经济合作周、全球秦商大会、西部跨采会等重大活动促进人文交流和品牌推广。

第六，丝路金融中心建设。陕西是西北部经济相对发达的省，具有促使金融资源聚集的一定优势。在参与"一带一路"建设过程中，陕西计划着重依托西安金融商务区、西咸新区、西安高新区、曲江新区，分别促进离岸金融、能源金融、科技金融、文化金融聚集发展。此外，加大自贸试验区金融创新，推进融资租赁业聚集发展；积极引进外资金融服务机构，支持其在陕设立分支机构；以及鼓励符合条件的优秀民营企业依法设立民营银行，积极发展非银行类金融机构，推进地方金融体系建设。

第七，以陕西自贸试验区作为开放便利化服务供给与体制机制创新的平台，并构建开放型经济体系。围绕资本流入与流出、贸易领域拓展、进出口贸易转型升级、贸易方式电子化等，陕西赋予自贸区相应的职责与使命，积极借鉴上海自贸区试点经验，实施准入前国民待遇加负面清单管理制度，国际贸易"单一窗口"，跨部门、跨地区通关协作，扩大海关 AEO 认证，建立外经贸综合服务平台等投资贸易便利化措施；就服务贸易创新发展试点、电子商务示范基地、开放型经济新体制等展开制度创新，为陕西开放型经济建设与发展创造便利高效的软环境。依托自贸试验区，结合陆港、空港联动建设多式联运系统以及内外布局的国际合作园区和平台，陕西着力为本地企业和产品进出国际市场打造便捷的开放型经济体系，实现软件设施的便利流通。

陕西通过立体综合交通枢纽的建设，打造以装备制造、能源产业、现代农业等实体经济，以及商贸物流、科技教育、丝路金融、文化旅游等服务经济为支撑的国际产能合作门户，通过资金、技术、人才、数字信息等要素的双向流动，奠定陕西在"一带一路"建设网络中的重要地位。

二 双向开放体系构建

为了便利要素引进和产品输出与输入，陕西从硬件基础设施连接、多式联运体系拓展和软件便利化建设等方面展开工作，以构建服务于资本、商品双向流动的开放体系。

1. 综合立体交通物流网络

作为深处内陆腹地的省，陕西主要从"陆、空、信息、管道"各层面，着力建设无缝衔接的综合立体交通网络，通过"大交通、大枢纽、大物流、大服务"的理念，为地区开放提供互联互通硬件设施。

（1）交通基础设施建设

从陆路交通设施建设来看，陕西的铁路建设以"关中通城际、市市通高铁、快速通全国"为目标。其中，关中城际铁路获批的 5 个项目已全部开工建设，其中西安北客站到机场城际铁路已进入调试运营阶段，机场到法门寺、西安到法门寺、机场到阎良、西安到韩城 4 个城际铁路项目也已全部开建，预计到"十四五"中期全部建成。除已经开通西安至郑州、太原、兰州、成都 4 个方向高铁线路，目前还有 4 个方向的高铁线路正在加快建设，其中西安到银川高铁线路预计 2020 年建成投运，西安到延安、安康、十堰方向高铁线路，预计"十四五"中期全部建成。在公路建设方面，陕西主要围绕国家与省级高速公路网、国省干线公路网和农村公路推进网络布局，计划在 2019 年加快宝鸡至坪坎、凤翔至旬邑、合阳至铜川、平利至镇坪、安康至岚皋、绥德至延川等高速公路项目建设进度。

从航空建设来看，陕西省力争西安咸阳国际机场三期工程早日开工建设，项目将按照 2030 年旅客吞吐量达到 8300 万人次，货邮吞吐量达到 100 万吨的标准设计，争取到"十四五"中期建成投运。在航线拓展方面，陕西省国际（地区）航线目前已达 68 条，是 2013 年的 3 倍。

（2）陆空门户港口及多式联运物流网络的发展

西安国际港务区、北客站和咸阳国际机场是陕西综合交通网络中三大枢纽，其中国际陆港和空港，成为陕西对外人员和货物流动的门户港口。

西安国际港务区秉持"港口内移、就地办单、海铁联运、无缝对接"的发展战略，依托西安铁路集装箱中心站、新筑铁路综合物流中心、西安综合保税区等平台，致力于建设内陆国际中转枢纽港。从国际班列开通情况看，国际港务区开通的"长安号"中欧、中亚班列，基本形成"一干两支"的国际铁路联运通道格局。[①] 2018 年，西安国际港务区以全年开行千列为目标，多管齐下寻求突破，全年开行量达到 1235 列，运送货物 71.9 万吨，货值达 205 亿元，比上年分别增长 537%、210% 和 648%。从占全国比重来看，2017 年"长安号"班列开行列数仅占全国的 5.3%，2018 年达到 19.6%。

从口岸建设来看，西安港成为粮食、肉类、汽车整车等进口指定口岸，从而为保障回程货、促进相关产业聚集创造条件。2018 年，空港继上年获批进口水果口岸之后，获批进境肉类指定口岸，通达能力进一步增强。

西咸新区空港新城依托咸阳国际机场、保税物流中心等平台，成为西北地区最重要的航空、铁路和高速公路汇集的核心交通枢纽，以及拥有国家一类对外开放口岸，是陕西发展临空经济的重要承载区。第五航权、空港综合保税区获批等，有助于陕西加快推进临空经济示范区建设。

2. 投资、贸易便利化和金融服务创新

近年来，随着内陆开放型经济的建设，特别是在加快复制上海自贸试

---

① "一干"为西安–鹿特丹，全程 9850 公里；"两支"：一是西安至热姆，途经阿拉木图；二是西安通往莫斯科，全程 7251 公里。资料来源：《"长安号"今年开往莫斯科 内陆港全力促进丝路"黄金通道"建设》，西安国际港务区网站，2014 年 2 月 27 日。

验区经验的过程中，陕西不断改进通关效率，提高贸易便利化程度。

进出口活动中，来自海关、税务、出入境检验检疫等部门的监管，对通关效率产生较大影响。陕西在复制上海自贸区通关监管服务创新过程中，进一步推进贸易便利化。2015 年 6 月，《陕西省复制推广上海自贸试验区改革试点经验工作方案》指出，在监管服务创新领域，主要就 11 项政策于 2015 年 7 月开始主要在海关特殊监管区域启动实施，包括期货保税交割、境内外维修、融资租赁、中转货物原产地签证、检验检疫通关无纸化等。

在投资便利化方面，为了适应国际经贸新规则，以及促进资金、先进技术和管理经验等要素的进一步流入，提高投资便利化程度成为扩大开放的重要措施。在上海自贸试验区先行先试基础上，陕西着力于复制经验，以推进投资领域的改革。

同时，为了配合跨境贸易和投融资活动的展开，陕西通过复制上海等自贸试验区先行先试经验和结合自身发展需求进行服务于双向开放的金融创新，并取得一定进展（见表 5 - 1）。

表 5 - 1　2018 年、2019 年陕西自贸试验区贸易投资便利化和金融服务创新措施

类别	2018 年	2019 年
贸易便利化	牵头实施"提升企业跨境贸易和投资便利化行动"，研究并协调海关、税务机关、外汇管理局等部门对自贸试验区企业给予通关、退税、结收汇等优惠政策，加快推进进出口许可证件通关作业无纸化	加快海关特殊监管区域整合优化，确保西安航空基地综合保税区按期通过验收。推进西咸空港综合保税区、杨凌综合保税区、宝鸡综合保税区申报建设工作。积极申报空港进境肉类、进境种苗指定口岸，力争年内获批
	拓展完善国际贸易"单一窗口"功能，加强对外贸企业的宣传培训指导，2018 年通过"单一窗口"办理外贸业务的覆盖率达 70% 以上	提升企业跨境贸易和投资自由化便利化水平，将陕西自由贸易试验区范围内所有涉企行政审批事项纳入"证照分离"改革
	以信息互换、监管互认、执法互助为重点，推动建立适应贸易投资需求、适应新技术发展的高水平大通关合作机制	支持西安建设国家进口商品展示交易分拨中心、跨境电子商务国际合作中心、加工贸易转移承接中心，制订配套实施方案。支持西安国际港务区、西咸新区空港新城、西安曲江新区建设中国（西安）跨境电子商务综合试验区先行区

续表

类别	2018 年	2019 年
贸易便利化	实施西安港"一带一路"示范工程,依托国际公铁、海铁、陆空通道加快开行联运线路,加快推动本土货运航空公司筹建工作,合力构建互联互通的现代立体综合交通体系。支持西安港牵头的多式联运企业联盟在设施共享、单证统一、规则衔接、信息互联等方面先行先试	
	加强邮政业与综合交通运输的有效衔接,重点推进航空快件"绿色通道"、航班车次接驳处理与邮政快递网络的深度融合	
	加强区域口岸合作,推动陆港联动,实现口岸功能延伸,提升对外开放、公共卫生安全保障能力	
	加快推动与共建"一带一路"国家或地区在中医药服务认证方面达成互认协议,促进中医药国际合作	
	探索文化产品保税监管新模式,促进文化艺术、数字出版业发展	
	扩大依托海关特殊监管区域开展全程保税业务试点的范围,从单一企业扩展到集成电路、生物医药等重点产业	
	举办 2018 年"一带一路"建设与 ATA 单证册制度国际研讨会,探索暂准进口货物便利化通关的政策措施	
投资便利化	积极争取"跨境电商综合试验区"试点。大力引进和培育跨境电商龙头企业和知名品牌,做大做强跨境电商服务商,促进中小企业广泛参与跨境电商业务。积极探索跨境电商新模式,促进陕西省外贸增长方式转变和外贸结构调整。牵头实施"提升企业跨境贸易和投资便利化行动",研究并协调海关、税务机关、外汇管理局等部门对自贸试验区企业给予通关、退税、结收汇等优惠政策,加快推进进出口许可证件通关作业无纸化	

续表

类别	2018 年	2019 年
投资便利化	加快推进投资项目审批制度改革，积极推行"极简审批""一网审批"，力争实现投资项目审批 50 个工作日办结	发布最新修订的负面清单，在服务业、制造业、采矿业、农业领域推出了新的开放措施，在更多领域允许外资控股或独资经营，在自贸试验区继续进行开放试点，将构建更加开放、便利、公平的投资环境，推进更大范围的全球产业链合作
	进一步落实项目统一代码制度，推动全部审批事项依托全省投资项目在线审批监管平台申报和审批，推进在线平台与信用信息、资源交易、统计数据等系统的对接，将在线平台打造成为全省投融资综合管理服务平台	
	做实做强对外投资合作一站式服务平台，吸引更多外经贸企业线上入驻	
	全面落实外商投资准入前国民待遇加负面清单管理制度。结合陕西省实际，研究提出进一步缩减外商投资负面清单的意见建议	
金融服务创新	落实《金融服务中国（陕西）自由贸易试验区建设的意见》，以科技、文化、能源、绿色金融等新型业态为重点，主动对接实体经济需求，为自贸试验区企业量身打造金融产品，增强金融服务自贸试验区建设的针对性	发布《进一步推进中国（陕西）自由贸易试验区外汇管理改革试点实施细则》，从促进贸易便利化、灵活运作区内企业资金、放宽跨国公司外汇资金集中运营管理准入条件等方面，出台一系列外汇管理改革政策
	继续推动人民币作为与共建"一带一路"国家跨境贸易和投资计价、结算的主要货币	加强与国家相关部委的沟通汇报，积极推进陕西自由贸易试验区知识产权证券化交易所申报设立工作
	争取在自贸试验区开展自由贸易账户（FT账户）试点	加快丝路金融中心建设的顶层设计，制订出台《西安丝路国际金融中心建设中长期规划》及行动计划
	探索推动"再贴现支持陕西自贸试验区票据通业务"，引导金融机构加大对自贸试验区建设的金融支持，降低自贸试验区实体企业融资成本	争取金融产品和服务创新试点优先落户陕西自由贸易试验区，努力培育可复制、可推广的金融创新案例

类别	2018 年	2019 年
金融服务创新	打通在岸、离岸两个市场，拓宽融资渠道，增强融资活动	积极推进关税保证保险在陕西省落地实施。大力发展出口信用保险、货物运输保险、工程建设保险等业务，为企业海外投资、产品技术输出、承接共建"一带一路"国家和地区重大工程提供综合保险服务
	加强对自贸试验区内符合互认条件的基金产品参与内地与香港基金产品互认的政策指导，推动符合条件的基金产品参与内地与香港基金产品互认	鼓励和支持在共建"一带一路"国家和地区开拓市场的省内企业通过上市融资、并购重组、发行公司债券等方式，扩大直接融资规模
	推动设立由社会资本参与的省级国际产能和装备制造合作基金，着手建立西部地区联合对外交流平台	紧抓金融业对外开放机遇，创建国家级金融改革创新实验区。支持境内外各类金融机构在西安设立分支机构。加快推进丝绸之路经济带跨境资金结算功能建设

资料来源：陕西省政府官网、中国（陕西）自由贸易试验区官网。

三 陕西的开发服务支撑

为了促使产业集聚从而为开放型经济奠定发展基础，陕西应从多园区并进、平台服务拓展、行政服务创新、市场体制完善、公共服务供给等多角度提供开发服务。

1. 多园区运作及其平台服务

随着国家及省级开发区的相继建立，西安逐步形成"五区一港两基地"的多园区开发格局，即南有西安高新区、曲江新区、国家民用航天产业基地，北有经济技术开发区、阎良国家航空高技术产业基地，东有西安国际港务区、浐灞生态区，西有沣东新城。随着大西安建设将西咸新区交由西安市托管，空港、泾河、秦汉、沣西、沣东等5个新城有待与西安其他7个开发区整合发展。从实践来看，陕西主要通过聚集于关中特别是西安的差异化分工的多个开发园区并行运作，为开放型经济建设提供产业开发服务，陕西自贸试验区的三大片区就分布于西安和杨凌。定位差异化仍是西安及杨凌各园区支撑陕西开放型经济发展的主流。

开发性园区的设立为推动区域化、差异化的产业聚集和发展提供了公共治理平台，它们负责向园区微观主体提供产业开发的定制化准公共服务。

第一，市场化运行机制及"政府派出机构"的治理架构。从治理方式来看，开发区管委会是市政府的派出机构，政府除在确定发展方向、制定重大政策措施外起支持和保障作用，开发区的主要决策和管理权都由政府派出的管委会行使。比如西安高新区就形成"省市共管、以市为主、授权管理、跨区合作建设和市场化运作的管理体制和机制"。[①] 这种体制由省上支持、市和区政府有关领导组成建设领导小组，负责战略制定等重大决策；管理层具有市级经济管理和部分社会事务管理权，以"精简、高效、服务"为原则实行按专业大部门管理；经营服务层则包括政府出资，民营或非营利性的企业和中介服务机构，主要为园区开发提供各类专业化服务。

第二，系统化的公共服务供给模式。西安高新区是陕西开发区的典型代表，其早期建设者针对经济相对落后地区的特殊性，提出政府部门、工商企业界、大学科技界、企业孵化器和投融资机构共同驱动科技园区发展的"官、产、学、孵、金五元驱动论"。[②] 就是以金融支持、人才培育保障重要元素供给，以软硬件环境营造优化创业与经营的营商环境，以各类孵化机制助推企业成长，继而驱动市场化的自主创新机制，由此形成政府公共服务支撑目标产业兴起的良性循环。再加上逐步建立出口加工区、综合保税区、自贸试验区等开放平台，事实上，高新区已经针对园区企业从产前、产中、产后全流程提供系统化的公共服务。

第三，多层面培育产业生态。任何产业都具有从要素投入，到中间环节生产、产品产出、流通，以及关联生产与服务的自组织生态，陕西西安高新区从园区开发服务的供给来看，体现出培育产业生态的特点。一方面，推动产业集群化、产业链化、组团化、联动化发展；另一方面，从组织公共服务到开发新的产业生态。孵化器、金融、人才培育、基建是西安高新区促进创新产业发展的几项重要支撑，西高新在组织这些起初具有公共品属性的服务供给过程中，引进多元化开发主体，实施组团式发展，最终形成专业化的服务聚集生态。比如西安高新区在引进金融机构、创新金融服务、支撑企业和产业发展过程中，逐步形成金融聚集区，截至

---

① 景俊海：《科技园区的西安模式》，经济科学出版社，2008，第 54 页。

② 文凌：《中国科技园区理论与实践的有益探索——景俊海教授新著〈科技园区的西安模式〉》，《中国高新技术产业导报》2008 年 2 月 25 日。

2016 年末，西安高新区金融中心汇集了全省 70% 以上各类金融机构和 80% 以上的金融创新；在孵化器、加速器、众创空间、国际化平台、高端圈层、创业导师等领域引入多元专业化机构形成孵化器集群；在人才教育、培训、流动、保障、产学研对接等领域组织企业、教育科研机构等共建人才开发生态；在园区基建、物理设施供给和环境营造方面，与相关利益方采取多种合作方式，引入专业化市场机构，形成科技新城的建设与运营产业链生态。

第四，多方位政策优惠与扶持。开发区除了提供园区开发服务外，还主要承担国家、省市或者自身产业政策执行主体的角色，作为各类优惠政策的争取和解读者，园区通过帮助企业获取政策信息，申请政府补助资金，对经营主体、经营项目或经营行为等进行认定，从而匹配优惠政策等方式，使经营主体享受不同层次的政策优惠，从而达到扶持或推动相关产业发展的目的。比如杨凌示范区在扶持农业科技服务业发展时，对当年获得"国家质量奖"等国家级荣誉和批准筹建国家级知名品牌创建示范区的申报主体一次性奖励 100 万元等。

2. 行政服务改革

近年来，推进行政管理体制改革、转变政府职能、依法行政、提高政务效能等成为国家和各级政府的重要工作，为了适应开放型经济的建设，陕西也逐步加快行政服务改革。

第一，陕西的市场化改革相对滞后，国有经济仍占较高比重，政府在投资中扮演着重要角色，陕西根据国务院的相关部署，加紧推进投资制度改革。第二，审批制度改革主要是凡可以采用事后监管和间接管理的，不设前置审批，以更好地发挥市场在资源配置中的决定性作用，进一步激发各类市场主体活力和创造力。陕西根据"取消、下放、合并"的原则，不断加大对市场主体准入过程中行政许可和非行政许可事项进行清理，涉及的审批主管单位来自省市各级政府部门以及中央驻陕单位。第三，配合"先照后证"改革，陕西加快建立和完善事中事后监管制度。具体到外向型经济发展方面，陕西着力加强外贸企业诚信体系建设，建立商务、海关、检验检疫、工商、质监等部门协调机制，探索建立进出口企业信用评价体系（见表 5-2）。

表 5 - 2　2018 年、2019 年陕西行政服务改革的工作重点

类别	主要内容
投资制度改革	配合相关部门支持自贸试验区在适合领域逐步取消或放宽对跨境交付、自然人移动等模式的服务贸易限制措施，有序推进开放进程，探索建立服务领域开放风险预警机制
	按照国家统一部署，取消或放宽交通运输、商贸物流、专业服务，以及种业等农业、煤炭、非金属矿等采矿业，汽车、船舶、飞机等制造业领域外资准入限制；落实自由贸易试验区外商投资准入特别管理措施（负面清单）；推行负面清单以外领域外商投资企业商务备案与工商登记"一口办理"；支持自贸试验区开展外商投资事中事后监管工作，赋予各功能区外商投资企业联合年报审核权
	对于重大项目和限制类项目实行核准制，省政府根据国务院年度政府核准的投资项目目录，制定年度《陕西省政府核准的投资项目目录》，对于目录之外的项目投资实行备案制。在此基础上，西安市及自贸试验区制定企业投资负面清单产业目录
	主要是明确各级政府投资主要用于关系国家安全和市场不能有效配置资源的经济和社会领域，包括加强公益性和公共基础设施建设，保护和改善生态环境，促进贫困地区经济和社会发展，推进科技进步和高新技术产业化等
	2015 年，陕西省出台《关于创新重点领域投融资机制鼓励社会资本投资的实施意见》，也就是政府在公共品投资过程中，需要从直接的"提供者"转变为社会资本的"合作者"以及 PPP 项目的"监管者"，并提高整体投资效率
	在自贸试验区率先推行外商投资企业商务备案与工商登记"单一窗口、单一表格"改革工作
审批制度改革	对尚未下放（委托）的省级管理事权进行梳理研究，再向自贸试验区下放（委托）一批省级管理事权。编制并公布自贸试验区权责清单
	进一步深化自贸试验区相对集中许可权试点改革，实行"一枚印章管审批"的政府管理新模式
监管制度改革	做好下放事权办理后台与自贸试验区联办平台和政务服务平台的数据对接，并制定事中事后监管办法
	加快推进西咸新区综合行政执法体制改革试点，适时在自贸试验区扩大综合行政执法体制改革试点范围，加快职能整合，优化工作流程，加强人员配备和业务培训，确保"一支队伍管执法"的政府管理新模式顺利实施
	建立自贸试验区跨部门知识产权执法协作机制
	统筹"双随机、一公开"监管工作，探索建立信息互联共享、证照监管协同、诚信自律结合、行业社会共治、风险预警及时的综合监管体系，打造公平、高效、透明的营商环境

续表

类别	主要内容
监管制度改革	执行陕西自贸试验区统计制度,做好自贸试验区统计工作,按时向省委、省政府和商务部报送自贸试验区经济运行情况。在自贸试验区实施市场主体"工位注册""集群注册",促进各类市场主体在自贸试验区创新创业,集聚发展
营商环境建设	支持自贸试验区构建营商环境评价、产业预警和统计指标体系,指导做好贸易救济、贸易摩擦应对等工作,推动商务诚信体系建设,建立和完善商务领域联合惩戒机制
	深化"互联网+政务服务",推动电子证照库建设,率先在自贸试验区政务服务平台实现政务信息数据共享,并逐步将系统全面接入省级数据共享交换平台
	支持省工商局与有意愿的商业银行建立专线,实现企业数据实时共享
	加快建设西安国际互联网数据专用通道
	优化企业简易注销程序
	支持自贸试验区探索"极简审批"改革,重点加快投资项目审批改革,在全省率先实现投资项目审批50个工作日办结

资料来源:中国(陕西)自由贸易试验区官网。

3. 市场体制完善

陕西是国有经济比重较高的省,2012 年,陕西非国有经济比重首次超过 50%;到 2016 年,国有经济比重仍高达 46.2%。面对非公经济发展薄弱的现实挑战,为了促进市场在资源配置中发挥决定性作用,陕西着力推动市场主体发展、加强制度保障、激活市场机制,为开放型经济建设打下重要微观基础(见表 5 - 3)。

表 5 - 3   陕西省完善市场体制的主要措施

类别	主要内容
国企国资改革	以提高国有企业质量和效益为中心,结合军民融合、创新驱动等探索试验,以电力、油气、军工等重点行业领域混合所有制改革为突破口,通过省属企业"一企一策"改革方案,推进国有资本投资运营公司、混合所有制经济改革、混合所有制企业员工持股、规范董事会建设、董事会选聘经营层成员、薪酬分配差异化改革等"六项改革",以提高国有企业市场适应能力

类别	主要内容
推进民营经济发展	2016年，省政府成立促进中小企业（非公经济）发展工作领导小组，对28个成员单位建立包抓服务重点中小民营企业制度。2016年10月《陕西省人民政府关于促进民营经济加快发展的若干意见》出台，随后《省政府办公厅关于"12·8"民营企业座谈会反映问题处理的意见》《关于推动破解民营经济活力不强难题工作措施》《陕西省中小企业和非公经济追赶超越工作实施方案》《省促进中小企业（非公经济）发展工作领导小组成员单位联系服务重点民营企业制度》《陕西省推动应收账款融资服务平台的指导意见》《陕西省工商行政管理局关于进一步促进个体私营经济发展的意见》等一系列重要的政策文件颁布实施，主要从营商便利化、加强财政金融支持、提供公共平台等各环节加强对民营经济的支持力度，以提高市场活跃度
支持"双创"	2016年3月，陕西省出台《陕西省人民政府关于大力推进大众创业万众创新工作的实施意见》，对鼓励小微企业发展提出系统化方案，主要涉及与之相配套的政务服务改革、众创空间建设、公共平台服务、人才支撑、拓宽融资渠道等扶持政策。2017年，浐灞生态区围绕"双创类"项目先后出台《西安浐灞生态区推进大众创业万众创新试行办法》《支持创业咖啡暂行办法》等配套制度
加强产权保护	陕西按照《国务院关于完善产权保护制度依法保护产权的意见》，把产权保护制度的建设纳入2017年深化经济体制改革的重点工作，主要是健全各种所有制经济产权平等保护的制度，依法妥善处理历史形成的产权案件；加强案例研究，以总结得失经验，为政策完善提供实践支撑。在产权制度中，陕西尤其强调实施更加严格的知识产权保护制度，促进知识产权质押融资，落实以增加知识价值为导向的分配机制，提高科研人员科技成果转化收益分享比例，由此创造更为宽松和得到法律保障的创业创新环境

资料来源：陕西省政府官网。

4. 开发性园区的公共服务支撑

第一，要素开发主要服务于产业聚集。西安高新技术产业开发区（简称"西安高新区"）是陕西开发区中发展较早也相对成熟的典型园区。由于定位于高新技术产业，对于所需资源和要素相对明确，主要是人才、资金、宜居宜研的城市空间等，西安高新区在园区开发和公共服务供给方面，就主要围绕这些方面展开。在园区选址时，西安高新区就选择智力密集度比较高、高校与研究机构聚集、信息网络与基础设施发达、交通便利、宜居的西安城南区域。为了便于企业营商，西安高新区采用"一区多园"的建设模式，提高聚集程度，供给定制化的园区设施。为了保障高新产业发展所需的人才要素供给，西安高新区形成了系统化的人才培育、甄选、对接、保障等服务生态链。主要包括：一是成立了软件服务外包学院，加强对专业人才的定制化培养；二是以园区产业为重点，引导和扶持企业设立研发中心、技术中心、博士后工作站，建立人才应用和培训基地；三是通过项目合作、联合攻关等方式建立各种形式的产学研联合体，加速科研人才的产业化应用；四是与附近高校、科研机构建立长期合作关系，服务于潜在人才的培养和挖掘；五是建立人才市场体系，吸引专业化的人才中介服务机构入驻，提供人才供求对接的平台；六是成立人才服务中心，提供多元化人才服务，健全劳动和社会保障体系，提高人才供给规模和质量；七是提供孵化器服务，吸引创业型人才聚集，并助其成长；八是实行一系列优惠政策，以吸引外部人才的流入。

第二，全方位优化公共服务，满足集聚对要素的需求。由于人才、创新型企业对于宜居软硬件环境的需求较高，西安高新区在保障民生工程时，越来越体现出人文特点，以服务于人力资源聚集的需要。在市容环境建设方面，西安高新区体现出绿廊、休憩场所的重要性，2019 年，高新区发布《"铁腕治霾·保卫蓝天"三年行动方案》；在空间改造方面，西安高新区依次打通区域断头路，建设公共停车位，开通新的公交路线，进行多项缓堵保畅工程，提高区域内部车辆和人员流动的通达性和便利程度；在教育资源供给方面，2016 年，西安高新区的梁家滩国际学校等 6 所新建学校建成投用，软件新城小学、创汇社区等 7 所在建学校正加快推进施工建设；在居住条件方面，2019 年新开工建设政府人才公寓 550 套、公租房4500 套、共有产权房 3000 套。这些都为大规模人力资源及其家庭聚集提供了日益优化的生活环境。

第三，多元主体参与公共服务供给。在提供公共服务的过程中，开发区根据服务属性差异，组建了包括国有企业、社会机构、政府部门等多元主体的机构体系。在西安的各大开发区，分别成立了由管委会出资的国有企业，负责园区开发建设、产业投资、公用事业等准公共服务的供给，如西安高新区的西安高科集团、经开区的西安经发集团、国际港务区的西安国际陆港投资发展集团有限公司、西咸新区的城建投资集团有限公司、曲江新区的曲江文化产业投资公司和曲江新区发展有限公司等。它们在对开发区土地资源进行投资开发的同时，对配套设施、区域环境等进行了建设。西安经发集团 7 家公共服务子公司承担着经开区社会发展各方面的公共服务职能，包括提供水务、集中供热、清扫保洁、教育教学设施、办公和生活服务设施等。在提供定制化公共服务时，西安高新区引入各类孵化器公司、创投公司、人才服务中介，以及组建人才服务中心，构建人才服务平台与市场。此外，市工商、税务、公安、交警等职能部门分别在各开发区设立分支机构，以提供各类政务服务。西安高新区的行政审批服务局于 2017 年 7 月正式运行，以协同各政务机构服务，推动"放管服"改革和行政效能革命的纵深发展。

第四，系统联结性与产业属性及集聚程度密切相关。从各开发区公共服务供给与所聚集产业之间的关系来看，西安高新区因定位于高新技术产业，且对高质素人才的需求量较大，其公共服务较为显著地体现在围绕服务于人才和创新创业企业展开。随着聚集产业和人员规模的扩大，公共服务的内涵又由服务于局部人才逐渐向服务于城区居民、建设科技新城转变，其要素培育与支撑产业聚集之间的系统联结性较强。经开区主要聚集装备工业，其对土地、设施等要素要求较高，经开区公共服务就围绕园区建设展开，教育等民生保障对于园区的社会安定具有较大意义，但对园区所需要素的聚集的直接支撑作用有限。

四　新型开放背景下的陕西发展

在既有经济基础上，随着进一步深化改革和扩大开放，陕西形成以西安高新区和经开区为开发开放首要平台、西安为服务制造中心、关中为主要的产业支撑、辐射陕北与陕南的经济格局。

1. 陕西的产业聚集

西部大开发以来，陕西不断推进工业化，能源化工等初级产品相关工业所占比重较高，服务中心向西安聚集。

第一，工业化助推经济规模不断攀升。2000 年，陕西地区生产总值为 1804 亿元，其中第一产业占比为 14.3%，2017 年降到 4.9%。随着西部大开发加大投资建设力度，陕西不断推进工业化进程，第二产业产值从 2000 年的 783 亿元升至 2017 年的 10882.88 亿元，占 GDP 比重在 2013 年达到峰值，为 63.6%，随后有所下滑，2017 年为 49.1%。第三产业产值由 2000 年的 763 亿元升至 2017 年的 9274.48 亿元，占 GDP 比重由 39.6% 降至 2012 年的最低点 32.4%，2017 年升至 46%。从地区生产总值整体规模来看，陕西在 2017 年为 21898.81 亿元（见图 5 - 2），占到全国的比重由 2000 年的 1.8% 升到 2017 年的 2.6%。

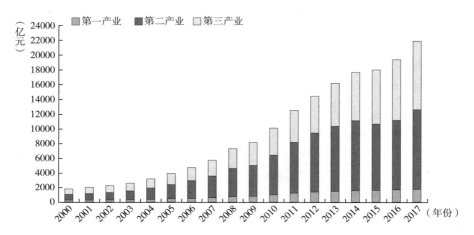

图5-2 2000~2017年陕西地区三次产业生产总值

资料来源:陕西省统计局网站。

第二,初级产品相关工业仍然占据主导地位。在陕西的工业构成中,能源化工业、装备制造业、有色冶金业、食品业和非金属矿物制品业产值合计占全省规模以上工业总产值的八成以上,其中能源化工业占比最高,从2005年至2017年基本在40%上下浮动,2017年占比为30.37%。能源化工、有色冶金、非金属矿物制品等与初级产品相关的工业产值合计占到规模以上工业总产值的比重由2000年的49.1%升至2017年的56.14%;技术含量相对较高的装备制造业产值在2010年以后趋于下降,所占规模以上工业总产值的比重由2009年的23.43%降至2017年的19.44%(见图5-3)。陕西工业化呈现初级化特征。

第三,农业和工业主要分布在西安以外的关中地区。从陕西的农业分布来看,2000年至2017年,关中地区农业产值占陕西的比重始终徘徊在60%左右。其中西安所占比重由2000年的15.5%持续下降至2009年的低点12.7%,到2017年反弹至15.8%;关中其他地区的农业分布呈现先升后降趋势,2015年达到高点,占到全省的50.1%,2017年回落至46.7%。陕南的农业产值占全省的比重基本维持在25%左右,并有所下降,从2000年的25.7%降至2017年的21.5%(见图5-4)。从工业分布来看,由于能源化工等初级品产业的发展,陕北工业地位快速上升,其工业产值由2000年占全省的16.5%升至2008年36.1%的最高水平;此后受能源产品价格下滑等因素影响趋于衰退。关中地区的规模以上工业企业总产值占全

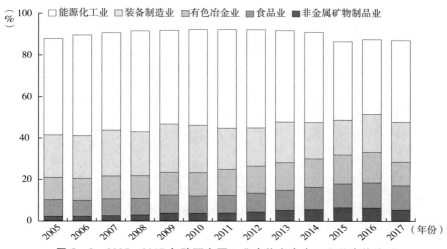

图 5 – 3 2005～2017 年陕西主要工业产值占全省工业总产值比重

资料来源：杨挺等《陕西省八大工业支柱产业科技投入与经济状况的特征》，《科技管理研究》2016 年第 21 期；《陕西统计年鉴 2018》，陕西省统计局网站。

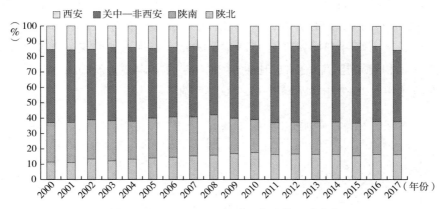

图 5 – 4 2000～2017 年陕西农业的区域分布

资料来源：陕西省统计局网站。

省的比重由 2000 年的 77.4% 不断下滑至 2008 年的 57.5% 的低点，2015 年回升至 60.5%。其中，西安的工业产值占比持续下降，由 2000 年占全省的 36.6% 降至 2015 年的 21.6%，2017 年升至 23.6%。关中其他地区成为工业分布最多的区域，其 2017 年产值占到全省的 36.9%，比西安和陕北均高出十多个百分点（见图 5 – 5）。

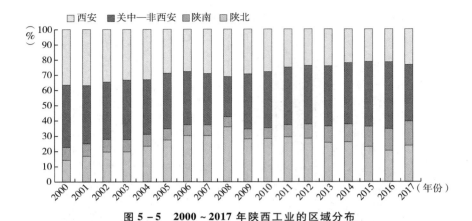

图 5 - 5　2000～2017 年陕西工业的区域分布

资料来源：陕西省统计局网站。

第四，服务业不断向西安聚集。西安作为陕西的服务业中心自 2000 年以来不断强化，其产值 2000 年占全省服务业比重为 43.7%，此后不断攀升，2016 年升至高点 56.8%，2017 年回落至 49.5%。关中其他地区和陕南的服务业占比持续下滑，前者由 2000 年的 32.2% 降至 2017 年的 22.7%，陕南则由 13.6% 降至 11.9%。陕北在能源工业快速发展基础上，服务业也相继兴起，占全省的比重由 2000 年的 10.4% 升至 2013 年 17.2% 的最高水平，2017 年小幅降至 15.9%（见图 5 - 6）。

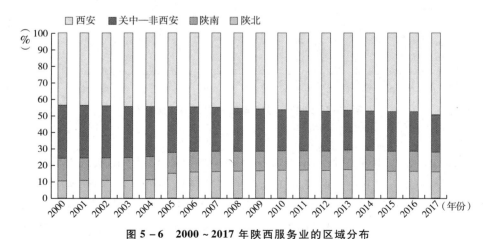

图 5 - 6　2000～2017 年陕西服务业的区域分布

资料来源：陕西省统计局网站。

2. 西安的产业聚集

西安是陕西的装备制造业中心。西部大开发以来，地区经济越趋服务化，西安高新区所在的雁塔区和经开区所在的未央区成为城市新的经济中心。

第一，经济发展过程中趋向服务化。2000～2017年，西安的地区生产总值由646亿元升至7471亿元，占全省的比重由36.5%降至34.1%。从西安的产业构成来看，第一产业产值比重持续下降，2017年为3.76%；第二产业产值2000年占全市的42.9%升至2010年的最高水平43.4%，而后逐步下降，2017年为34.75%。而第三产业已占据西安经济主导地位，占比由2000年的50.2%升至2017年的61.48%。

第二，装备制造和电子设备制造构成西安工业主要组成部分。西安在整体经济趋向服务化的过程中，工业结构亦发生快速变化，电子设备制造业总产值占工业总产值比重显著攀升，2013年，西安的电子设备制造业总产值占比仅为3.7%，到2017年升至12.6%。交通运输设备、电气制造、医药制造，以及以化工制造为代表的能源化工也有小幅增长，而汽车制造业总产值占比下滑，规模以上企业总产值占比由2013年的18.1%降至2017年的17.2%。对比总产值比重超过5%的支柱工业，从2013年的石油、炼焦和核燃料加工业，专用设备制造业，汽车制造业，铁路船舶航空航天和其他运输设备制造业，电气机械和器材制造业等5个产业，合计占比48.8%，到2017年包含电子设备制造业等5个产业，合计占到全市工业总产值的57.5%，这种变化反映了西安工业的聚集程度有所加强（见图5-7）。

第三，流通性服务业占据主导地位。从西安市对限额以上批发零售、住宿餐饮业的统计，2017年批发零售业实现营业收入6427亿元，成为收入最高的服务业。根据规模以上服务业统计①，运输装卸和仓储物流服务2017年营业收入为481亿元，信息传输和互联网服务、科研与技术服务、软件和信息服务这三类生产性服务的营业收入分别为475.1亿元、440.9

---

① 规模以上服务业包括九大门类：交通运输、仓储和邮政业，信息、软件和信息技术服务业，教育，科学研究和技术服务业，水利、环境和公共设施管理，卫生和社会工作，租赁和商务服务业，居民服务、修理和其他服务业，文化、体育和娱乐业；另外还加上物业管理、房地产中介服务业、自有房地产经营活动和其他房地产业等行业。

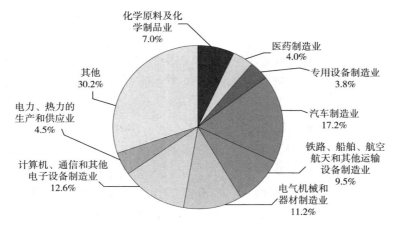

图 5 - 7 2017 年西安支柱工业规模以上企业总产值所占比重

资料来源：西安市统计局网站。

亿元和 295.7 亿元，成为 9 类规模以上服务业中最主要的服务类别。此外，西安还是旅游业相对发达的城市，旅游业总收入由 2000 年的 105 亿元攀升至 2017 年的 1633.3 亿元。①

第四，第二产业向西安高新区、经开区两大开发区腹地转移。西安市包括城中的新城区、碑林区和莲湖区，城南高新区和曲江新区所在的雁塔区，城北是经开区所在的未央区，城东是国际港务区所在的灞桥区，长安区毗邻雁塔区，高陵区毗邻未央区，外围是阎良区、临潼区、蓝田县、户县和周至县。2000 年以来，西安的工业不断从城中外迁，新城区、莲湖区工业产值各占全市比重由 2000 年的超过 15%，分别下降到 2017 年的 8.7% 和 9.6%。西安高新区所在的雁塔区一直是西安工业的首要聚集地，但所占比重有所下降，由 2000 年占全市的 18.9% 降至 2017 年的 13.3%；随着西安高新区不断将工业转移至毗邻的长安区，长安区的工业占比由 2000 年 6.3% 升至 2017 年的 16.1%，仅次于未央区。经开区所在的未央区也成为工业不断聚集的地区，工业占全市的比重由 2000 年的 14.4% 升至 2017 年 16.2%，成为全市第一大工业聚集区；与未央区邻近的高陵区亦成为全市发展最为迅速的工业聚集地，占全市工业比重由 1.9% 升至 2017 年的 10%（见图 5 - 8）。

---

① 资料来源：《西安市统计年鉴 2018》，西安市统计局网站。

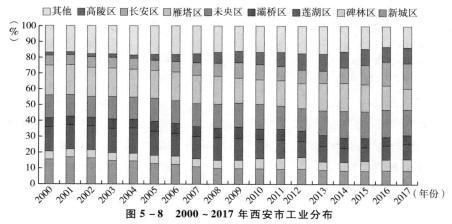

图 5 - 8　2000～2017 年西安市工业分布

资料来源：西安市统计局网站。

第五，服务业向雁塔区及其腹地转移。碑林、新城和莲湖区是西安主城区，历来是服务业聚集地，2000 年，三区服务业占全市比重为 49.2%。

随着西安高新区的先进制造和生产性服务业聚集，以及曲江新区文化旅游等产业的发展，雁塔区服务业产值占全市比重显著上升，由 2000 年的 21.3% 升至 2017 年的 27%。与高新区毗邻的长安区是教育科研等产业的聚集地，其占西安市服务业比重也显著上升，由 2000 年的 3.1% 升至 2017 年的 8.1%。未央区作为经开区所在地，以及行政中心的入驻，服务业比重亦有所上升，2017 年占比为 10%（见图 5 - 9）。

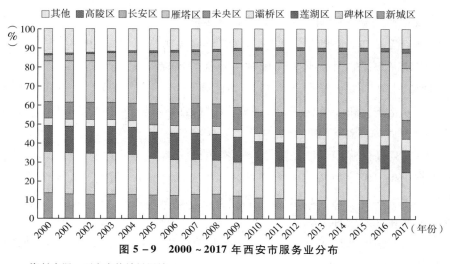

图 5 - 9　2000～2017 年西安市服务业分布

资料来源：西安市统计局网站。

3. 陕西的外商直接投资

陕西的外资绝大部分流入西安，特别是西安高新区等开发开放区，多元化的投资对陕西外向型经济发展起到一定的推动作用。

（1）外资流入稳步增长

陕西每年签订的外商直接投资合同金额波动很大，但是实际利用外商直接投资金额从 2005 年后快速增长，特别是 2010 年后总量攀升显著。2000 年，陕西实际利用外资仅为 2.9 亿美元，2017 年利用外资 58.9 亿美元（见图 5－10）。

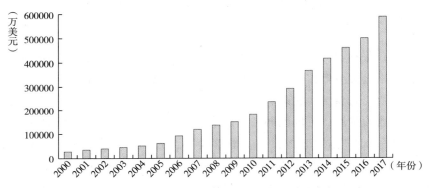

图 5－10　2000～2017 年陕西实际利用外资额

资料来源：陕西省统计局网站。

（2）西安吸引陕西绝大部分外商直接投资

由于西安产业基础相对雄厚、政策环境优越，西安成为外资进入陕西的主要地区。2004 年，陕西实际利用外资的 80.6% 流入西安；到 2017 年，西安吸引外资 52.6 亿美元，关中其他地区吸引外资 4.8 亿美元，陕南和陕北分别为 0.64 亿美元和 0.86 亿美元，西安成为陕西的外资流入中心（见图 5－11）。

（3）西安高新区和经开区成为外资集中流入区域

西安高新区和经开区是陕西产业集聚地，拥有大量先进制造企业和服务企业。2017 年，西安市八大开发区外商实际直接投资合计 45.8 亿美元，其中高新区和经开区分别获得外资 26 亿美元和 14.5 亿美元，分别占西安所有区县和开发区外资流入总额的 49% 和 27.3%。高新区、经开区、国际港务区和浐灞生态区 4 个自贸功能区合计吸引外资 42.7 亿美元，占到西安市总量的 80.4%（见图 5－12）。

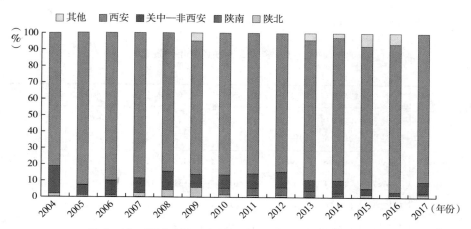

图 5 – 11　2004～2017 年陕西实际利用外资额的区域分布

资料来源：陕西省统计局网站。

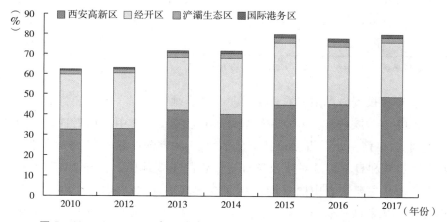

图 5 – 12　2010～2017 年西安自贸区主要功能区外商实际直接投资占比

说明：总和统计的是西安所有的 10 个区、3 个县和 8 个开发区的投资额。

资料来源：根据《西安统计年鉴》（2011～2018 年）整理。

（4）从投资方式来看，以中外合资和外资企业为主

陕西省利用外商直接投资的方式主要是中外合资企业和外商独资企业。2017 年，陕西以中外合资企业的方式实际利用外资 13.1 亿美元，以外商独资企业的方式实际利用外资 45.3 亿美元，这两种投资方式一直都是陕西省利用外资的重要方式。外商独资企业对陕西省的直接投资额逐年增长，上升趋势明显，增长幅度较大；中外合资企业虽是第二重要的方式，但是实际利用的外资金额与外商独资企业相差甚远。此外，中外合作企业

和外商投资的股份制企业对陕西省的直接投资相对有限（见表5－4）。

表5－4　按投资方式分陕西利用外资情况

单位：万美元

年份	中外合资企业		中外合作企业		外商独资企业		外商投资股份制企业	
	合同利用外资	实际利用外资	合同利用外资	实际利用外资	合同利用外资	实际利用外资	合同利用外资	实际利用外资
2010	44895	40106	6092	23122	165033	116731	5010	2047
2011	99647	89111	1794	105	143331	136647	10138	9620
2012	141704	116624	4089	3090	369152	173524	91	371
2013	155217	120326	－3302	549	164803	191274	55360	55651
2014	168213	133175	－860	1199	418066	283183	34	－
2015	105821	81480	2546	369	469518	380059	323	210
2016	116503	68427	3950	2492	335862	428168	7015	2091
2017	241273	131071	530	2480	759110	453230	1997	2656

资料来源：《陕西统计年鉴》（2011～2018年）。

（5）从投资来源地来看，主要来自亚洲地区

2017年，陕西省实际利用外资58.9亿美元，其中韩国对陕西实际投资达到22.1亿美元，占据陕西省吸收外商直接投资额的37.5%，中国香港、新加坡和日本也是对陕西省直接投资的主要地区。但在2012年之前，陕西省FDI主要来自中国香港，新加坡和日本次之。随着三星项目落地，2012年韩国对陕西省直接投资从2011年的29万美元激增到36760万美元，随之成为陕西省利用外资最重要的国家（见表5－5）。

表5－5　按投资来源地分陕西利用外资情况

单位：万美元

年份	中国香港		新加坡		日　　本		韩　　国	
	合同利用外资	实际利用外资	合同利用外资	实际利用外资	合同利用外资	实际利用外资	合同利用外资	实际利用外资
2010	136958	93777	6741	13047	1999	4976	61	58
2011	123920	121092	3742	4082	3280	2265	104	29
2012	183991	142624	12759	15886	1963	3860	238401	36760

续表

| 年份 | 中国香港 | | 新加坡 | | 日 本 | | 韩 国 | |
	合同利用外资	实际利用外资	合同利用外资	实际利用外资	合同利用外资	实际利用外资	合同利用外资	实际利用外资
2013	238959	176637	82485	62876	3878	8777	3969	73397
2014	414531	234261	21175	12550	469	2055	75181	132957
2015	132765	49047	21215	23304	1557	1395	341453	309400
2016	254279	191516	14196	14253	933	—	65281	166191
2017	385251	252221	12367	14332	5835	5918	456912	220684

资料来源:《陕西统计年鉴》(2011～2018 年)。

4. 陕西的对外贸易

作为内陆地区,陕西对外贸易虽然有所增长,但占全国的比重一直相对较低,且主要集中于西安,与东亚国家和地区展开电子、机械产品及零部件贸易成为其主要特征。

(1) 从贸易规模来看,近年来增长显著

西部大开发启动后,陕西的进出口贸易发展一直相对缓慢,虽然进出口贸易额由 2000 年的 21 亿美元增至 2008 年的 83 亿美元,但占全国贸易额的比重持续下滑,由 2000 年的 0.5% 下滑至 2007 年的 0.38%。2010 年后,陕西外贸加快增长,到 2017 年出口额为 245.8 亿美元,进口额为 157 亿美元,顺差 88.8 亿美元,贸易总额占到全国的比重升至 0.98% (见图 5 - 13)。

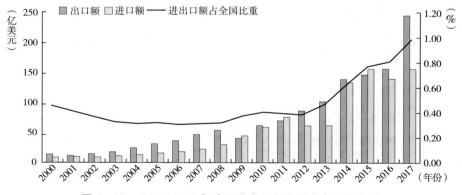

图 5 - 13　2000～2017 年陕西进出口贸易及占全国的比重

资料来源:国家统计局网站,陕西省统计局网站。

155

（2）外贸高度集中于西安

从陕西外贸的分布来看，西安作为聚集中心的优势不断强化。2004年，西安贸易额占全省的比重为84.9%；到2017年，该比重升至93.8%。从区域变化来看，主要是关中其他地区的贸易越趋向西安集中，2006年，关中其他地区贸易量曾达到全省的21.4%，但此后大幅下降，到2017年仅占4.2%。而陕南和陕北的贸易量历来都非常少，占全省的比重几乎从未超过2%（见图5-14）。作为全省的贸易中心，西安的进出口额在近年来呈现加速增长态势。与此同时，由贸易逆差转为贸易顺差，2014年和2015年的逆差额分别是10.2亿美元和19.6亿美元，到2017年已转为贸易顺差88.8亿美元（见图5-15）。

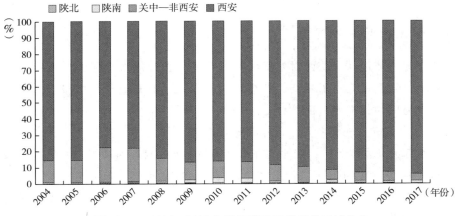

图5-14 2004~2017年陕西进出口贸易的区域分布

资料来源：陕西省统计局网站。

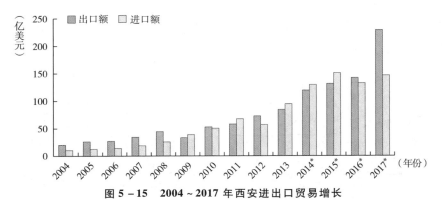

图5-15 2004~2017年西安进出口贸易增长

说明：＊按世界银行数据库公布的年度人民币汇率换算而成。

资料来源：陕西省统计局网站。

（3）工业制品贸易占据西安贸易主导地位

西安是装备制造业和电子设备制造业相对聚集的地区，这表现在其进出口商品结构方面，也不断向两类产业的中间产品和最终产品集中。

西安的出口贸易结构自 2000 年以来发生较大的变化，第一，2005 年矿渣矿砂等原材料曾是西安占据首要地位的出口商品，出口占比达到 24%，2009 年后基本不再出口；第二，蔬菜水果等农产品出口在 2007 年前后亦达到较高的出口份额，占出口总量的 10.8%，此后亦加速下滑，到 2017 年仅占出口量的 1%；第三，电器电子设备及零部件出口急速攀升，在 2007 年前年均占比不到的 10%，到 2017 年已达到总出口的 45.4%，占据主导地位；第四，西安的出口高度集中于电器电子设备及零部件和机器机械及部件出口，两类产品出口占比 2017 年合计达到 85%，仪器仪表及部件、有机化学品等传统出口产品的地位大幅下降（见图 5 - 16）。

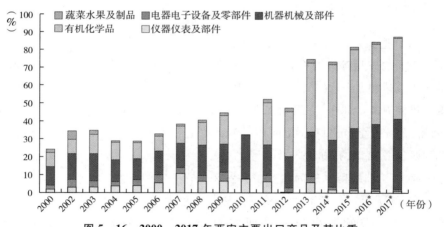

图 5 - 16　2000 ～ 2017 年西安主要出口产品及其比重

说明：＊按世界银行数据库公布的年度人民币汇率换算而成。

资料来源：西安市统计局网站。

从进口产品结构来看，航空航天产品和有机化学品曾都属于最主要的进口品，2000 年进口占比分别达 15.4% 和 10.7%；到 2017 年，两类产品的进口占比已降至 1% 和 1.2%。西安的进口越趋向电器电子设备及其零部件和机器机械及部件两类产品集中，2000 年进口占比分别为 8.7% 和 19.2%，合计占比为 27.9%；到 2017 年进口占比分别达 65.6% 和 9.3%，合计占比为 74.9%。三星、美光等企业在西安布局电子设备产业，并进行全球化生产与贸易，使西安的贸易结构变化显著（见图 5 - 17）。

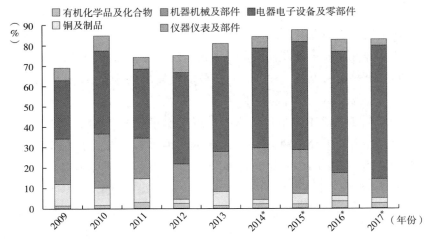

图 5 - 17　2009~2017 年西安主要进口产品及其比重

说明：* 按世界银行数据库公布的年度人民币汇率换算而成。

资料来源：西安市统计局网站。

（4）进料加工贸易和一般贸易构成西安出口主导方式

西安的三星等外资企业主要采用加工贸易的方式组织本地生产，2017年，西安进料加工贸易出口值为 1043 亿元，占陕西出口总值的 67.2%，比上年攀升 49.8%。位居第二的贸易方式是一般贸易，2017 年出口额为 298 亿元，占全市出口总值的 19.2%，比上年攀升 33.3%。两种贸易方式占到西安总出口的 86.5%。

（5）亚洲地区已成为西安主要贸易伙伴

在 2007 年，包括荷兰、德国、法国、意大利在内的欧洲是西安首要的贸易伙伴，向欧洲出口占到西安总出口的 35.34%，进口比重达到 39.83%。其次，北美的美国和亚洲的日本分别是西安第二和第三大贸易伙伴，其他国家和地区与西安的贸易量都相对较小。从各地区的贸易差额来看，西安都实现了贸易顺差，其中，对主要贸易顺差国及地区——日本和欧洲的贸易顺差均为 4.7 亿美元左右。

到 2017 年，西安的进出口地区结构发生巨大变迁，包括台湾地区、韩国、香港特别行政区、日本在内的东亚国家和地区，已经成为西安的主要贸易伙伴。其中，西安与台湾地区的贸易总额达 74.24 亿美元，占到西安总量的 19.71%，其中主要是从台湾地区进口，进口量占到西安进口总量的 42.87%；西安向香港地区的出口量位居出口首位，2017 年为 62.50 亿美元，占到出口总量的 27.21%；韩国成为西安第二大贸易伙伴，贸易总量 73.97 亿美元，占到西安贸易总额的 19.64%。美国是西安第四大贸易伙伴，2017 年受内部和外部因素影响，进出口比重仅为 14.32%；而日本的贸易地位显著下降，西安与日本的贸易量总额仅占全市的 6.24%（见表5-6）。

表 5-6 2007 年、2017 年西安对外贸易主要合作伙伴

单位：亿美元,%

类 别	2007 年总额			贸易差额（出口 - 进口）	2007 年占全市比重		
	进出口	出口	进口		进出口总额	出口	进口
中国香港	1.85	1.80	0.04	1.76	3.44	5.19	0.23
日 本	6.28	5.52	0.76	4.77	11.72	15.91	4.01
韩 国	3.17	2.41	0.76	1.65	5.90	6.94	4.01
中国台湾	0.89	0.45	0.44	0.00	1.66	1.29	2.34
美 国	12.32	7.63	4.69	2.94	22.97	21.97	24.81
欧 洲	19.80	12.27	7.53	4.74	36.92	35.34	39.83
合 计	44.29	30.07	14.22	15.85	82.61	86.64	75.22
类 别	2017 年总额			贸易差额（出口 - 进口）	2017 年占全市比重		
	进出口	出口	进口		进出口总额	出口	进口
中国香港	62.52	62.50	0.02	62.47	16.60	27.21	0.02
日 本	23.48	9.06	14.43	- 5.37	6.24	3.94	9.82
韩 国	73.97	45.16	28.82	16.34	19.64	19.66	19.62
中国台湾	74.24	11.26	62.98	- 51.71	19.71	4.90	42.87
美 国	53.92	41.38	12.54	28.84	14.32	18.02	8.54
欧 洲	44.18	28.62	15.57	13.05	11.73	12.46	10.60
合 计	332.32	197.97	134.35	63.62	88.25	86.20	91.46

资料来源：根据《西安统计年鉴》（2008 年、2018 年）整理。

与 2007 年呈现显著区别的是，2017 年西安的对外贸易不平衡显著，西安对台湾地区和日本贸易都具有大幅逆差，而对香港地区基本是顺差，这与东亚地区以中国为加工制造中心，从台湾地区、韩国、日本等进口零部件产出最终产品，经由香港地区向其他地区销售密切相关。西安作为电

子设备等产业的加工制造基地，通过零部件进口及组装，参与东亚及全球
分工。

（6）西安的外向化程度快速提升

随着西安发展电子设备等产业的加工贸易，西安的贸易依存度自 2012
年以来快速攀升，由 2012 年的 18.8％ 升至 2017 年的 34.1％，为历史最高
水平。由于陕西外贸主要集中于西安，从陕西省整体情况来看，外贸依存
度仍然维持在较低水平，在 2012 年达到 6.5％ 的历史低点后，在 2017 年
达到 2000 年以来的最高点，为 12.4％（见图 5 - 18）。如何通过西安的开
发开放，带动陕西整体转型和发展，仍是艰巨的现实挑战。

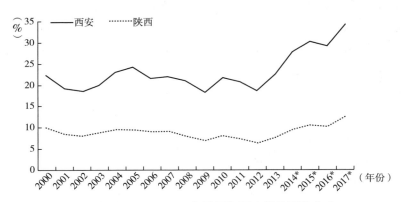

图 5 - 18　2000～2017 年陕西与西安的外贸依存度

注：＊按世界银行数据库公布的年度人民币汇率换算而成。

资料来源：西安市统计局网站。

第二节　重庆的新型开放与支点发展

一　重庆开放型经济建设背景及进展

1. 重庆自贸区建设历程

（1）重庆自贸区的设立

2017 年 3 月 31 日国务院正式公布《中国（重庆）自由贸易试验区总
体方案》，中国（重庆）自由贸易试验区 4 月 1 日挂牌。自贸试验区的实
施范围 119.98 平方公里，涵盖 3 个片区：两江片区 66.29 平方公里（含重
庆两路寸滩保税港区 8.37 平方公里），西永片区 22.81 平方公里〔含重庆

西永综合保税区 8.8 平方公里、重庆铁路保税物流中心（B 型）0.15 平方公里］，果园港片区 30.88 平方公里。按区域布局划分，两江片区着力打造高端产业与高端要素集聚区，重点发展高端装备、电子核心部件、云计算、生物医药等新兴产业，总部贸易、服务贸易、电子商务、展示交易、仓储分拨、专业服务、融资租赁、研发设计等现代服务业，推进金融业开放创新；西永片区着力打造加工贸易转型升级示范区，重点发展电子信息、智能装备等制造业及保税物流中转分拨等生产性服务业，优化加工贸易发展模式；果园港片区着力打造多式联运物流转运中心，重点发展国际中转、集拼分拨等服务业，探索先进制造业创新发展。

从地理位置角度看，三片区基本处在同一纬度的西、中、东三方，且同属于城市功能拓展区，目前重庆主要支柱产业通过这三个片区形成了一定的空间集聚，支撑主城（城市功能核心区）现代服务业的发展。综上所述，以重庆自贸区为功能中心的辐射区域成为重庆开放型经济试验区的主要平台和载体，产业的空间组团与开放平台全体系的建设有助于重庆实现内陆开放新高地的目标。

（2）重庆自贸区建设现状

重庆自由贸易试验区成立以来，紧扣制度创新这一核心，以可复制、可推广为基本要求，进一步对接高标准国际经贸规则，稳步推进区内各项创新工作，探索实现商贸新突破，培育形成 13 个创新典型案例，34 项制度创新成果，其中全国首创案例 6 个、首创制度创新成果 11 个，海关特殊监管区域"四自一简""国际物流大通道建设""实施铁路运输信用证结算"等被国家采纳和推广，"重点企业进口付汇新模式"21 个案例和成果从自贸试验区推广到全市，在贸易、金融、营商环境等方面取得了显著成果。

第一，外贸方面。国际贸易"单一窗口"上线运行，口岸通关时间压缩了 1/3，2019 年相比 2018 年进口平均通关时间压缩 65%，出口压缩了 93% 以上。重庆口岸的进出口环节合规成本明显降低，企业综合成本下降 10% 以上。"四自一简"（自主备案、自行确定核销周期、自主核报、自主补税、简化业务核准手续）制度使货物进出区效率提升了 20%，减少办理时间约 70%。

第二，金融方面。两年来重庆自贸试验区持续推进 27 项政策推广运用、42 个项目落地实施、32 家金融业机构落户，实现跨境融资近 50 亿美元，形成海铁多式联运、房地产信托上市、铁路提单信用证、供应链金融、飞机租赁、跨境保理等9个可复制、可推广的案例。

第三，营商环境方面。自贸区建设以来，重庆市政府出台"支持实体经济企业18条""制造业降成本36条"等政策措施，积极推进"多证合一"和"证照分离"改革试点，探索推行"四十一证合一"等制度建设。截至2019年4月，重庆自贸试验区新增外资企业419户，占全市比重24.9%，引进项目1677个，签订合同（协议）总额5269.35亿元。

2. 重庆参与"一带一路"建设的方式

在国家"一带一路"倡议带来向西开放的重大机遇下，重庆不断调整优化自身开放思路，对国家层面的开放与开发政策进行整合后，结合自身发展基础进行落实，其围绕"一带一路"建设的开放设计与其自身的转型与开发密不可分。

从开放目标与定位来看，2014年重庆市委、市政府出台了《贯彻落实国家"一带一路"倡议和建设长江经济带的实施意见》《重庆市贯彻落实国家"一带一路"倡议和建设长江经济带三年行动计划》，更加强调重庆的战略支点与连接点功能。而《重庆市国民经济和社会发展第十三个五年规划纲要》进一步明晰："坚持在融入国家对外开放和区域发展战略中谋划自身发展，提升利用国际国内市场、资源的效率和效益，加快培育形成国际经济合作和竞争新优势，建设内陆开放高地"。在对外开放和区域发展的融合中创新利用国际国内两个市场、两种资源，从而助推重庆成为内陆开放高地，体现出"发展－开放"协同的基本理念。

在"十三五"规划中，重庆从"战略格局定位、国际合作交流、区域合作机制"三方面谋划开放格局；从"大通道、大平台、大通关"三方面强调软硬件设施互联互通及行政服务创新，优化完善开放平台功能；"加快建设口岸高地"、"加快两江新区开发开放"和"高标准实施中新（重庆）战略性互联互通示范项目"则将经济发展、产业培育、城市空间三者结合，两江新区与其他各园区、口岸高地构成了层级网络化系统，与"项目高地"一同服务于重庆产业转型与升级。

（1）顶层设计中强化区域发展与内外开放协同

第一，参与建设"一带一路"和长江经济带构成重庆内外开放不可分割的组成部分，将两者与涉及城乡协同的"五大功能区发展战略"深度融合，清晰界定五大功能区域的开放定位，通过产业关联性互相支撑；政府从健全投资准入及服务机制、推进开放型经济体制改革等入手，使产业集聚与分工网络的空间表现和面向各方向的开放设计得以协同（见表5-7）。

表5-7 五大功能区域开放发展方向

五大功能区域	开放发展方向
城市功能核心区 城市功能拓展区	提升开放引领功能 完善口岸产业体系 加快发展服务贸易
城市发展新区	通过扩大开放改造提升优势传统产业 加强战略性新兴产业国内外合作 突出工业化、城镇化的开放 打造区域合作先行区
渝东北生态涵养发展区 渝东南生态保护发展区	提升三峡国际旅游带、打造民俗文化生态旅游带 绿色农业开放发展

资料来源：《重庆市内陆开放高地建设"十三五"规划》。

第二，强调通过开放倒逼行政服务深层次、系统性改革，加快技术创新、商业模式创新及组织管理创新进程。

第三，通过内外开放实现提升传统优势与培育新优势相结合，"引进来"与"走出去"相促进，推动经济结构不断优化。

第四，根据模块网络化机制在公共治理领域的延伸，不同层次公共品公共性的差异在内外开放的动态过程中会产生变化，在开放中增强供给能力、优化供给结构、促进民生改善的设计体现了一定的全流程开发开放思想。

第五，将中新（重庆）战略性互联互通示范项目作为重要推进机制。中新（重庆）合作项目是全国第三个政府间合作项目，重庆拟以此为契机，通过三级合作机制建设、运行平台和载体搭建与规划引领等方式，实质性推进内外联动发展。

（2）完善基础设施，构建开放大通道作为"开放血管"

通过打造内陆国际物流枢纽的硬件基础，重庆着力于形成"一带一路"和长江经济带在渝贯通融合的格局。2011年开通并于2013年实现常态化运行的"渝新欧"中欧班列现已成为中欧陆上贸易主通道；团结村铁路物流基地成为我国与丝绸之路经济带国家和地区开展经贸合作的重要载体。未来重庆以"拓展'渝新欧'国际铁路联运大通道综合功能""进一步发挥国际公路物流通道作用""强化长江上游航运中心功能""优化国际客货运航线布局""加快完善通信信息通道"作为五大方向。

（3）搭建开放平台并不断优化其功能

首先，为支撑扩大开放，重庆以区域性交通枢纽为基础、国家开放口岸为支撑、保税功能为载体，打造"三个三合一"开放平台体系。在水运方面，通过区港联动、"区港一体"监管运作，建设长江上游多式联运综合枢纽港口。在陆运方面，加密"渝新欧"往返货运班列，推进指定口岸功能和铁路保税物流中心（B型）建设。在空运方面，依托重庆江北国际机场，提升航空口岸功能，建设中西部国际航空货运中心。

其次，以各级各类开发区作为开放载体和平台。主要包括"渝贸通""一达通"等外贸综合服务、手机出口基地、整车进口、现代服务贸易产业园，以及加工贸易新集群等产业促进平台，着力打造两江新区内陆开放示范窗口，完善国家级开发区的开放功能，以及提升各类特色园区的开放水平等。

最后，以中国（重庆）自贸区作为开放窗口，以制度创新为建设的核心任务，规划通过三年至五年的改革探索构建内陆开放型经济新体制。在以自贸区为平台复制推广改革试点经验的过程中推进投资管理体制改革，推进监管方式创新，为开放建设创造有利的制度环境和体制机制。

（4）推进一体化通关，创造经贸活动及其网络扩张的便利化软环境

内外经贸活动便利化是提升开放能力的必然要求。重庆在内部深化"一次申报、一次查验、一次放行"关检合作模式，实现全域海关业务一体化和全域检验检疫"通报、通检、通放"一体化；搭建电子口岸平台，推进国际贸易"单一窗口"，以提升通关效率。在区域层面，与沿海沿边地区加强跨区域通关合作，推进跨部门、跨区域、跨关区"信息互换、监管互认、执法互助"协作机制和多式联运便捷转关方式，实行"属地申报、属地放行"区域通关模式，"渝深快线、区域联动"便捷通关模式取得积极成效。在跨国跨境层面，"渝新欧"班列的常态化运行，使跨国通关合作不断推进，商品跨区域流动的便利化程度大幅提高。

（5）遴选差异化主导产业，基于差异化对接"一带一路"分工网络

引导以电子和汽车为核心的"6＋1"产业向十大战略性新兴制造业发展，利用"一带一路"和长江经济带连接点的位置优势，沿各对外连通通

道承揽货源，在电子核心基础部件、物联网、机器人及智能装备、新材料、高端交通装备、新能源汽车及智能汽车环保产业等领域进行深入拓展，同时选择重点国别和地区，亚洲以东盟地区、欧洲以中东欧地区、非洲以东非地区推动国际产能合作和装备制造业"走出去"。

（6）以境外园区、会展、对外投资等形式扩大与共建"一带一路"国家和地区的经贸交流合作

在外部联系网络的建设上，重庆完善与德国、意大利等欧盟国家的经贸合作机制，建设中德产业园、中欧商贸城；积极落实重庆与中东欧国家签署的合作协议，推进中国匈牙利两江创新创业中心建设；依托中国长江中上游地区与俄罗斯伏尔加河沿岸联邦区合作机制，深化与俄罗斯经贸合作。同时鼓励有能力的企业积极参与孟中印缅经济走廊、中巴经济走廊、中国－中南半岛经济走廊建设，继续扩大对东盟和南亚贸易投资。针对共建"一带一路"国家和地区布局重庆商品境外营销网点，支持大型市内商贸企业建立进出口商品采购分拨中心。

（7）发展个人及社会性服务，保障要素资源的集聚与供应

重庆通过引进知名大学、著名研发机构、世界500强企业设立分支机构或搭建研发创新平台，打造国际创新园、联合研发中心、技术转移中心等国际科技合作示范基地，推进科技创新领域对外开放。积极引进境外优质教育资源，提升教育国际化水平。完善重点区域城市道路、城市轨道等现代综合交通系统及水电气讯污等市政设施，建设"海绵城市"，营造畅通、生态、宜居的都市环境。

二 双向开放体系构建

1. 综合立体交通物流网络

依托长江黄金水道、"米"字形高速铁路网和"一大四小"航空体系，重庆自贸区建设综合立体交通网络，同时借助信息技术，发展智慧物流体系。

（1）交通基础设施建设

陆路交通方面，从路网规划看，重庆规划形成通往成都、兰州、西安、郑州、武汉、长沙、贵阳、昆明等8个方向的"米"字形高速铁路网和"两环十干线多连线"普速铁路网格局。从枢纽建设看，构建"三主两辅"客运枢纽体系，包括重庆北站、重庆西站、重庆站、沙坪坝站及新增

的重庆东站。货运方面，形成"2+4+9"的全国－区域－地区三级物流中心网络的货运系统。水运建设方面，以"一干两支四枢纽九重点"建设为重点，一干两支即长江，嘉陵江、乌江；四枢纽为果园枢纽港和江津珞璜、涪陵龙头、万州新田港。航空建设方面，将以江北机场为中心，以万州五桥机场和巫山神女峰机场等为支线航空，建设"一大四小"机场格局。

（2）陆空门户港口及多式联运物流网络的发展

多式联运物流网络涵盖多式联运基础功能建设（如通道通关）、交通枢纽建设，以及多种多式联运的方式。

多式联运基础功能建设方面，目前重庆既有的中欧班列直达线有两条，阿拉山口（霍尔果斯口岸）－杜伊斯堡（德国）和满洲里－切尔克斯克（俄罗斯）。已常态化运营的进出境口岸有：阿拉山口、霍尔果斯、满洲里、二连浩特。交通枢纽建设方面，以"三基地三港区"国家级物流枢纽为核心，即团结村集装箱中心站铁路物流基地、江北国际机场航空物流基地、巴南南彭公路物流基地和寸滩港、果园港、东港3个水运物流枢纽港区等国家级物流枢纽进行规划建设。

2. 贸易便利化措施

（1）贸易便利化设施建设

在海关特殊监管区域方面，重庆自贸区现包含3个海关特殊监管区域，3个保税物流中心，即重庆两路寸滩保税港区、西永综合保税区和重庆江津综合保税区，铁路保税物流中心（B型）、南彭公路保税物流中心（B型）、万州保税物流中心（A型）3个保税物流中心。其中，两路寸滩保税港区已建成以智能终端产业集群为主的保税加工、保税贸易和保税物流基地；西永综合保税区成为全球笔记本电脑的重要生产基地；江津综合保税区主要发展国际中转、配送、采购、转口贸易和出口加工等业务。此外，水运、铁路和航空口岸建设是东西双向开放发展战略的主要平台和通道。

（2）推进大通关建设

第一，全面实现关检通关无纸化，报关单无纸化率达到90%，实现海关"就近申报，多点放行"。同时，简化海关通关手续和环节，加速放行低风险货物，加强与自由贸易伙伴海关的协调与合作，推进实现"经认证经营者"互认，提升通关便利化水平。第二，重庆各口岸已全面实现7×

24 小时通关。第三，重庆已实现全国通关一体化。第四，加快建设"单一窗口"，包含一次查验模块、一次放行模块。

（3）创新通关监管服务

第一，重庆创新保税备货跨境电商进口强制性认证监管模式，有力推动了跨境电商的发展。第二，重庆海关推出"三自一简"制度进行特殊监管区创新。依托自主开发的特殊监管区域信息化辅助管理系统，率先在全国特殊监管区域推行自主备案。第三，推动口岸监管查验设施共享共用。将"单一窗口"建设工作和落实"三互"推进大通关建设改革结合起来，整合监管查验设施资源。

3. 投资便利化措施

（1）境外投资项目核准和备案管理政策

《境外投资项目核准和备案管理办法》明确规定，除涉及敏感国家或地区、敏感行业的项目外，将发展改革委核准境外投资权限统一提高到中方投资 10 亿美元及以上，中方投资 10 亿美元以下项目一律实行备案。

（2）全面实施外商投资准入负面清单，放宽外资准入限制

从 2017 年 6 月起，将外商投资准入负面清单作为对外商投资实行准入前国民待遇加负面清单管理模式的基本依据，负面清单之外的领域，原则上不得实行对外资准入的限制性措施。根据《外商投资产业指导目录（2017 年修订）》，一方面，进一步放宽服务业、制造业、采矿业的外资准入限制，限制性措施减少了 30 条；另一方面，进一步缩小外商投资企业设立及变更审批的范围，同时进一步扩大鼓励类政策范围。

（3）进行商事制度改革，全面提升外商投资相关服务

第一，在全面实施企业"五证合一"和个体工商户"两证整合"的基础上，积极推动实施"多证合一、一照一码"改革。第二，坚持依法监管、简约监管、审慎监管、综合监管、智慧监管、协同监管以及"亲清"监管，提升事中事后监管科学化水平。第三，优化外资企业线上服务。推进外资企业网上行政审批改革，开发建设外资网上行政审批平台系统。第四，完善外资企业登记模式。完善"授权＋委托＋远程"外资登记管理模式，设立 21 个区县外资登记站点。

4. 内外金融服务创新

重庆自贸区未来将形成金融创新和实体经济融合发展的政策体系，涵盖跨境金融结算服务、跨境人民币业务、金融风险防控体系等五个方面，惠及各类实体企业及金融机构。

第一，支持并促进金融机构在重庆自贸试验区创新发展。主要包含：支持符合条件的民间资本、境外资本在自贸试验区内发起和参与设立金融机构；探索发行大额存单、向境外销售理财产品、跨境担保等业务创新；允许证券经营机构在自贸区设立分支机构或专业子公司等。

第二，积极探索自贸试验区银行业金融服务创新。一方面，依托境内外两个市场，建立完善"多方合作、多头联动、多元融合"的自贸试验区综合金融服务体系；另一方面，积极参与云计算、大数据等金融科技的研发和标准的研究，推动"金融＋互联网"金融服务新业态发展。

第三，放宽外汇资金集中运营管理准入条件，扩大人民币跨境结算融资范围。探索与要素市场跨境交易相适应的外汇收支便利化措施，支持区域要素市场开展国际贸易业务；深化支付机构跨境电子商务支付业务试点，逐步扩大服务贸易试点范围；允许区内境外机构境内外汇账户结汇。

第四，跨境投资渠道更加多元化。进一步探索跨境投融资便利化改革创新；支持融资租赁业务发展；支持区内企业和金融机构多渠道开展跨境融资并将资金调回境内使用；支持商业保理公司与金融机构合作开展跨境保理业务等。

第五，支持并完善微型企业的金融服务。一方面，加强微型企业金融服务备案管理，对微型企业申请创业扶持贷款实行备案制度；另一方面，支持融资担保贷款，为小型、微型企业提供融资担保服务。同时，鼓励微企以商标权、专利权进行质押贷款，创新金融服务方式。

5. 海外投资服务及平台

第一，布局规划与顶层设计，建立促进"走出去"战略的新体制。2013 年 9 月，重庆市出台了全国首部地方性专项境外投资规划——《重庆市对外投资规划纲要（2013—2017）》，"十三五"规划明确提出，通过突出"走出去"重点国别和地区、推动国际产能合作和装备制造业"走出去"和完善"走出去"合作平台三方面举措，促进企业"走出去"。同时修订《境外投资管理办法》，编制《"十三五"实施"走出去"战略专项规划》等政策文件，为境外投资提供切实保障。

第二，设立境外股权投资基金，优化境外投资服务。确立企业及个人对外投资主体地位，支持企业在境外设立股权投资企业和专业从事境外股权投资的项目公司等。此外，通过推进对外投资管理体制改革，实施对外投资备案制，鼓励外资银行设立分支机构等，营造更加适于资本走出去的便利环境。

第三，设立海外合作园区，推动企业"走出去"与"引进来"，支持企业在市场需求大、资源要素成本低、发展环境稳定的国家或地区建立生产基地。目前重庆已设立中德产业园、中韩产业园、中日产业园和中以创新园。

第四，高标准实施中新（重庆）战略性互联互通示范项目。主要包括四个领域的合作。一是金融服务领域：金融机构互设；打通跨境投融资通道；加强天然气交易中心等要素市场合作。二是航空产业领域：促进中新航空领域互联互通；打造航空产业园。三是交通物流领域：城市物流配送及供应链管理；探索国际贸易"单一窗口"与综合物流信息平台一体化建设模式。四是信息通信领域：中新国际数据通道；数据开发运用相关项目。

三　重庆的开发服务支撑

开发开放区是经济发展功能的主要承载体，重庆自贸区在五大功能区域协调发展理念下，展开园区布局及服务供给。

1. 多园区协同开发

（1）多园区协同架构

在都市功能核心区，重庆主要发展管理、研发、商务、结算等功能，侧重产业升级。在都市功能拓展区，主要强化产业支撑功能，着力做强做大电子信息、汽车、装备、高端材料、医药等五大主导产业，强化物流集散中心。在城市发展新区，侧重加工组装、零部件制造、配套服务和物流配送功能的强大，为城市发展夯筑产业基础。在渝东北生态涵养发展区，主要增强产业造血功能，发展特色产业，走产业发展和环境保护并重的道路。在渝东南生态保护发展区，园区开发以"面上保护、点上开发"为原则，走特色产业开发与环境保护和谐共生的道路，侧重培育自我发展能力。

从各园区的整体协同性来看，重庆产业集聚基础与政府所提供的促进和支撑产业发展的行政服务、公共服务两者形成良性互动关系，各园区之间主要通过主导产业的支撑与被支撑关系形成联系，并获得劳动人口涌入（或聚集周围）、交通运输成本降低、要素流动加快等"红利"，从而不断发展成为地区增长的一"极"。与此同时，大多数园区从事零部件生产装配与产品总装、研发、进出口业务，形成上下游合作关系，但同一零部件、中间产品、原材料园区基地可与不同的、更高层级的园区组合，于空间上形成层级网络化架构。

总体来看，具有各自定位、特色且存在层级支撑与被支撑关系的国家级、市级园区在各自管委会的规划与引导下遴选了相对差异化的主导产业作为支柱，并注重同其他园区的生产关联性，在重庆市整体基础性公共服务供给的基础上，由其管委会及内设机构搭配开发建设公司提供定制化设计的园区服务，同时进一步探索政府行政服务创新空间，由此实现面向开放的园区开发。

（2）多层级、多点的园区平台服务内容

各园区服务供给主体为园区管委会，按照工业园区总体规划，对工业园区土地进行统一规划、统一征用、统一开发、统一管理，且统一规划、管理工业园区各项基础设施和公共设施。主要体现在以下四方面：第一，采取"限制性扩展"，即每次拓展面积原则上不超过3平方公里，一定程度上遏制土地财政和"摊大饼式"发展。第二，各园区开发建设公司负责排水、供电、供气、通信及综合管廊等基础设施建设，部分园区还建有污水处理厂、固体废弃物及垃圾中转或处理设施，提升了园区承载能力。第三，以政府投入为引导，鼓励社会资本参与基础设施建设和运营。第四，由园区国有建设运营公司和具有房地产开发三级以上资质的各类开发企业建设标准厂房，可减少其固定资产投入，也方便园区管委会管理。

（3）重庆多园区协同开放管理体制特点

第一，园区协同开放管理的实质是对各园区主导、核心、规划产业间支撑与被支撑、辐射与被辐射的协同开放管理，核心问题在于如何提供服务于产业发展的园区空间环境、硬件设施、行政和公共服务。

第二，市级层面以重庆市特色工业园区规划建设领导小组办公室为主统筹负责，各园区主要管理机构一般为区县级政府派出机构——园区管委会。从管委会及其下属职能机构的分工来看，主要由国有企业负责园区开发，而管委会内设各部门机构则有针对性地提供服务。

第三，在如西部大开发等战略政策优惠、市级层面园区政策优惠的基础上，叠加相关园区的产业促进政策和各县区园区优惠政策，形成整体的优惠政策配套体系。

第四，由此前政府主导下的招商引资和园区建设逐渐转变为政府"牵线搭台"，国有企业主导园区建设，管委会着力优化、统筹行政服务与公共服务，园区内部各组团管委会针对本组团实现服务供给，从而形成了行政服务与公共服务的整体协同与局部细分的统一。

2. 促进产业聚集的行政服务创新

重庆市促进产业聚集的行政服务创新具有显著的系统协调特征。由于重庆的产业聚集表现为各园区空间上毗邻、支撑与被支撑，则可将促进产业聚集的行政服务创新分为两个层面：一为总体层面，二为各园区层面。

总体层面上，第一，前瞻展望、科学规划，制定 3~5 年产业发展规划，提出主要发展目标与政策措施，事中监管，事后评估。第二，大力推行简政放权，建立政府部分职能向行业协会（商会）转移试点，同时完善重点项目推进机制。第三，以保护产权、维护契约、统一市场、平等交换、公平竞争、有效监督为基本导向，推进对内对外开放的立法、执法与司法建设。第四，创新实施"3＋N"战略合作新机制，加快"引进来"与"走出去"步伐，整合政府、金融机构、外经贸企业资源，引导社会力量适时适当参与。第五，调整优化招商引资模式，主导与平台型、领军型企业签订合作协议，为各产业发展提供战略机遇。

园区层面上，园区行政服务的主要提供者是园区管委会，作为市或区县政府的派出机构在被赋予的权限内行使职权，主要包含以下几方面。第一，以园区的定位和规划为标准来确定招商引资优惠政策的适用范围。第二，在城乡统筹发展项目下，政府主导成立的土地交易所发行地票推动土地流转，投资商可通过租赁、承包、入股等流转方式获取土地使用权并受园区管委会监督。第三，各园区管委会根据园区定位及其发展规划，选择不同的目标产业进行税收优惠倾斜。第四，行政事业收费与金融支持方面。免除或减半收取行政事业收费；给予担保、贴息等金融支持。

3. 支撑产业聚集的公共服务发展

重庆支撑产业聚集的公共服务与其城市化、工业化进程密不可分，在城市有序扩张、产业协调发展与民生改善的互动中同时实现了房价控制、劳动人口集聚、经济增长等发展目标，形成了自己的独特经验。

第一，政府保基本，市场促提高，增强公共服务供给的适应性和灵活性。2016 年 11 月发布的《重庆市社会事业发展"十三五"规划》明确提出，要积极利用市场机制推进资源优化配置改革。此外，加大政府购买基本公共服务的力度，积极推进政府和社会资本合作（PPP）。第二，统筹利用更大范围的公共服务资源，促进要素流动，优化配置，即矫正供需结构错配和要素配置扭曲，增加有效供给、去除无效供给，促进要素流动和优化配置。第三，立足城乡协调发展，建立健全与五大功能区域功能导向、人口分布相适应的基本公共服务统筹规划和保障机制。第四，逐步实现保障型民生向发展型民生转变。包含：完善基本公共服务均等化和与基本公共服务均等化相适应的转移支付分配办法；将教育作为公共服务供给的核心；推进健康城市建设，完善区域医疗中心配套设施。第五，建立健全公共服务供给的监督、投诉、评估机制。

四 新型开放背景下的重庆发展

1. 重庆的产业集聚

（1）产业结构趋向服务化

西部大开发以来，重庆的经济总量由 2000 年的 1791 亿元增长到 2017 年的 19500 亿元（见图 5 - 19）。

其中第一产业产值所占比重由 2000 年的 15.9% 降至 2017 年的 6.9%。从第二产业整体来看，2000 年至 2017 年，其产值总量由 760 亿元增至 8597 亿元，占 GDP 比重由 2000 年的 42.4% 升至 2006 年的峰值 47.9%，而后回落至 2017 年的 44.1%。从第三产业来看，所占比重不断攀升，2000 年产值为 746 亿元，占比为 41.7%；2015 年增至 9564 亿元，占比为 49.0%。从 2008 年开始，重庆的第三产业比重超过第二产业，经济结构趋向服务化。

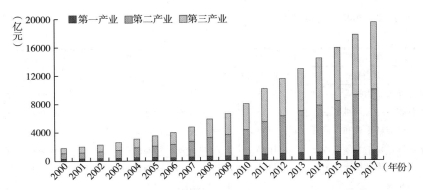

图 5 - 19　2000 ~ 2017 年重庆地区生产总值及三次产业构成

资料来源：重庆市统计信息网。

（2）工业是经济发展的首要驱动力量

在西部大开发背景下，推动工业发展成为重庆经济发展的首要任务。通过空间调整和优化，重庆形成了以两江新区为龙头，西永、两路寸滩保税区为极核，高新、经开、万州、长寿 4 个国家级开发区以及北部新区、万盛、双桥市管开发区为中坚，36 个市级特色工业园区为支撑的"1 + 2 + 7 + 36"开发区平台体系以及汽车、电子制造、装备制造、化工产业、材料产业、消费品行业、能源工业为支柱的"6 + 1"产业集群。

2005 年，重庆最主要的工业分别是交通运输设备制造业和仪器仪表、办公用机械制造业，规模以上企业的工业总产值分别为 853.3 亿元和 422.5 亿元，占工业总产值的 28.8% 和 14.3%；前十大工业合计总产值 2333.7 亿元，占工业总产值的 78.8%。到 2017 年，位列前两位的两大工业分别是汽车制造业和电子设备制造业，规模以上工业企业总产值为 4662.7 亿元和 4177.3 亿元，占整体工业比重分别为 22.0% 和 19.7%；前十大工业规模以上企业合计产值 156970 亿元，占整体工业的 74.2%（见表 5 - 8）。

（3）金融与房地产增长迅猛

在 2000 年，重庆服务业中占据主导地位的是批发零售和交通运输等流通性服务业，其中，批发零售业产值占 GDP 的 9.1%，位居服务业首位。2008 年以后，以金融业和房地产业为代表的生产性服务业快速发展，金融业产值由 2008 年的 315 亿元增至 2017 年的 1814 亿元，占 GDP 比重由 5.4% 升至 9.3%，成为首要服务业类别。房地产业产值所占比重也由 2008

表 5-8　2005 年、2017 年重庆前十大规上工业企业工业总产值及其所占比重

单位：千万元,%

年　份	2005		年　份	2017	
类　别	工业总产值	占比	类　别	工业总产值	占比
交通运输设备制造业	8533	28.8	汽车制造业	46627	22.0
仪器仪表、办公用机械制造业	4225	14.3	电子设备制造业	41773	19.7
电力、热力的生产和供应业	1756	5.9	交通运输设备制造业	11344	5.4
化学原料及化学制品制造业	1697	5.7	非金属矿物制品业	10843	5.1
有色金属冶炼及压延加工业	1461	4.9	电气机械及器材制造业	10060	4.8
金属制品业	1332	4.5	农副食品加工业	9097	4.3
黑色金属冶炼及压延加工业	1259	4.3	化学原料及化学制品制造业	8160	3.9
电器机械及器材制造业	1173	4.0	电力、热力的生产和供应业	7424	3.5
专用设备制造业	1074	3.6	有色金属冶炼及压延加工业	7201	3.4
农副食品加工业	827	2.8	黑色金属冶炼及压延加工业	4441	2.1
合　计	23337	78.8	合　计	156970	74.2

资料来源：重庆市统计信息网。

年的 3.4% 升至 2017 年的 5.4%。金融和房地产成为全球金融危机以来驱动服务业发展的首要力量（见图 5-20）。

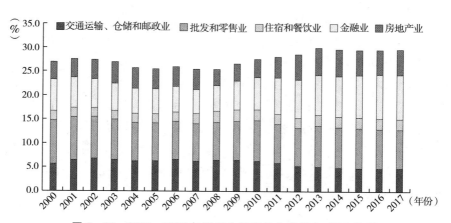

图 5-20　2000～2017 年重庆主要服务业产值占 GDP 比重

资料来源：重庆市统计信息网。

2. 重庆的对外经贸发展

（1）重庆的外商直接投资

较长时期以来，作为西部内陆地区，重庆吸引外资较为乏力，2000～

2007 年，重庆实际利用外资额仅从 3.5 亿美元增至 12.2 亿美元。2011 年，重庆实际利用外资额有大幅攀升，2012～2017 年，年度利用外资基本维持在 106 亿美元左右（见图 5－21）。

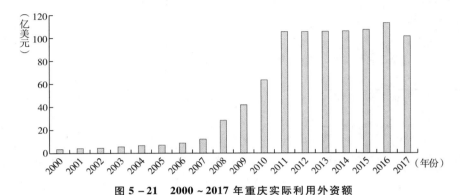

图 5－21　2000～2017 年重庆实际利用外资额

资料来源：《重庆统计年鉴》（2001～2018 年）。

在外商直接投资的具体细分行业中，房地产、工业、金融、租赁和商务服务业成为吸引投资的四大领域，2013～2017 年，该比重基本维持在 90% 左右的水平。特别是房地产投资，2012～2014 年，年均吸引外资比重接近 50%。工业作为第二大吸引外资的行业，2011～2017 年其所占比重下降 21.3 个百分点。金融业吸引外资比重升幅最为显著，2017 年约为 19%（见图 5－22）。

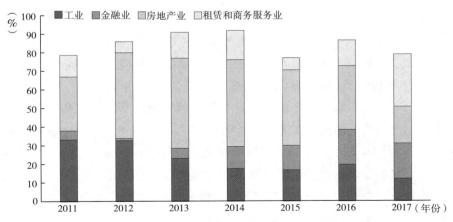

图 5－22　2011～2017 年重庆外商直接投资的主要产业领域

资料来源：《重庆统计年鉴》（2012～2018 年）。

从重庆吸引外资的来源地看，香港地区、新加坡、韩国是三大主要投资地。其中，香港作为最主要投资来源地，2012 年后虽出现急剧下滑，但 2017 年仍居首位。2011～2017 年，新加坡对重庆的实际投资额整体呈现下滑趋势。2012～2017 年，韩国对重庆的实际投资额不断攀升，成为第三大投资来源地（见表 5 - 9）。

表 5 - 9　2011～2017 年重庆外商实际投资额主要来源国或地区

单位：百万美元

年　份 国家和地区	2011	2012	2013	2014	2015	2016	2017
香港地区	619328	236666	274364	331290	226320	200466	165174
新加坡	194567	48346	24719	22542	37261	31231	33994
韩　国	—	2002	1103	13221	15693	17058	7756
日　本	6207	10839	7719	3966	1150	461	1375
美　国	30509	28	197	726	1467	11282	1497
台湾地区	17229	305	508	1314	745	837	360

资料来源：《重庆统计年鉴》（2012～2018 年）。

（2）重庆的对外贸易

在促使产业聚集的基础上，重庆大力发展外向型加工制造和贸易，2008 年以后，在全球经济形势下滑背景下，重庆的对外贸易依旧发展迅猛。

第一，重庆外贸业异军突起。2000～2010 年进出口总额从 18 亿美元增长到 124 亿美元；但占全国的比重基本维持在 0.4% 的水平。2011 年后，外贸总额及占比均出现大幅增长，进出口总额在 2014 年达到峰值 955 亿美元，2017 年回落到 666 亿美元（见图 5 - 23）。

第二，展开机械、电器设备及其零部件的中间产品及最终品贸易，成为重庆进出口商品结构的显著特征。到 2017 年，重庆出口的工业制成品比重已经达到 95% 以上，进口工业制成品比重为 90.7%。从出口的主要商品类别看，机器、机械器具、电器设备及其零件是最大宗出口品。

第三，从亚洲进口，向美欧亚三大市场出口。重庆最主要的贸易伙伴包括美国、德国、韩国、马来西亚和台湾地区等，其中，美国是重庆最大的进出口地，2017 年重庆对美国的贸易总额为 127.92 亿美元，其中进口

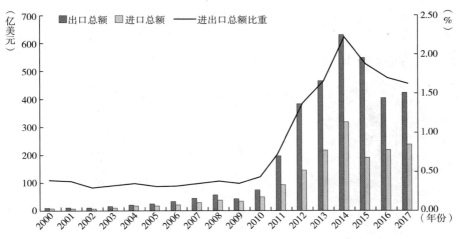

图 5 - 23   2000 ~ 2017 年重庆进出口贸易额及占全国的比重

资料来源：《重庆统计年鉴》（2001 ~ 2018 年）。

额为 12.4 亿美元，出口额为 115.5 亿美元。从亚洲地区来看，台湾地区、马来西亚、韩国是重庆的主要贸易地（见表 5 - 10），香港地区则是重庆最大的出口地区之一。

表 5 - 10   2011 ~ 2017 年重庆对外贸易主要国家或地区

单位：亿美元

年 份		2011	2012	2013	2014	2015	2016	2017
亚洲	中国香港	2.64	10.0	63.68	135.83	43.0	40.28	16.26
	印　度	7.94	10.9	19.53	16.12	15.8	11.20	12.31
	印度尼西亚	4.05	11.5	14.52	15.70	13.8	7.40	10.20
	日　本	19.33	18.9	17.70	29.99	28.2	26.99	30.49
	马来西亚	17.55	42.6	52.97	55.43	46.5	31.87	35.10
	韩　国	8.21	12.8	19.01	75.00	46.1	42.87	53.82
	中国台湾	7.72	15.5	26.85	28.24	35.1	39.81	33.14
欧洲	英　国	4.00	11.6	10.53	13.24	12.58	8.29	8.24
	德　国	15.28	36.7	58.20	68.33	57.09	47.21	62.10
	荷　兰	11.89	24.5	31.43	25.36	15.78	16.61	14.20
北美洲	美　国	40.56	93.1	106.46	136.76	139.21	110.12	127.92

资料来源：《重庆统计年鉴》（2012 ~ 2018 年）。

　　第四，加工贸易扩张显著。一般贸易曾是重庆最主要的贸易方式，2011 年和 2012 年占总体贸易比重均接近 50%。但加工贸易比重从 2011 年

的 23.6% 上升到 2014 年的 57% 。而 2015 年加工贸易出现下滑，占比降至
38.7% ，一般贸易占比回升至 49.2% 。2016~2017 年一般贸易占比逐渐降
至 40% 左右，加工贸易上升至 46.0% （见图 5-24）。

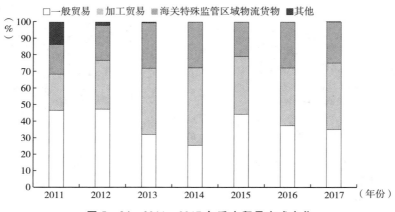

图 5-24　2011~2017 年重庆贸易方式变化

资料来源：《重庆统计年鉴》（2012~2018 年）。

第三节　四川的新型开放与支点发展

随着西部大开发和"一带一路"倡议的推进，四川逐渐聚集起一批大
中型骨干企业、科研院所、大专院校、生产科研基地，并成为新兴工业城
市，处于西部地区领先位置。2017 年 4 月，四川成为西部内陆开放型经济
试验区的典型代表之一，展开了多领域的探索和实践。

一　四川开放型经济建设背景及进展

1. 建设背景

新常态下，改革的步伐不断加快，随着中共十八届三中全会、十八届
四中全会等重要会议的召开，我国以供给侧结构性改革为主线推进转型开
放。四川省以"创新、协调、绿色、开放、共享"为新型发展理念，以建
成经济总量大、经济结构优、创新能力强、质量效益好的经济强省为目
标，提出创新驱动、系统推进发展方式转变和结构调整的新发展思路。

与过往发展规划有所区别的是，四川的"十三五"规划将全面创新改

革试验提到首要地位，主要以提高自主创新能力、推进科技与经济深度结合、建设西部人才高地、营造良好的创新环境等为途径。[①]

从整体产业布局来看，四川省以高端成长型产业和新兴先导型服务业为引领，推动先进制造业加快发展和传统优势产业转型升级，实施加快发展现代服务业行动，大力推进农业现代化，重塑产业发展新优势，再造产业发展新动能，不断提升四川产业核心竞争力。

在工业领域，着力实施"中国制造 2025 四川行动计划"，集中力量发展壮大新一代信息技术、航空航天与燃机、高效发电和核技术应用、高档数控机床和机器人、轨道交通装备、节能环保装备、新能源汽车、新材料、生物医药和高端医疗设备、油气钻采与海洋工程装备等先进制造业；并坚持调整存量和优化增量并举，发展电子信息、装备制造、汽车制造、食品饮料等传统优势产业，促进工业化和信息化深度融合，实现生产设备数字化自动化、制造过程智能化、制造体系网络化。在清洁能源产业领域，四川提出建设国家优质清洁能源基地，并将水电、新能源、天然气、页岩气、煤炭等作为重点发展领域。

从服务业的发展规划来看，重点发展新兴先导型服务业。在生产性服务领域中，生产性服务业主要包括金融服务、现代物流、电子商务、技术服务、服务外包；生活性服务业主要包括养老健康服务。此外，侧重提升生产性服务业高端化、专业化、标准化发展水平，促进现代服务业与先进制造业、现代农业融合发展。旅游作为传统优势服务业，着力于促进其现代化发展。

从现代农业的发展规划来看，首先稳定粮食生产，在此基础上建设特色水果、蔬菜、茶叶、木本油料、食用菌、中药材、烟叶、蚕桑、木竹、花卉等集中发展区，稳定生猪生产，大力发展牛羊养殖，积极发展禽、兔、蜂等特色产业，建设四大林业产业区。

2. 四川自贸区的空间定位

2017 年 3 月 31 日，第三批自由贸易试验区实施总方案正式获批，中国（四川）自由贸易试验区于次日挂牌，其空间范围基本在原有保税港

---

① 《四川省国民经济和社会发展第十三个五年规划纲要》，四川省发展和改革委网站，2016年 1 月 29 日。

区、综合保税区、物流园区、出口加工区的基础上进一步扩大。

四川将自由贸易试验区主要划分为三大片区，分别是天府新区片区、青白江铁路港片区和川南临港片区（见表 5 - 11）。

表 5 - 11 四川自由贸易试验区总体规划

四川自贸区（119.99 平方公里）		
天府新区片区（90.32 平方公里）［包括成都高新综合保税区区块（双流园区）4 平方公里、成都空港保税物流中心（B 型）0.09 平方公里］	青白江铁路港片区（9.68 平方公里）［包括成都铁路保税物流中心（B 型）0.18 平方公里］	川南临港片区（19.99 平方公里）［含泸州港保税物流中心（B 型）0.21 平方公里］
功能定位：建设国家重要的现代高端产业集聚区、创新驱动发展引领区、开放型金融产业创新高地、商贸物流中心和国际性航空枢纽，打造西部地区门户城市开放高地	功能定位：打造内陆地区联通丝绸之路经济带的西向国际贸易大通道重要支点	功能定位：建设成为重要区域性综合交通枢纽和成渝城市群南向开放、辐射滇黔的重要门户
重点产业：现代服务业、高端制造业、高新技术、临空经济、口岸服务	重点产业：国际商品集散转运、分拨展示、保税物流仓储、国际货代、整车进口、特色金融等口岸服务业和信息服务、科技服务、会展服务等现代服务业	重点产业：航运物流、港口贸易、教育、医疗等现代服务业，装备制造、现代医药、食品饮料等先进制造和特色优势产业

资料来源：《中国（四川）自由贸易试验区管理办法》，四川省政府网，2017 年 7 月 5 日。

青白江铁路港片区主要发挥国际铁路港核心辐射功能，推动贸易发展、产业集聚、区域合作、文化交流，促进港、产、城互动融合发展，由此成为对接"一带一路"、长江经济带的战略平台和联通欧洲泛亚的桥头堡，建设国际物流、国际产业、国际贸易协同发展的临港经济示范区，成为国家中心城市的核心支撑。

川南临港片区毗邻四川航运第一大港——泸州港，具备长江上游除重庆外最佳水运通航条件，周围有国家高新区、长江经济开发区、酒业集中发展区和空港产业园区等腹地支撑，主要打造"一区两试点三平台六中心"，即建立总部经济区，试点跨境电商、汽车平行进口，搭建跨境旅游、知识产权、跨境文化产业服务平台，建设高端诊疗中心、国际会展中心、国际酒类交易中心、区域性进口商品集散中心、中药材集散交易中心、临港大宗商品交易中心。

2019 年 7 月 8 日，四川省政府第 29 次常务会议通过《中国（四川）自由贸易试验区协同改革先行区"6 + 1"总体方案》，明确德阳、资阳、眉山、南充、自贡、内江和温江等 7 个协同改革先行区的实施范围及功能定位，要求各地既聚焦投资、贸易、金融、创新创业、政府职能转变等共性制度试验，又着眼本地资源禀赋和发展潜力，紧扣"5 + 1"现代产业体系，推动产业优势互补、协调联动、错位发展。该《方案》明确指出，协同改革先行区比照四川自贸试验区同步承接省级管理权限，同时建立鼓励创新、宽容失败、容错纠错的正向激励机制。

3. 四川参与"一带一路"建设的方式

作为内陆地区，四川的开放政策在历次发展规划中，主要围绕推进外资、外贸、外经和外事"四外"联动展开；随着"一带一路"倡议和长江经济带战略的提出，四川不断丰富政策内涵，围绕产能培育与合作，致力于强化国际国内市场联结。2015 年，《四川省推进"一带一路"建设重点工作方案》总体勾勒出四川开放行动的大致思路。

第一，构建进出川国际大通道。主要通过加密国际国内航线建设国家级国际航空枢纽，推进进出川铁路通道、完善成渝西昆贵钻石经济圈高铁交通骨架、贯通与国家高铁骨干网络的直接联系、建成铁路快铁交通圈等，强化省内与周边高速公路网连接的公路通道建设，推进长江航运通道建设，发展"陆海空铁"高效联结的国际物流体系，以及完善信息基础设施、加快通信骨干直联点建设，由此建设国际区域通信枢纽。

第二，提升经贸合作水平。主要制定与实施"251 三年行动计划"，其中，"2"，即深度拓展 20 个重点国家，锁定俄罗斯、新加坡、印度、捷克、沙特等 20 个国家集中开拓、深入合作；"5"，即优先推进 50 个重大项目，加强与共建"一带一路"国家在四川优势产业、新兴产业、过剩产业领域的合作，选择 50 个投资额 1000 万美元以上、工程承包合同额 1 亿美元以上的重大产业化和基础设施项目，实施重点跟踪、强力促进；"1"，即实施 100 家优势企业示范引领，选择长虹、成达、宏华、东方电气等 100 户与共建"一带一路"国家具有较好贸易投资基础、具备较强竞争实力的骨干龙头企业，实施重点引导、形成示范。此外，还涉及创新对外合作方式、扩大特色优势产品进出口，以及促进新型业态贸易发展等。

第三，明确国际产能合作的主要领域和方式。2014 年，四川省制定五大高端成长型产业和五大新兴先导型服务业工作推进方案，五大高端成长型产业分别是信息安全产业、新能源汽车产业、页岩气产业、节能环保装备产业、航空与燃机产业，五大新兴先导型服务业分别是电子商务业、现代物流业、现代金融业、科技服务业、养老健康服务业，它们被列为四川在参与"一带一路"建设过程中推进国际产能合作的重要领域。与此相适应，四川提出积极实施"中国制造2025"行动和创新推进"互联网＋"，由此为产能培育和对外合作奠定基础。为支持国际产能合作，四川出台"111"工程，主要优选10个有发展优势和较好市场前景的产业、瞄准10个重点境外合作区域，带动100亿美元的投资贸易合作。2016年首批推动30个重点国际产能合作示范项目、3个境外经贸合作示范基地建设，通过工程带动出口30亿美元以上。

第四，拓展金融合作领域。主要涉及创新金融支持手段、积极运用外汇管理改革创新政策、加强境外项目风险防范和企业海外权益保障等。2016年，四川省实行"项目年"，由此引导银行业机构按照省委、省政府关于"项目年"的部署要求，突出支持重点，合理配置资源，积极争取贷款规模，开展银团贷款、联合授信、PPP融资等服务，大力支持700个全省重点项目和100个省级重点推进项目建设，加快融入"一带一路"、长江经济带等国家战略。

第五，密切人文交流合作。主要包括办好重要展会活动、扩大旅游合作、加强文化教育交流，以及开展科技交流合作等。2017年6月17日，四川省文化厅发布《四川文化融入"一带一路"倡议实施意见（2017—2020年）》，目的在于利用四川处于陆上丝绸之路和海上丝绸之路的重要交汇点，连接西南西北、沟通中亚南亚的重要交通走廊的区位优势，将丝路元素与四川元素有效融合，通过演出展览、研讨交流、贸易合作、人才交往等活动，多层次、宽领域地推广以熊猫文化、古蜀文明、三国文化、非物质文化遗产、藏羌彝民族文化等为代表的四川特色文化品牌。通过丝路主题艺术创作、文化遗产文明对话、对外文化贸易合作、搭建文化交流推广平台等措施，培育具有国际视野和本土文化特质的品牌化、外向型文化企业和外向型高端文化人才，打造具有示范性、带动性的文化产业国际合作平台。同时，文化厅成立"一带一路"工作领导小组，强化智力支撑，建立"一带一路"文化建设智库，广泛开展四川省"一带一路"文化建设相关课题研究。

第六，创新开放型体制机制，形成"1+2+X"的战略支撑体系。四川将海关特殊监管区域、口岸、自由贸易试验区等作为重要的开放载体和平台，以打造内陆开放合作示范区和制度创新试验区。在空间支撑方面，制定"1+2+X"战略，以形成协同效应。"1"，即发挥成都市"战略平台"的带动作用。支持成都建设国际化现代大都市，以创设西部内陆自贸区为契机，推动开放制度创新，形成带动全省乃至西部地区融入"一带一路"倡议的极核效应。发挥成都航空第四城、成都新机场等空中交通优势，打造"空中丝绸之路"；依托成都青白江铁路集装箱中心站、蓉欧快铁、中亚班列等陆路大动脉，建设辐射共建"一带一路"国家的商品集散地。利用72小时过境免签政策，推出面向共建"一带一路"国家的过境免签文化旅游产品和线路，着力打造以成都为中心的世界旅游目的地。"2"，即强化天府新区和绵阳科技城两大"战略支点"的撬动作用。利用天府新区获批为国家级新区的重大机遇，争取实施一批具有重要支撑性、引领性的项目合作；利用绵阳科技城获批实施中关村自主创新先行先试政策和"科博会"平台，加强与共建"一带一路"国家在科技产业上的深度合作。发挥国家对天府新区和绵阳科技城特殊政策的溢出效应，构建一批节点城市，重点支持德阳装备制造、攀枝花钒钛、自贡新能源新材料环保和彩灯文化开展对外合作，打造攀枝花－宜宾－南亚物流基地；借力长江经济带建设扩大"东向"开放，融入更富活力的亚太经济圈，重点支持川南地区发展开放型临港经济；鼓励南充、广安等川东北地区发挥丝绸、特变电等外向型产业优势，打造区域开放合作示范区。"X"，即提升"X"个"战略基地"的载体作用，包括复制新川创新科技园、中法成都生态园等园区建设经验，大力推进遂宁东盟国际产业园中马工业园等一批国际产业合作园区建设；加快培育外向型产业示范园区，支持出口质量安全示范区建设；推动跨境电商园区建设，打造"网上丝绸之路"；加快海关特殊监管区域建设，发挥成都、泸州、宜宾新增进口口岸功能，扩大与共建"一带一路"国家进口贸易；科学布局境外合作园区和跨境合作区，重点推动老挝资源综合开发、俄罗斯农业及食品加工、中白工业园等园区建设，筹划在斯里兰卡、巴基斯坦建立四川工业园区等。

第七，加强区域合作以提升共建效应。在合作共建方面，四川强调在不同区域层面加强合作，以提高互联互通程度。在成渝城市群层面，主要共同推动交通、信息、市场一体化，加强公共服务互助、资源环境保护与利用联动、产业发展合作，支持川渝合作示范区建设，以形成引领西部开发开放的国家级城市群。在与东部关系方面，主要加强与京津冀、长三角地区交流，积极参与泛珠三角区域合作，加大承接东部产业转移力度。另外，四川还积极参与"一带一路"国内段通道的合作共建，包括拓展与新疆、宁夏、甘肃等新欧亚大陆桥沿线省区的合作，共同打造面向中亚、西亚的战略通道和商贸物流枢纽；加大与广西、云南的产业合作和基础设施共建，打通连接东盟、南亚的战略通道。

此外，四川还着力于建立健全推进"一带一路"建设工作机制，包括设立"一带一路"建设项目库，加强组织与宣传工作等。

二 双向开放体系构建

四川从硬件基础设施、软件便利化等多方面打造商品、资源、人才的互联互通，以便优势产业"引进来"和"走出去"，促进各类要素的双向流动。

1. 四川的多式联运服务体系

作为内陆发展领先的地区，四川省凭借着后发优势在海陆空三个方面积极建设"互联贯通、功能完备、无缝对接、安全高效"的现代综合交通运输体系，形成由"一个网络、两个系统、三个平台"共同组成的综合交通运输有机整体，通过各种运输方式优化组合、功能互补、充分衔接、协调发展，在现代装备技术与信息技术的支持下，以最小的资源环境代价和最优的经济社会成本，提供安全、便捷、高效、优质的一体化运输服务。

（1）交通基础设施建设

四川"十三五"综合交通运输规划提出，建设"一个网络、两个系统、三个平台"共同组成的综合交通运输有机整体。"一个网络"就是由多种运输方式共同组成基础设施网络，包括"八射三联"综合运输大通道、快速干线交通网、一般干线交通网、城乡基础交通网、枢纽站场体系和综合交通衔接转换系统。"两个系统"包括安全便捷的人本化客运服务系统和集约高效的物流化货运服务系统。"三个平台"主要是综合交通运输信息服务平台、安全保障平台和行业管理平台。

第一，铁路大通道建设主要是加快完善以成都铁路枢纽为中心，连通京津冀、长三角、珠三角三大经济圈，融入"一带一路"国际运输大通道的铁路运输干线网络。

第二，高速公路通道建设方面，以构建长江经济带综合立体交通走廊、推进省际互联互通等为重点，新增 7 条高速公路通道，提升跨区域通达条件和运输能力。

第三，国际国内航线方面，建成成都天府国际机场，优化成都双流机场，巩固航空第四城地位。

第四，港口航运建设方面，构建干支衔接的航道体系和枢纽互通的港口体系，提升长江等内河航运能力。

第五，联结"一带一路"与长江经济带的"八射三联"综合运输大通道。"八射"：以成都为起点，辐射京津冀、长三角、珠三角、重庆、兰州－西宁－格尔木通道、东盟和西藏南北的八条综合运输大通道，有效衔接"一带一路"的六大经济走廊。"三联"：长江黄金水道主要港口的集疏运通道，同时也是关中天水、滇西北等区域的重要出海通道。

（2）以枢纽港为依托建设多式联运交通路网体系

成都铁路集装箱中心站、泸州港、成都双流国际机场是四川综合交通网络中三大枢纽，其中"蓉欧班列"为成都乃至中国西部地区通往欧洲大地架起陆上货运大通道，为成都建设面向欧洲市场的出口生产基地和欧洲产品贸易集散中心提供物流平台支撑。

成都铁路集装箱中心站是中国第五大铁路枢纽，泸州港是交通部确定在四川设立的唯一的主要港口（全国共有 28 个内河港口）和国家二类水运口岸，是四川第一大港，成都双流国际机场是全国四大国家级航空枢纽之一。

为了进一步加快与欧洲国家的贸易往来，成都于 2013 年 4 月 26 日开通经新疆阿拉山口至波兰罗兹的"蓉欧国际快速铁路货运直达班列"，运行时间是传统海铁联运的 1/3，费用仅为空运的 1/4，成为西部地区至欧洲最短的亚欧铁路大通道。

在"蓉欧快铁"构建起国际物流通道的基础上，四川一方面扩展"蓉欧快铁"海外通行点，另一方面力争实现与青岛、天津等国内枢纽城市间开通"蓉欧＋"互联互通班列。此外，四川还不断深化"蓉欧＋"战略，架设成都通达全球的"空中丝路"，形成"陆空联动、立体开放"的通道格局，打造"三网两港一枢纽"立体式国际化物流体系。"三网"是指通过稳定开行以中欧班列、蓉欧快铁为主通道的"一主多辅，多点直达"的国际班列，打造"陆上丝绸之路"串联的泛欧、泛亚两张物流网络；通过开通更多国际直飞航线，打造"空中丝绸之路"构成的"国内满覆盖，泛亚广加密，洲际深通达"的航线网络。同时，抓住全球多式联运重心向中国转移的机遇，发展以成都为网络核心的多式联运体系，实现"三网"网际便捷转换和无缝衔接。[①] "两港"是国际航空港和国际铁路港。"枢纽"是打造服务西路、辐射全国、影响全球的国际物流枢纽。

（3）交通物流融合发展的服务体系

2017 年 5 月，四川省出台《推动交通物流融合发展实施方案》，进一步提升内外联结的大通道功能。

该《实施方案》主要内容是建立具有国际内陆港服务功能的铁路港、公路港、水港与海关、检验检疫等部门，逐步实现"一站式"服务，"一单制"便捷运输制度，推动四川交通物流的一体化、集装化、网络化、社会化与智能化发展。

四川主要在完善综合交通物流运输网络的基础上，加强集疏运体系，扩张腹地，提高多式联运服务水平，优化一体化服务流程。特别是推行物流全程"一单制"，即在集装箱铁路水路联运、铁路公路联运两个关键领域率先突破。在铁路一站式服务大厅的基础上，优化"一站式"业务受理流程和场站服务流程；引导企业主动采用国家和行业标准，提供便捷运输，支持行业协会及会员企业制定出台绿色畅行物流单实施方案，实现一站托运、一次收费、一单到底。

为此，四川拟搭建资源共享的交通物流平台，包括建设完善专业化经营平台、信息共享服务平台，加强对各类平台的监督管理。在创建交通物流融合发展模式过程中，需要依托综合运输体系，构建高效智能公路港口网络，推广集装箱标准化运输模式，形成广泛覆盖的智能物流配送体系。[②]

2. 四川的贸易便利化政策

四川自贸试验区的设立，使得以四川为代表的西部地区走到对外开放的前沿，有利于降低贸易门槛，促进对外贸易交流，带动产业转型升级。

（1）贸易便利化设施建设

---

① 《成都国际铁路港（临港经济示范区）建设五年（2017—2021 年）行动计划》，成都市青白江区人民政府网站，2017 年 3 月 31 日。
② 《推动交通物流融合发展实施方案》，四川省人民政府网站，2017 年 5 月 31 日。

海关特殊监管区域和口岸是提高贸易便利化程度的重要设施，在"一带一路"倡议背景下，四川省积极推进便利化设施建设，以显著提高贸易便利化程度。

在海关特殊监管区域建设方面，2015年11月，泸州港保税物流中心（B型）项目通过海关总署等国家四部委正式验收，此举有利于进一步完善泸州港港口功能、提升全省港口服务能力和综合发展水平，在打造天府航运首港、拉动川滇黔外向型经济发展、推动长江经济带建设等方面发挥重要支撑作用。

从航空口岸建设来看，成都航空口岸在2015年开通成都直飞毛里求斯、法国巴黎、俄罗斯莫斯科等航线的基础上，2017年又新开通直飞澳大利亚悉尼、捷克布拉格、西班牙马德里、阿联酋迪拜等国际客运航线8条，使成都成为我国中西部地区旅客往返欧洲、中东等地的首选地。

从公路口岸建设来看，2016年6月，四川省第一个公路口岸正式完成封关前的所有审核验收程序，符合通关条件，8月正式封关运行。

四川还积极创新口岸政策服务机制，提出加大对口岸和场站公共服务的政策和资金支持；拓展政府购买口岸服务范围和内容，将适空、适铁、适水指定口岸服务纳入政府购买范围；制定航空、铁路、水运口岸作业、报关报检、查验等环节的工作和服务标准，并向社会公布，规范口岸各环节收费，提高口岸服务能力与水平。

（2）推进大通关建设和创新通关监管服务

为促进人员流动，促进物流通行效率提升、节约成本，实现信息化管理，四川积极改进通关流程和优化运作模式，如建设国际贸易"单一窗口"，优化通关流程，深化与节点城市的通关合作。

2017年11月，《中国（四川）自由贸易试验区建设实施方案》出台，对创新通关监管服务的领域进行了规定。比如，口岸通关监管制度创新，推进检验检疫监管模式创新，拓展保税维修、检测、研发业务，推进税收征管方式创新。

3. 四川的投资便利化政策

为了促进国内外资金流入，四川借鉴上海等自贸试验区经验，提高投资便利化水平，优化投资环境。第一，深化外商投资负面清单管理改革。第二，改革外商投资管理模式。第三，实行事中事后监管。第四，拓展招商引资渠道。第五，优化外汇管理服务。第六，实施出入境便利措施。

4. 四川的内外金融服务创新

作为科技金融创新的先行省（区、市），四川在金融机构聚集、金融改革创新、金融国际化水平提升、金融生态环境建设方面取得显著成绩，为推动内陆开放型经济新高地的建设创造重要条件。

（1）积极促进跨境投融资便利化，充分利用境内外市场

为适应金融全球化和人民币国际化，四川省积极展开先行先试，在人民币可兑换项目和人民币跨境使用等方面做出了有益的探索。主要包括：探索建立与自贸试验区相适应的本外币账户管理体系，促进跨境贸易、投融资结算便利化；鼓励自贸试验区内金融机构和企业在境外发行人民币和外币债券，所筹资金可根据需要调回自贸试验区内使用；支持企业参与跨国公司总部外汇资金集中运营管理和跨境双向人民币资金池业务；实现试点企业规避汇率风险、降低汇兑损失，拓展境外融资渠道、降低融资成本；进一步简化经常项目外汇收支手续，在真实、合法交易基础上，自贸试验区内货物贸易外汇管理分类等级为 A 类企业的外汇收入无须开立待核查账户；银行按照"了解客户、了解业务、尽职审查"的展业三原则办理经常项目收结汇、购付汇手续等。目前参与跨国公司总部外汇资金集中运营管理试点的企业已达到 8 家；探索区内银行业机构向境外销售人民币理财产品、开展人民币项下跨境担保等业务。

（2）加快设立金融机构，打造金融创新服务平台

近年来，四川积极扩大金融领域开放，设立银行、证券、保险等各类金融机构，为跨境企业提供各类综合性金融服务，这些机构在金融创新领域做了许多有益尝试。首先，2017 年 4 月，在中国（四川）自由贸易试验区正式挂牌当日，中国银行成都自贸试验区分行、泸州自贸试验区支行同步挂牌、率先开业，这标志着中国银行四川省分行在助推四川自贸区金融领域的开放创新上实现了良好开局。其次，积极引入基金、信托等管理模式，2016 年 6 月，成都市会同前海金控，启动设立总规模 400 亿元的成都前海产业投资基金（母基金），这一举措不仅将打通成都－前海－境外的融资通道，而且将汇集伦敦、纽约、法兰克福等全球资本；2017 年 2 月，四川省中小企业发展基金与首批十家中小企业签订了投资意向协议及投资协议，四川省中小企业发展基金将由省财政出资 5 亿元并采用"母子基

金"方式运作，这一举措将有效解决中小企业融资难的问题，进一步推动新兴产业、高端金融平台等领域的发展。最后，探索开展投贷联动业务，更好发挥多层次资本市场作用，撬动更多社会资本参与天使投资、创业投资和股权投资。四川于 2009 年创立国内首家科技支行，现今的 8 家科技支行已经累计为 713 户科技型企业授信约 174 亿元，发放贷款 124.6 亿元，有效地解决了中小企业的融资问题。

（3）积极发展新兴金融业态，加速金融创新进程

在金融业态创新方面，四川鼓励发展与国际贸易相关的商业保理、融资租赁和互联网金融等新兴业务，鼓励金融服务外包、资产管理、跨境结算等机构集聚发展。2016 年 6 月，中国天府国际基金小镇正式运营，吸引 120 多家知名投资机构入驻，管理资金规模超过 600 亿元，其与成都、四川的双创基地、众创空间合作，积极探索创新项目与资本的联动机制，加快探索"双创基地 + 国际基金小镇"的"科技金融成都新模式"。2019 年，天府国际基金小镇在既有发展优势基础上继续集聚规模，力促产融发展，全力打造基金小镇这一高地，助力成都西部金融中心建设。

（4）促进产融合作

支持成都开展产融合作试点，构建产融合作示范基地，搭建产融对接信息化平台，促进金融产品和服务创新，推动"产业链、创新链、资金链"三链协同，实现互利共赢，探索产业与金融良性互动、创新发展的新路径。

（5）强化金融监管机制，做好金融保障

金融监管主要包含市场准入监管和相对独立的金融机构运作监管两个方面。近年来，四川省积极探索建立与自贸试验区相适应的新型风险监管体系；探索建立跨境资金流动风险监管机制，强化开展反洗钱、反恐怖融资、反逃税工作，防止非法资金跨境、跨区流动；鼓励金融行业协会、自律组织建立调解与仲裁、诉讼的对接机制，加大对金融消费者维权的支持力度；支持建立健全金融消费者教育服务体系，积极创新自贸试验区特色多元化金融消费者教育产品和方式。

（6）提升金融业对外开放水平，为"走出去"提供全方位服务

当前，四川省拥有外资银行近 20 家，渣打银行、花旗银行、华侨银行等外资企业在成都运营良好，为金融业发展做出了重要贡献。未来，四川省将以提升金融业对外开放水平为方向，紧跟国家进一步对外开放和金融双向开放战略部署，服务好"万企出国门"、国际产能合作"111"工程、

四川制造和四川服务一体化"走出去"等重大项目，助推境外借款及跨境并购业务，实现四川工程承包、电子信息、装备制造、饮料食品等优势产业和行业"走出去"。

当前，成都正以"中国金融第四极"总体定位为战略指引，紧扣做强做优"西部金融机构集聚中心、金融创新和市场交易中心、金融服务中心"三大任务，重点打造"资本市场、财富管理、结算中心、创投融资、新型金融"五大核心竞争力，致力于建成立足四川、服务西部、辐射全国、具有国际影响力的西部金融中心。

5. 四川的海外投资服务及平台

为响应国家"一带一路"倡议，促使企业更有动力、更有效率地"走出去"，四川不断加强海外投资服务平台建设并着力提高服务效率。

第一，加强顶层设计。2016 年《成都市融入"一带一路"国家战略推动企业"走出去"五年（2016—2020 年）行动计划》出台，提出到"十三五"末期，将成都基本建成中西部地区"走出去"门户城市的目标。

第二，优化海外投资便利化服务。内容主要包括省工商联和省商务厅建立定期会商机制和信息共享机制，汇总各方信息，研判形势、制定对策，协调解决企业发展面临的问题。

第三，提供海外拓展服务。四川在机械加工装配、电子、纺织、制鞋、电子技术、新能源产业等领域具有竞争优势，为鼓励有实力的企业加大对外投资力度，推动国有企业抓住"一带一路"倡议重大发展机遇，加快"走出去"。

第四，建设境外经贸合作园区。以中乌农业产业园、中缅粮食产业示范园区、中柬商贸园区、印度中国工业园等为代表的境外经贸园区项目，以及以德国贝尔芬格水处理有限公司并购项目、白俄罗斯超级电容器项目、澳大利亚锂业开发项目等为代表的对外投资合作项目，影响力较大、附加值较高，成为成都企业参与和融入"一带一路"建设的重要载体和平台，是四川企业"走出去"的重要载体。

三 四川的开发服务创新

在四川自由贸易试验区管理办法中，提出采用"平台＋园区"与"政府＋机构＋企业"等共享开放合作模式，以"多园区共同开发"作为载体和依托，创新行政服务，优化投资环境；通过优化公共服务来提高对产业集聚和开放发展的支撑力。

1. 四川的多园区开发

以大企业、大集团为龙头，以各类开发区和工业集中发展区为依托，促进产业区域化集聚、专业化分工和社会化协作，是四川重要的政策理念；从四川"十一五"规划开始，园区发展都被纳入主要内容，各类开发开放园区成为提供经济开发服务的载体和平台。

（1）四川产业园区发展概况

《四川省产业园区创新改革发展规划（2016—2020）》指出，产业园区是经济发展的有力引擎、对外开放的重要载体、深化改革的试验平台和城市建设的拓展空间，担负着引领区域经济社会科学发展的重要使命。发展产业园区，加强其平台功能，成为四川促进经济发展政策的重要组成部分。

自 1990 年代初成都高新区入选全国首批国家级高新区以来，四川在国家、省市各级经济技术开发区、高新技术产业开发区、工业集中发展区等园区建设方面，取得了显著进展。第一，园区总体发展状况良好。第二，承接产业转移取得新成效。第三，转变发展方式实现新突破，从传统产业逐步过渡到高新技术产业发展轨道上来。第四，体制机制改革打开新局面。第五，加强园区间的协调。按照"十三五"规划的发展思路，四川的开放性园区不仅着重于产业的发展，并与生态环境建设相结合，建设适宜人类居住生活的绿色产业园区。未来四川长江工业园将建设成为长江经济带上游生态领航、智慧引领的田园型产业新城，实现生态、生产、生活"三生共存"，争创国家级高新技术园区和长江上游生态环保先进示范区。

（2）开发性园区的平台服务

开发性园区的设立为推动区域化、差异化的产业聚集和发展提供了公共治理平台，它们负责向园区微观主体提供产业开发的定制化准公共服务。由于园区开发更加强调柔性规划和弹性开发的统一，优质服务渐趋取代优惠政策成为竞争力来源，空间形态从产业区向产业社区和产业新城转型，四川通过产业园区本身的创新来提高其开发服务的供给能力与水平。

第一，以产业规划为指引吸引企业入驻聚集。产业园区依据全省产业发展方向确定自身定位，而后根据产业、空间布局引导企业流向。从空间设计来看，呈现"一心三轴六组团"结构。"一心"即金融商务中心区；"三轴"为天府大道、高新大道、红星路南延线三条城市向南发展主轴线；"六组团"即起步区组团、新园组团、站南组团、大源组团、中和北组团、中和南组团。

第二，加大招商引资力度，提供国家优惠政策的匹配服务。近年来，四川积极探索新型招商引资方式，形成以政府为主导、企业为主体、中介为桥梁、开发区为载体、驻外机构为窗口的投资促进体系，并加强重点地区、重点产业和重点园区的规模化招商。提供优惠政策、降低企业入驻成本、增加让利等，仍然是四川招商引资较为重要的方式。

第三，营造有利于培育创新的环境。随着创新地位的上升，四川加快产业园区在培育创新方面的服务供给，主要包括加快产业园区科技创新平台建设，支持企业与国内外知名大学、研发机构共建科技合作基地，以提升创新的基础能力。

第四，以产城人融合的理念供给园区软硬件设施。四川提出根据行业类型和环保要求，根据相融、相邻、相离的原则，科学推进产城融合，推动产业园区与母城基础设施对接、产业对接、功能对接、管理对接。依据"产业＋交通＋商业＋公共"配套的原理设计相关公共设施。

2. 四川的行政服务改革

为了创造良好的营商环境，四川积极响应国家号召，探索政府职能转变路径，推进"放管服"、简政放权、放管结合、优化服务改革的先行先试和经验推广。

（1）投资制度改革

提高投资准入标准、便利营商是四川"放管服"改革的重要内容，四川加快投资制度改革，降低市场壁垒，为活跃市场创造条件。

第一，改革投资准入标准。主要发挥发展规划、产业政策和准入标准对投资活动的规范引导作用。

第二，落实以负面清单为主的投资准入制度。2017年7月，四川出台政府核准的投资项目目录，制定投资项目核准事项清单，开展企业投资项目承诺制试点。

第三，放宽投资准入。2017年8月，《四川省创新管理优化服务培育壮大经济发展新动能加快新旧动能接续转换工作方案》列明放宽投资准入

的主要领域，包括推进药品上市许可持有人制度试点工作；落实《四川省
"十三五"医疗机构设置规划（2016—2020 年）》。四川 2017 版投资目录
进一步缩小了核准制项目范围，合理划分核准权限；修订完善了企业投资
项目核准和备案管理办法，进一步优化流程、提高效率。

（2）商事制度改革

商事登记制度对于降低市场准入制度性交易成本相对重要，从"三证
合一"到"五证合一"，四川不断提高"大众创业、万众创新"的便利
程度。

第一，逐步推进"多证合一、一照一码"登记制度。2017 年 9 月，全
省进一步实施企业"多证合一、一照一码"制度。[①]

第二，实现"最多跑一次"的工作要求和服务标准。主要是实行一站
式服务，企业到工商（市场监管）登记窗口递交登记材料后不再向证照核
发部门递交任何材料，工商（市场监管）部门按照"一套材料、一表登
记、一窗受理"工作模式，核发加载统一社会信用代码的营业执照。

第三，放宽登记要求，简化注销登记。2017 年 7 月，四川确定德阳等
7 个市（州）作为个体工商户简易注销试点单位，指导各试点市（州）出
台个体工商户简易注销登记管理办法，稳步推进全省个体工商户简易注销
工作。在总结经验基础上，进一步制定全省企业简易注销登记改革实施意
见，以规范推进注销登记工作。

第四，推进企业登记全程电子化。四川出台全省推进"互联网 + 工商
登记"工作的实施意见，主要是完成系统改造，统一标准流程，在保留纸
质登记的同时实现全程电子化网上登记注册，颁发电子营业执照，以提高
商事登记效率。[②]

（3）审批制度改革

在审批环节，主要推行的改革如下。

第一，清理审批项目。党的十八大以后，四川加快审批项目清理，减
少行政和非行政许可事项。2014 年取消、调整、下放了 92 项行政审批事
项，省级层面核准事项减少 50% 以上，并不再保留"非行政许可审批"。
2016 年四川全面取消非行政许可审批，省级核准事项减少 60%。[③]

---

① 《四川省推进"多证合一"改革实施方案》，四川省人民政府网站，2017 年 9 月 22 日。

② 《关于 2017 年深化经济体制改革重点工作的意见》，四川省人民政府网站，2017 年 7 月 3 日。

③ 《四川省人民政府工作报告》（2010～2017 年），四川省人民政府网站。

第二，落实"先照后证"。一是除法律、行政法规和国务院决定外，各地、各部门一律不得设定工商登记前置审批事项，也不得通过备案等方式实施变相前置审批。二是确保行政审批行为严格依法、公开透明。三是及时掌握四川省企业信用信息公示系统公示的市场主体登记、备案信息，监督、指导市场主体在领取营业执照后办理相关后置审批事项，从源头上减少未经审批从事经营的行为。

第三，公布审批清单，推进并联审批。2015 年四川省人民政府办公厅发布的《精简审批事项规范中介服务完善企业投资项目并联审批制度的实施方案》，提出一是精简前置审批事项和规范中介服务，对政府审批流程及审批要求做进一步调整；二是完善并联审批，对清理确认保留的前置审批事项，与项目核准并联办理。

第四，实行在线审批。2016 年 9 月，四川省投资项目在线审批监管平台在全省范围内开始试运行。自试运行之日起，全省所有非涉密投资项目的审批、核准、备案以及所涉及的投资项目从项目审批至竣工验收全过程的行政审批事项一律纳入在线平台办理，实现网上受理、办理、监管"一条龙"服务。①

（4）完善事中事后监管

从事前审批转向提高市场准入标准、实施"先证后照"制度，相应的需要通过加强事中事后监管来维护良性的市场秩序。

第一，实施流程差异化监管。一是通过信息公示、抽查、抽检等方式，综合运用提醒、约谈、告诫等手段，强化对市场主体及有关人员的事中监管，及时化解市场风险；二是建立健全联合惩戒机制，加强市场主体信用信息应用，强化信用约束，对有失信记录的市场主体采取有针对性的信用约束措施，实行联动响应。②

第二，建设信用法规制度。四川省制定《关于建立完善守信联合激励和失信联合惩戒制度加快推进社会诚信建设的实施方案》，加强企业经营异常名录和严重违法失信企业名单管理。

第三，落实监管职责。一是理清部门职责，建立健全行政审批、行业

---

① 《关于做好投资项目在线审批监管平台试运行工作的通知》，四川省人民政府网站，2016 年 9 月 14 日。

② 《四川省人民政府关于落实"先照后证"改革决定加强事中事后监管工作的实施意见》，四川省人民政府网站，2016 年 3 月。

主管与后续监管相一致的市场监管责任机制。工商部门履行"双告知"职责；审批部门和行业监管部门按照分工履行好市场监管职责。二是按照谁审批谁监管、谁主管谁监管的原则，注重发挥市（州）、县（市、区）政府就近就便监管优势，以及行业管理部门和环境保护、质量监督、安全监管等部门专业优势，以及投资主管部门综合监管职能，进行联合监管，同时落实监管责任，如投资项目核准、备案权限下放后，监管责任要同步下移。[①]

第四，多样化监管方式。一是推进"双随机一公开"监管，在监管过程中随机抽取检查对象，随机选派执法检查人员，实现"双随机"抽查事项全覆盖，抽查情况及查处结果及时向社会公开。二是相关行业部门统筹事业产业相融互动、协调发展，强化全行业监管服务，引导社会力量进入本领域，形成可复制、可推广经验。三是倡导"动态式""温和式""预警式"监管，按照已形成规模、影响力较大的新产业、新业态的特点和发展趋势量身定做监管制度。[②]

第五，形成协同监管能力。工商、食品药品监管、质监、价格等相关监管部门需完善联席会议、联合执法、联合宣传等工作机制，加强部门间协同联动，形成信息共享、优势互补；升级行政效能电子监察系统，推动政府部门信息数据共享，实现与省级部门（单位）业务专网对接，重点推进与投资项目在线审批监管平台对接；在借助"互联网＋"、大数据和信息共享开展协同监管和综合执法过程中，建立联合惩戒约束机制，完善部门间、区域间监管职能衔接机制，提高监管水平。

（5）提高政务服务效能

为了配合简政放权的改革，政府还从调整服务方式与流程入手，引进"互联网＋"信息技术，以提高行政服务效能。

第一，建设行政服务"单一窗口"。四川省围绕"审批不见面"和"最多跑一次"改革要求，制定全省一体化政务服务平台总体框架设计方案。

第二，推动"互联网＋政务服务"发展。2017年9月，《四川省加快推进"互联网＋政务服务"工作方案》，明确用2~3年时间，构建集行政

---

① 《关于发布政府核准的投资项目目录（四川省2017年版）的通知》，四川省人民政府网站，2017年8月1日。

② 《四川省创新管理优化服务培育壮大经济发展新动能加快新旧动能接续转换工作方案》，四川省人民政府网站，2017年8月24日。

审批、公共服务、阳光政务、效能监察、互动交流等功能于一体，覆盖全省、整体联动、部门协同、省级统筹、一网办理的"互联网＋政务服务"体系，以最大限度提供利企便民服务。

第三，推进政务公开。一是围绕权力运行全流程、政务服务全过程，紧密联系实际，积极探索基层政务公开标准化规范化，全面提升基层政务公开和政务服务水平。二是完善政务公开方式，全面梳理政务公开事项，编制政务公开事项标准，规范政务公开工作流程。三是扩大公开范围，如健全政府信息公开和企业信息披露制度，积极稳妥推进向社会开放政府数据，研究制定统一的政务服务资源和数据采集、传输、存储、交换、共享、开放、应用等标准与技术规范，与民生保障服务相关领域的信息资源优先向社会开放。[①]

第四，促进跨部门跨区域协同。2017 年 7 月，四川原则上同意攀枝花市东区、德阳市旌阳区、广汉市、中江县、罗江县等开展相对集中行政许可权改革试点，建立相对集中行政许可权的行政机关——行政审批局，作为本级人民政府的工作部门，集中行使行政许可权，同时建立与其他相关职能部门间的工作衔接协调机制。

3. 四川支撑产业聚集的公共服务发展

为了促使产业集聚，特别是实施创新驱动发展战略，四川省积极推进吸引人才、留住人才、服务人才等人才培育工作；同时提高各类公共服务的供给水平。

（1）加大人才吸引力度

人力资源的培育需经历一个漫长的过程，为了适应产业转型需要，四川在人才落户、住房居住、子女入学及出入境等方面实施诸多优惠政策，以加大人才吸引力度。

从主要的人才政策来看，包括：一是对急需紧缺人才提供 5 年免租公寓租赁服务，租住政府提供的人才公寓满 5 年，按其贡献以不高于入住时市场价格购买该公寓。在产业新城建设配套租赁住房，由各区（市）县政府根据企业和项目情况，按市场租金的一定比例提供给产业高技能人才租

---

① 《四川省创新管理优化服务培育壮大经济发展新动能加快新旧动能接续转换工作方案》，四川省人民政府网站，2017 年 8 月 24 日。

住。鼓励用人单位按城市规划与土地租让管理有关规定自建人才公寓，提供给本单位基础人才租住。二是发放"蓉城人才绿卡"。成都将对各类急需紧缺人才发放"蓉城人才绿卡"。三是大学本科及以上学历人才凭毕业证即可落户。

2017年3月与8月，《四川省引进海内外高层次人才"千人计划"实施办法》与《成都天府新区直管区"天府英才计划"实施办法》先后出台。

（2）提高人力资源培育服务水平

2017年6月，中共四川省委组织部等5部门印发《四川省技能人才队伍建设"十三五"规划》，对于实施人才强省战略进行了整体部署，主要是加快建设一支与产业转型发展相适应的技能人才队伍，充分激发技能人才创新创造活力，将人口规模优势转化为人才资源优势。该《规划》总体思路是：以深化技能人才供给侧改革为主线，以完善技能人才培养、评价、使用、引进、激励机制为重点，以激发技能人才活力为根本，加快培养造就更加适应产业转型升级需要的技能人才队伍，打造"技能四川"。

（3）提高民生保障服务水平

四川在深化经济体制改革的年度方案中，对于事关社会民生的领域，亦不断推进改革进程。

首先，深化医药、卫生体制改革，提高群众健康水平。包括全面实施综合医改试点，推进公立中医医院综合改革，推进公立医疗机构药品采购"两票制"。开展公立医院薪酬制度改革试点和人事、编制制度改革。健全医疗保险稳定可持续筹资和报销比例调整机制，开展门诊统筹。

其次，推进养老保险和健全社会保障制度。主要包括推进中央和国家部委部署在川的首批养老服务和社区服务信息惠民工程改革，积极发展企业年金、职业年金和商业养老保险。全面放开养老服务市场，探索计划生育家庭养老照护改革试点。进一步完善城乡基本养老保险制度，按照国家统一部署合理调整退休人员基本养老金水平。[①]

最后，强化精准扶贫。汶川地震后，灾后重建是四川多年以来的重要工作。随着重建工作的有效推进，脱贫攻坚上升为"头等大事"，这对于保障社会稳定意义重大。在扶贫政策制定方面，四川主要通过产业扶持、

---

① 《关于2017年深化经济体制改革重点工作的意见》，四川省人民政府网站，2017年7月3日。

转移就业、易地搬迁、教育支持、社保兜底、生态保护等方式脱贫，并形成脱贫攻坚合力。2019 年，四川大力实施 22 个扶贫专项，易地扶贫搬迁建成住房 15.5 万套。强化 45 个深度贫困县帮扶工作，深化与广东、浙江等东部省域扶贫协作和对口支援。采取超常举措综合帮扶凉山贫困地区，出台 12 个方面 34 条支持措施。扎实开展扶贫领域作风问题专项治理。实现 104 万贫困人口脱贫、3513 个贫困村退出，30 个计划摘帽贫困县达到验收标准，环境质量持续改善。①

四 新型开放背景下的四川发展

素有"天府之国"美誉的四川省，产业历来以农业为主。随着城市化、现代化和信息化的不断推进，四川不断打通对外交流的通道，将"引进来"和"走出去"相结合，经过多年的累积和发展，四川经济社会发展取得显著成绩，城市化不断推进，工业化水平不断提高，对外交往显著增加。在内陆开放型经济建设中，强化开发和开放政策的系统衔接，依然是有待推进的领域。

1. 四川的产业集聚

西部大开发以来，四川经济增长较快，2000 年地区生产总值 3928 亿元，到 2015 年升至 30053 亿元，2017 年升至 36980 亿元。三次产业结构不断调整、优化，竞争力有所提升。从空间构成来看，形成以成都市为中心、周边各小城市协同发展的"中心－外围"模式。

（1）从三次产业结构来看，形成了以第二、第三产业为主，第一产业为辅的产业结构

2000～2017 年，四川省第一产业占 GDP 的比重呈逐年下降趋势，从 24.1% 下降到 11.6%；第二产业占 GDP 比重逐年上升，从 36.5% 增长到 38.7%；第三产业占比也呈逐年上升态势，从 39.4% 增长到 49.7%。四川省逐渐由农业为主的产业结构，转变为以第二、第三产业为主导的产业结构，逐步迈向现代化、工业化、信息化的经济发展阶段（见图 5－25）。

（2）第一产业以农牧业为主

2005～2017 年，四川省的第一产业总产值逐年增加，从 2415.81 亿元

---

① 《四川省人民政府 2019 年工作报告》，四川省人民政府网站，2019 年 1 月 22 日。

增长到 6785.64 亿元。从第一产业构成来看，农业占据主体地位，2017 年农业总产值为 4004.20 亿元，占比 59.01%；其次是牧业，总产值为 2199.72 亿元，占比 32.41%；林业和渔业生产总值相对较低（见图 5 – 26）。

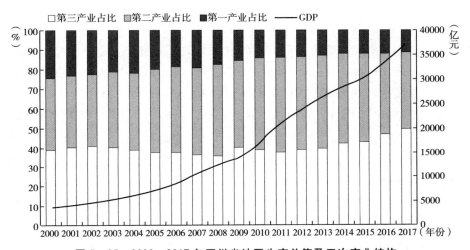

图 5 – 25　2000 ~ 2017 年四川省地区生产总值及三次产业结构

资料来源：《四川统计年鉴》（2001 ~ 2018 年）。

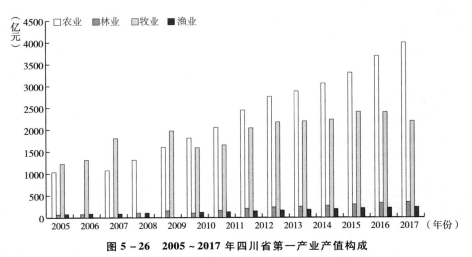

图 5 – 26　2005 ~ 2017 年四川省第一产业产值构成

资料来源：《四川统计年鉴》（2006 ~ 2018 年）。

在农业方面，2017 年四川省粮食总产量达到 3488.9 万吨。其中谷物居于首位，总产量为 2831.8 万吨；油料总产量为 357.9 万吨，其中以花生和菜籽为主，产量分别为 66.0 万吨和 288.0 万吨；水果总产量达 1007.9 万吨。四川省在农产品方面具有得天独厚的优势，为农产品加工业发展奠定基础和提供了条件。

（3）第二产业以农产品加工业、装备制造业、资源型产业、高新技术产业为主

从第二产业分类来看，以工业为主，2017 年工业生产总值为 11576.16 亿元，占四川省第二产业产值的 80.8%，而建筑业生产总值为 2838.34 亿元，占比为 19.8%。四川工业以农产品加工业、装备制造业、资源型产业、高新技术产业为主，这四类产业产值占比达到 80% 以上。

在资源型产业方面，得益于丰富的水能、天然气、钒钛、稀土等优势资源，四川形成了以高载能产业为特色的一大批优势资源产品，例如攀钢集团的系列钢铁产品、天原的聚氯化工产品、沪天化的氮肥、川投的黄磷以及元明粉、聚苯硫醚、有机硅氟等一大批在国内外具有较强竞争力的优势产品。

在农产品加工方面，形成了以五粮液、剑南春、泸州老窖、华润蓝剑、希望、通威等引领的一大批制造业领域的全国知名企业。

在装备制造业方面，四川目前拥有东电集团、资阳机车厂等大型装备制造企业，形成了以大型发电设备、大型冶金化工成套设备为代表的重型机械、大型工程施工成套设备、机车车辆、石油天然气成套设备、大型环保成套设备、航空及空中交通管制系统成套设备以及数控技术与设备等在国内较有竞争力的重点产品。

在高新技术产业方面，计算机、通信和其他电子设备制造业在整个行业中处于领先地位。目前四川集聚英特尔、阿里巴巴西部基地等重点目标企业超过 600 家，电子通信等行业的大型企业崛起，使四川成为西部地区高技术产业创新最活跃的城市和唯一的中国软件名城。

（4）第三产业以批发零售业与金融业为主

从第三产业总产值来看，增长速度飞快，相较第二产业增速有赶超的趋势，特别是近五年，第三产业增速明显高于第二产业。其中，金融业增长迅猛，2005～2017 年，金融业总产值从 262.26 亿元增长到 3203.27 亿元，年均增长速度为 23.19%，占第三产业比重从 9.25% 增长到 17.42%。一直处于第一位的批发零售业近年来增长趋于放缓，2017 年产值为 2574.15 亿元，占第三产业比重为 13.99%，较上年的 13.75% 并无较大差异（见图 5-27）。

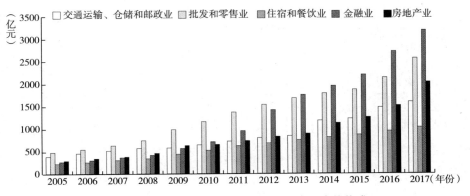

图 5 - 27 2005～2017 年四川省第三产业产值构成

资料来源：《四川统计年鉴》（2006～2018 年）。

（5）从产业空间布局来看，主要以成都为中心

成都作为四川的省会城市，2017 年的 GDP 达到 13889.39 亿元，占四川省总量的 37.56%，并且所占比重逐年扩大；其次是绵阳，GDP 为 2074.75 亿元，占比为 5.61%；德阳位居第三，生产总值为 1960.55 亿元，占比为 5.30%。南充、宜宾等市均排在前五以内。总体来说，成都市是四川省的中心城市，产业基本在此布局，继而辐射和带动周边地区（见表 5 - 12）。

表 5 - 12 2012 年、2015 年、2017 年四川省各地区生产总值

单位：亿元,%

年份 地区　类别	2012		2015		2017	
	地区生产总值	占比	地区生产总值	占比	地区生产总值	占比
成都市	8138.94	32.62	10801.16	35.94	13889.39	37.56
自贡市	884.80	3.55	1143.11	3.80	1312.07	3.54
攀枝花市	740.03	2.97	925.18	3.08	1144.25	3.09
泸州市	1030.45	4.13	1353.41	4.50	1596.21	4.32
德阳市	1280.20	5.13	1605.06	5.34	1960.55	5.30
绵阳市	1346.42	5.40	1700.33	5.66	2074.75	5.61
广元市	468.66	1.88	605.43	2.01	732.12	1.98
遂宁市	682.41	2.74	915.81	3.05	1138.06	3.08

年份 地区　类别	2012		2015		2017	
	地区生产总值	占比	地区生产总值	占比	地区生产总值	占比
内江市	978.18	3.92	1198.58	3.99	1332.09	3.60
乐山市	1037.75	4.16	1301.23	4.33	1507.79	4.08
南充市	1180.36	4.73	1516.20	5.05	1827.93	4.94
眉山市	775.22	3.11	1029.86	3.43	1183.35	3.20
宜宾市	1242.76	4.98	1525.90	5.08	1847.23	5.00
广安市	752.22	3.02	1005.61	3.35	1173.79	3.17
达州市	1135.46	4.55	1350.76	4.49	1583.94	4.28
雅安市	398.05	1.60	502.58	1.67	602.77	1.63
巴中市	390.40	1.56	501.34	1.67	601.44	1.63
资阳市	984.72	3.95	1270.38	4.23	1022.21	2.76
阿坝藏族羌族自治州	203.74	0.82	265.04	0.88	295.16	0.80
甘孜藏族自治州	175.02	0.70	213.04	0.71	261.50	0.71
凉山彝族自治州	1122.67	4.50	1314.84	4.38	1480.91	4.00

资料来源：2013 年、2016 年、2018 年《四川统计年鉴》。

2. 四川的对外经贸发展

改革开放以来，四川省大力实施对外开放战略，积极响应国家"走出去"和"引进来"的发展战略，通过积极开展招商引资和发展对外商品与服务贸易，加强对外合作。经过三十多年的努力，四川省对外经贸发展成效显著。

（1）四川省外商投资进入稳步发展阶段

20 世纪 90 年代，四川省基本没有外商投资，2000 年以后，外商投资开始进入稳步发展阶段。在实际利用外资方面，四川省 2000 年左右以对外借款和外商直接投资为主，之后实际利用外资的结构不断发生变化，逐步过渡到以外商直接投资为主的结构。2000 年，四川省的外商直接投资占投资总额的比例仅为 45.7%，对外借款占到 50.9%；而到 2017 年，四川省以外商直接投资为主，总额达到 81.01 亿美元，所占比重达到 93.13%

（见图 5 - 28）。通过直接引用外资、取代对外借款的方式，可以有效地实现外商投资的规模效益、溢出效益，促进本地技术水平的提升，从而更好地带动本地经济的发展。根据四川 2017 年统计公报，2017 年四川省新批外商直接投资企业 579 家，累计批准 11701 家，外商投资实际到位资金 561.0 亿美元，比上年增长 7.5%。落户四川的境外世界 500 强企业 235 家，年末驻川外国领事机构 17 家。并且，从外商投资产业分布来看，第一产业所吸引的外商投资比重始终很小，近年来第三产业已经取代第二产业成为吸收外商直接投资的主要产业。

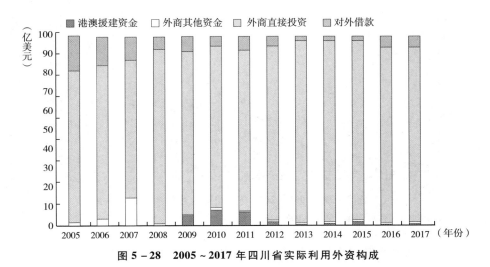

图 5 - 28　2005 ~ 2017 年四川省实际利用外资构成

资料来源：《四川统计年鉴》（2006 ~ 2018 年）。

（2）从贸易规模来看，近年来增长迅猛，且始终保持顺差

随着对外开放的逐步推进，四川省对外贸易总额从 2000 年的 25.5 亿美元增长至 2017 年的 681.2 亿美元，平均增速 21.3%。其中，出口额从 2000 年的 13.9 亿美元增长到 2017 年的 375.5 亿美元，进口额从 11.5 亿美元增长到 305.7 亿美元，平均增速分别为 21.4% 和 21.3%，四川对外开放取得了显著成就。2015 年，由于全球贸易的萎缩和大宗商品价格的下跌，四川省贸易总额出现多年来的首次下降，仅为 515.93 亿美元，较上年下降 26.6%；2016 年，四川省全年进出口总额为 493.3 亿美元，比上年下降 4.4%，其中，出口额 279.5 亿美元、同比下降 15.6%，进口额 213.9 亿美元、同比增长 18.2%。2017 年四川实现货物贸易进出口总值 681.2 亿美

元，同比增长38.2%。其中，出口375.5亿美元，同比增长34.4%；进口305.7亿美元，同比增长43.1%。2018年四川实现对外货物贸易进出口总值899.4亿美元，比上年增长32.0%。其中，出口504.0亿美元，比上年增长34.2%；进口395.4亿美元，增长29.4%。综上所述，2015年、2016年，四川省对外商品贸易额逐渐减少，出口额下降明显。2017年，四川省对外商品贸易额再次上升，四川省对外贸易规模迅速扩大（见图5-29）。

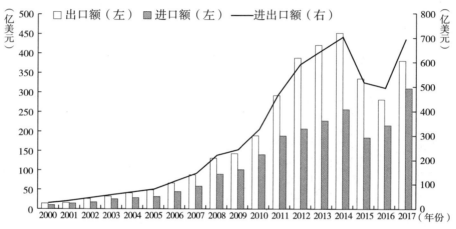

图5-29　2005~2017年四川省对外贸易总额

资料来源：《四川统计年鉴》（2006~2018年）。

（3）从贸易结构来看，以工业制成品为主

改革开放之初，四川省经济较为落后，出口以原材料等初级产品为主，占到总出口额的20%以上。近年来随着技术的进步和工业水平的提高，四川省的贸易结构不断优化，逐渐由初级产品的贸易转变为以工业制成品的贸易为主。2017年，四川省工业制成品的进口总额和出口总额分别为285.1亿美元和367.5亿美元，分别占总进口和总出口的93.30%和97.86%。其中，机械与运输设备的贸易成为推动四川进出口增长的主要动力，其出口和进口额分别占总体规模的73.8%和83.38%。经过多年的发展，要素不断积累，促进产业结构升级，使得四川省的对外贸易商品结构发生了巨大的变化，越来越倾向于装备制造业（见表5-13）。

（4）从贸易方式来看，以一般贸易和加工贸易为主

2006~2017年，四川省贸易额整体呈上升趋势（2014~2016年下降），其中一般贸易额从5.99亿美元增长到203.01亿美元，加工贸易额从

表5－13　2017年四川省商品贸易结构

单位：万美元，%

类　别	进　口		出　口	
	总　额	比　重	总　额	比　重
初级产品	204725	6.70	80380	2.14
食品及活动物	30550	1.00	29115	0.78
饮料及烟草类	2359	0.08	15801	0.42
非食用原料（燃料除外）	163806	5.36	26337	0.70
矿物燃料、润滑油及有关原料	7347	0.24	3920	0.10
动植物油、脂及蜡	663	0.02	5207	0.14
工业制成品	2850558	93.30	3675014	97.86
化学成品及有关产品	67747	2.02	267795	7.13
按原料分类的制成品	79124	2.59	282485	7.52
机械及运输设备	2516806	82.38	2771439	73.80
杂项制品	163404	5.35	330687	8.81
未分类的商品	23477	0.77	22608	0.60

资料来源：四川省商务厅。

1.36亿美元增长到376.04亿美元。四川省作为西部落后地区，近年来由于具有劳动力成本优势、土地成本优势，逐渐吸引大量的外资企业入驻，使得四川省加工贸易规模迅速扩大。具体来看，一般贸易所占比例从81.8%下降到30.3%，加工贸易从11.8%上升到56.2%，其他贸易从3.2%上升到13.5%。因此，目前四川省的贸易以一般贸易和加工贸易为主，其他贸易为辅，贸易方式呈现多样化的局面。但是，一般贸易比重的持续下降，预示着四川省在发展对外贸易过程中并没有通过市场竞争促进本地企业发展，反而使得本地企业失去了比较优势。

（5）从地区结构来看，亚洲是主要的贸易市场

2006～2017年，四川省的对外贸易主要集中于亚洲、欧洲、北美洲等地。其中，与亚洲的贸易始终占据半壁江山，与北美洲的贸易比重呈现增长态势。2006年，四川省51.7%的出口和45.3%的进口主要与亚洲国家展开，2009年66.5%的出口流向亚洲（见表5－14），40.5%的进口源自亚洲。随后，四川省对亚洲的出口份额有所下降，与北美洲的贸易比重逐步上升。2017年，四川省与美国的贸易占比达到24.3%，居于所有国家和地区首位；同时与北美洲的贸易占比达到24.8%。

表 5 - 14 2006~2017 年四川省进出口主要地区分布

单位:%

年　份	四川省主要出口地区占总出口的比重			四川省主要进口地区占总进口的比重		
	亚　洲	欧　洲	北美洲	亚　洲	欧　洲	北美洲
2006	51.7	20.1	18.0	45.3	24.5	23.5
2007	57.4	17.5	13.6	42.5	25.7	24.1
2008	61.5	16.3	10.7	43.0	23.5	26.4
2009	66.5	13.9	9.4	40.5	31.0	21.8
2010	53.8	19.4	11.2	44.7	25.4	23.1
2011	38.3	25.7	25.7	53.9	20.5	15.7
2012	42.4	20.4	26.7	60.7	15.8	12.5
2013	49.4	18.6	21.7	58.9	14.2	13.9
2014	49.0	19.5	21.3	54.5	10.1	24.3
2015	48.6	16.4	23.1	47.9	12.5	28.6
2016	43.3	18.1	30.1	48.6	14.9	27.9
2017	50.1	19.3	23.1	50.5	17.0	26.9

资料来源:四川省商务厅。

第六章
西部内陆边缘地区的开放与发展探索

第一节 新疆的开放与发展探索

一 新疆开放背景及进展

1. 新疆对外开放的背景

新疆维吾尔自治区位于中国西北边陲，深居亚欧大陆内部，地域辽阔，能源、矿藏丰富；北临蒙古、俄罗斯，西接哈萨克斯坦、吉尔吉斯斯坦、塔吉克斯坦，南靠阿富汗、巴基斯坦、印度，面向人口达 13 亿的中西亚，同时背靠拥有 14 亿人口的中国内地，处于 27 亿人口的巨大市场中心，是丝绸之路经济带中国段东联西出的战略高地，从中国东海岸连云港到达荷兰鹿特丹的第二亚欧大陆桥的必经之地，以及连接俄罗斯、哈萨克斯坦等国家的国际能源安全大通道。

党的十一届三中全会做出了改革开放的重大决策，随着中国对外开放的不断推进，新疆依靠得天独厚的地理位置优势展开对外开放的进程。

2. 新疆对外开放的历程

1979 年，中央批准新疆对外开放乌鲁木齐、石河子等 14 个市县；1981 年允许新疆进出口业务全面自营，直接进入国际市场；1982 年，国家批准开放红其拉甫口岸；1983 年，恢复开放霍尔果斯、吐尔尕特口岸；1986 年，经国家批准，新疆正式同哈萨克斯坦等五个加盟共和国、两个边疆区、一个州开展边境贸易；1987 年，新疆已与 50 多个国家和地区建立了贸易联系；1988 年，国务院通过《研究新疆开放工作纪要》，把只限于乌鲁木齐、伊宁、石河子和喀什的外商投资企业进口物资免征关税优惠政策对象范围，扩大到阿克苏、库尔勒、吐鲁番、哈密等市，并赋予新疆派驻国外经济机构审批权；1989 年，新疆维吾尔自治区党委和人民政府确立了"全方位开放，向西倾斜""外联内引，东联西出"的方针；同年，国务院批准伊宁、博乐等 13 个城市对外开放，使新疆对外开放的市县增至25 个；1992 年，国务院批准在新疆设立塔城边境经济合作区、伊宁边境经济合作区；2010 年，中共中央新疆工作座谈会将喀什和霍尔果斯定为经济特区；2011 年 1 月，自治区党委、乌鲁木齐市委做出开发区与头屯河区"区政合一"决策，将 1994 年设立的国家级乌鲁木齐经济技术开发区与1961 年建区的头屯河区合并，成立乌鲁木齐经济技术开发区；2011 年 4月，1992 年成立的奎屯经济技术开发区和 2006 年成立的奎屯－独山子石化工业园合并组建成奎屯－独山子经济技术开发区；2011 年 8 月，塔城地委决定整合巴克图口岸、塔城市边境经济合作区，设立巴克图辽塔新区，借助辽宁省对口支援塔城机遇，发挥口岸与边境合作区的优势，与辽宁省共同打造国际性复合功能区；2011 年 9 月，国务院批准设立吉木乃边境经济合作区；2013 年，习近平总书记提出共建"丝绸之路经济带"和"21世纪海上丝绸之路"，即"一带一路"倡议，随着"一带一路"倡议的展开，新疆维吾尔自治区、人民政府高度重视，立即组织有关部门对建设丝绸之路经济带核心区的相关问题进行深入研究与探讨，形成了《关于新疆建设丝绸之路经济带核心区的研究报告》；2015 年 11 月乌鲁木齐国际陆港区开始规划建设，如今"集货、建园、聚产业"的发展思路在乌鲁木齐国际陆港区已基本转变为现实。

3. 新疆参与"一带一路"建设的方式

新疆与八个国家接壤，目前有 17 个国家一类口岸，乌鲁木齐、奎屯、淮东、库车四个国家级经济技术开发区和喀什、霍尔果斯两个特殊经济技术开发区。随着"一带一路"倡议的提出与展开，新疆抓住机遇，提出建设丝绸之路经济带核心区，并积极展开顶层设计和战略实施。

2014 年 4 月，新疆公布《关于在喀什、霍尔果斯经济开发区试行特别机制和特殊政策的意见》；2014 年 9 月，审议通过《推进新疆丝绸之路经济带核心区建设的实施意见》和《推进新疆丝绸之路经济带核心区建设行动计划（2014—2020年）》，提出丝绸之路经济带核心区建设规划的近期、中期以及远期目标；2014年底，新疆维吾尔自治区人民政府成立推进丝绸之路经济带核心区建设工作领导小组，这是全国第一个由地方成立的推进"一带一路"建设的领导小组；2015年3月，经国务院授权，国家发改委等三部委联合发布《推动共建丝绸之路经济带和21世纪海上丝绸之路的愿景与行动》，明确新疆丝绸之路经济带核心区的定位；2015年5月，新疆公布《2015年新疆丝绸之路经济带核心区建设工作要点》和《新疆丝绸之路经济带核心区建设优先推进项目清单》；2015年8月，颁布《关于推进新疆丝绸之路经济带核心区医疗服务中心建设方案》。此外，新疆还编制了《新疆维吾尔自治区建设丝绸之路经济带核心区的指导意见》，加快推进核心区能源、五大中心、十大进出口产业集聚区等一系列规划编制工作，编制完成《新疆参与中方编制中蒙俄经济走廊合作规划纲要工作方案》，提出的重大政策和重大项目得到国家采纳，编制上报了《自治区关于加快沿边经济带开发开放发展的实施意见》，形成《"中巴经济走廊"国内段建设总体思路研究》初稿等。

综观新疆围绕建设丝绸之路经济带核心区扩大开放的战略及措施，主要包括以下几方面。

（1）总体思路

按照"五通"（政策沟通、设施联通、贸易畅通、资金融通、民心相通）要求，以"三通道"（能源、交通、信息综合大通道）为主线，以"三基地"（国家大型油气生产加工和储备基地、大型煤炭煤电煤化工基地、大型风电和光伏发电基地）为支撑，以"五大中心"（交通枢纽、商贸物流、金融、文化科教、医疗服务中心）为重点，以"十大进出口产业集聚区"（机械装备出口、轻工产品出口加工、纺织服装产品出口加工、建材产品出口加工、化工产品出口加工、金属制品出口加工、信息服务业出口、进口油气资源加工、进口矿产品加工、进口农林牧产品加工产业集聚区）为载体，推进改革创新，加快开放步伐，充分发挥新疆独特的区位优势和向西开放的重要窗口作用，构建全方位对外开放新格局。

（2）发展目标

从近期目标来看，主要用3~5年时间，夯实基础，打开局面。编制完成"五大中心"专项规划，明确新疆丝绸之路经济带核心区建设思路和重点任务。优先启动医疗服务中心、区域性交通枢纽中心、商贸物流中心和文化科教中心建设，并取得阶段性成果；中通道功能得到完善和提升，南、北通道建设全面展开，新疆段综合交通运输体系基本形成；面向国内和周边国家的现代商贸物流网络初步形成；新疆能源资源战略地位得到巩固，能源通道建设和能源安全得到提升；与周边国家的交流和合作得到加强，国内外市场得到拓展；十大进出口产业集聚区初具规模。

从中期目标来看，主要用 5～10 年的时间，重点突破，互联互通。以铁路建设为突破口，以中巴铁路建设为重点，中巴经济走廊建成，通往印度洋的大通道基本畅通，与周边国家高效便捷的运输体系初步形成。进一步拓展与南亚、西亚和东欧等国家的贸易合作，区域贸易投资自由化和便利化加快推进；基本建成丝绸之路经济带上重要的区域国际金融中心，人民币结算规模、范围进一步扩大；国家重要能源资源基地、能源大通道和十大进出口产业集聚区建设基本完成。

从远期目标来看，主要到 21 世纪中叶，深化合作，全面收获。"三通道三基地"、"五大中心"和"十大进出口产业集聚区"全面建成。区域合作向纵深发展，安全高效的现代综合交通网络全面建成。贸易投资自由化和便利化得以实现，产业集群、城市群互动发展，经济融合进一步加深，区域经济一体化格局基本建立，与共建"一带一路"国家形成利益共同体、命运共同体，新疆丝绸之路经济带核心区地位充分彰显。

（3）着重开展"五大中心"建设任务

第一，交通枢纽中心。推进关键通道和重点工程建设，优先打通缺失路段，畅通瓶颈路段，逐步形成连接亚洲各次区域及亚欧非之间的交通网络。对内，重点打造"一个核心、两个环线"。其中，"一个核心"，即打造以乌鲁木齐为核心的立体交通枢纽；"两个环线"，即建设环塔里木盆地和环准噶尔盆地的综合交通环线。对外，畅通蒙疆、藏疆、青新、兰新"四条出疆通道"和中巴、中塔阿、中哈、中吉乌、中俄蒙"五条国际通道"，同时加强民航、口岸、管道基础设施建设。把新疆由国家交通网络末端建成中国西部高速大通道和交通枢纽中心。

第二，商贸物流中心。以综合交通运输网络为依托，加快物流基础设施和信息平台建设，构建面向国内和中亚、西亚、南亚与欧洲国家的现代商贸物流服务体系。对内，加快形成环乌鲁木齐商贸物流核心圈，培育形成喀什－克州、伊犁－博州、克拉玛依－奎屯－乌苏、阿勒泰－北屯、塔城、哈密、巴州、阿克苏、和田九个商贸物流产业集聚区。对外，加快建设一个自贸区（中国·新疆自由贸易试验区）、两个经济开发区（喀什、霍尔果斯经济开发区）、四个边境合作区（伊宁、博乐、塔城和吉木乃边境合作区）、八个综合保税区（阿拉山口、喀什、伊宁、伊尔克什坦、乌鲁木齐、塔克什肯、吉木乃、巴克图综合保税区）等开放平台。加强高位推动和顶层设计，落实国家关于物流业发展的相关规划和政策，适时制定新疆推进现代物流业发展的规划；加快沿线、沿路地区自由贸易园区建设，积极推进与中亚等国家和地区相互进一步开放与物流相关的分销、运输、仓储、货代等领域；应用智慧物流、供应链管理等重要技术手段，使物流企业从基础物流服务向供应链一体化物流模式转型，实现企业战略调整和模式创新。

第三，文化科教中心。发挥新疆与周边国家民族相连、语言相通、文化相近的优势，密切人文交流，厚植民意基础。一是积极参与国家海外中国文化中心共建合作计划，建设中亚文化交流合作中心。二是推进中国 - 中亚科技合作中心建设，打造一个中心（乌鲁木齐）和两个分中心（喀什、塔城），加强科技交流和科技人才培养、引进力度，积极推进与周边国家共建一批科技创新平台和科研成果转化平台。三是积极与共建"一带一路"国家开展留学互访和合作办学。四是建立与周边国家旅游信息交流共享机制，联合打造具有丝绸之路特色的国际精品旅游线路和旅游产品。

第四，医疗服务中心。围绕周边国家实际需求，加强国际医疗技术、医疗人才、医药产业和公共卫生等领域交流合作，提升新疆医疗服务的影响力。重点以乌鲁木齐及周边城市（含昌吉、石河子）为主，依托现有重点医疗机构，建设一批集医疗、预防保健、养生康复为一体的国际医疗中心。以和田、喀什、阿勒泰、伊宁等城市为辅，开展以维吾尔医、哈萨克医为特色的国际医疗服务。

第五，区域性金融中心。完善金融基础设施，扩大金融对外开放，培育和发展金融市场，增强金融持续创新能力。一是扩大金融对外开放，加速推进丝绸之路经济带融资、清算、金融市场、外汇交易等金融平台建设。二是完善人民币跨境业务的相关政策，将乌鲁木齐打造成中亚区域人民币交易和结算中心。三是加大以喀什、霍尔果斯经济开发区为重点的沿边区域金融创新力度，充分发挥中哈霍尔果斯国际边境合作中心示范功能，在合作区内实现金融创新政策先行先试。

（4）"三基地"建设安排

新疆在我国能源领域占据着举足轻重的地位，在这一背景下，能源"三基地一通道"建设显得尤为重要。根据安排，新疆将建设塔里木、准噶尔、吐哈三大油气生产基地和独山子、乌鲁木齐、克拉玛依、南疆塔河石化等千万吨级大型炼化基地。依托准噶尔、吐哈、伊犁、库拜四大煤田，新疆将建设国家第十四个大型煤炭基地。在准东、哈密地区大力实施"疆电外送"工程；优先发展煤制天然气、煤炭分级分质综合利用项目，有序推进煤制油、煤制烯烃等煤化工项目。新疆还将有序开发疆内九大流域水能资源，建设一批有调节能力的梯级水电站，积极推进阜康、哈密、阿克陶抽水蓄能电站建设。加快九大风区建设，稳步推进太阳能资源开发。国家能源资源陆上大通道项目将重点建设新粤浙煤制气管道工程、西气东输四线、西气东输五线、中俄西线西段等四个输气管道项目。

（5）大力打造网上丝绸之路

新疆计划建设丝绸之路经济带核心区云计算数据中心，实现基础数据资源的共储共享，推进云计算、大数据在电子政务、电子商务、公共安全、健康医疗等领域的应用，促进信息技术向市场、设计、生产服务等环节渗透。"丝绸之路经济带战略为新疆跨境电子商务带来了新机遇，新疆可以依托跨境电子商务，打造网上丝绸之路。"通过开展全面网络合作实现网络互联互通，建设造福新疆与周边各国的网上丝绸之路。

（6）畅通经贸投资合作

新疆丝绸之路经济带核心区需以经济合作为主轴，以务实项目为支撑，大力推进贸易和投资的便利化，加强共建"一带一路"国家的产业合作和城市合作，夯实"一带一路"的物质基础。提高核心区的经济发展能力，需要改善核心区的软硬环境。在软环境方面，核心区要构建便于贸易投资的政策环境、服务环境、法律环境、文化环境、体制机制等。大力推进保税区和跨境经济合作区建设，鼓励企业投资创业，建立营销网络，使之成为扩大对外开放的试验区，优先在金融服务、商贸服务、专业服务、文化服务以及社会服务领域扩大开放，降低或取消对投资者资质、股比、经营范围等准入限制措施。简化政府行政审批流程，提升政府服务能力和改善政府服务态度，探索实施负面清单管理制度，实行高度自由的区域新区开放。在硬环境方面，核心区要完善交通、电力、供水、厂房等基础设施和生活服务设施，为投资者提供更加便利完善的基础设施服务。推进基

础设施的互联互通，包括交通、通信、能源等基础设施领域。新疆地处丝
绸之路经济带大通道必经之地，且与8个国家接壤，基础设施互联互通是
新疆这样的沿边地区的重要任务，也是畅通新疆丝绸之路经济带核心区经
贸投资合作，加强新疆与共建"一带一路"国家经济交流合作的关键。

（7）加强人文交流合作

共建"一带一路"国家国情复杂，文化多样，有大量的深层次矛盾和
问题。要想振兴"一带一路"，首先需要凝聚人气，跨越不同宗教、民族、
国家、历史和文化障碍，通过深化彼此理解来搭建友好合作的桥梁。新疆
是多民族聚居地，也是多宗教地区，这使新疆与共建"一带一路"国家在
文化风俗、生活习惯、语言文字等方面有众多相似之处，有利于新疆与共
建"一带一路"国家的交流合作，扩大交往。相似的宗教习俗便于新疆依
托文化优势，加强与佛教文化圈、伊斯兰教文化圈和东正教文化圈之间的
互动交流，通过搭建人文交流对话的平台，办好各种文明对话、文化节、
人员交流活动，为拓展人脉创造条件。

二 新疆促进开放的政策体系

2013年，"一带一路"倡议的提出使新疆的对外开放进入新的阶段；
2015年3月国家发改委、外交部、商务部联合发布了《推动共建丝绸之路
经济带和21世纪海上丝绸之路的愿景与行动》，把新疆确定为丝绸之路经
济带中国境内段核心区；在丝绸之路经济带建设背景下，新疆出台了《新
疆维吾尔自治区建设丝绸之路经济带核心区的指导意见》《新疆维吾尔自
治区关于加快沿边经济带开发开放发展的实施意见》等众多政策文件；
2017年，新疆发布《自治区人民政府关于贯彻落实国务院扩大对外开放
积极利用外资若干措施的实施方案》，以进一步做好对外开放工作，提高
外资利用效率，加强丝绸之路经济带核心区建设；2018年6月，《新疆维
吾尔自治区优化提升营商环境十大行动方案》发布，以推动贸易投资便利
化，提升对外开放水平；2018年8月，为进一步提高外资利用水平，新疆
发布《新疆维吾尔自治区关于积极有效利用外资推动经济高质量发展的实
施意见》，提出要积极促进外商投资稳定增长，以高水平开放推进经济高
质量发展；2018年9月，《新疆维吾尔关于在全疆综合保税区复制推广沿
海自由贸易试验区改革开放经验的指导意见》发布，学习沿海先进经验，
加快推进丝绸之路经济带核心区建设；党的十九大明确要求"全面实施市

场准入负面清单制度",新疆于 2019 年 1 月发布《关于做好〈市场准入负面清单（2018 年版）〉实施工作的通知》，加快完善社会主义市场经济体制，进一步营造便利化法制化国际化的营商环境；2019 年 3 月，新疆发布《关于促进综合保税区高水平开放高质量发展的实施意见》，通过"放管服"改革、简政放权、推动创新等方式提升新疆外向型经济发展水平，发挥综合保税区在深化改革、促进开放和丝绸之路经济带核心区建设中的引领示范作用。

自改革开放以来，新疆紧抓时代机遇，不断改善基础设施和顶层设计，完善相关政策法规，多举措全方位推进对外开放，为外向型经济发展、企业"走出去"开拓了更加广阔的空间。

1. 贸易便利化措施

以中亚经济合作框架下的八国海关合作机制和上海合作组织框架下的贸易投资便利化机制为平台，加强与哈萨克斯坦等中亚国家海关部门的沟通和协调。一方面，根据《京都公约》《国际道路运输公约》，形成以双边、多边运输协定和国际公约为支撑的口岸运输便利化制度体系，力争实现海关手续简化、协调、统一和透明；另一方面，加强与周边国家的检验检疫合作，开展检验检疫议定书谈判工作，在边境口岸探索实施两国间"一站式"服务，同一批进出口货物实施一次检验检疫，缩短通关流程和通关时间，方便货物、人员和交通工具进出。建立中国与中亚国家海关及相关政府机构与商界更加紧密的战略合作伙伴关系，提高合作层次和水平，加强行业自律，实现合作共赢，共同推进贸易便利化发展。

2. 投资便利化措施

进一步放宽投资准入。依照国家政策规定，建立外商投资准入前国民待遇加负面清单管理制度，放宽市场准入，扩大服务业对外开放，着力构建与负面清单管理方式相适应的事中事后监管制度。清理和取消资质资格获取、招投标、权益保护等方面的差别化待遇，实现各类市场主体依法平等准入相关行业、领域和业务。除特殊领域外，取消对外商投资企业经营管理期限的特别管理要求。

推进外资有效利用。大幅度放宽市场准入，提升投资自由化水平。全面落实准入前国民待遇加负面清单管理制度，稳步扩大金融业、服务业、农业、采矿业和制造业的开发；深化"放管服"改革，提升投资便利化水平。在全区实行负面清单以外领域外商投资企业商务备案与工商登记"一口办理"；推进银企对接，扩大本外币资金池业务集中运营规模，扩大业务参与主体，提高外商投资企业资金运用便利度；加强投资促进，提升引资质量和水平。优化外商投资导向，支持外商投资创新发展，降低外商投资运营成本；优化区域开放格局，引导外资投向重点地区。统筹使用中央转移支付资金，加快沿边引资重点地区建设；推动国家级开发区创新提升，强化利用外资重要平台作用。依法赋予国家级开发区地州市级经济管理权限，支持国家级开发区稳妥高效用好相关权限，促进开发区优化外资综合服务。

3. 推进大通关建设

第一，积极推动电子口岸建设，确保口岸监管查验、海关、检验检疫、税务、外管、金融、中介、运输、仓储等部门及生产企业和进出口企业，通过统一电子信息平台实现数据交换和信息共享，优化口岸作业流程。伊宁边境经济合作区以及霍尔果斯、都拉塔、阿拉山口等口岸与周边国家海关部门着力于建立交流合作机制，以实现同周边国家海关数据交换和共享。

第二，提高口岸联检部门工作效能。对口岸联检部门的职责分工、工作方式、业务流程、业务环节进行综合评估，减少不必要的、重复性的检查检验环节，实行"一站式"办理手续，提高联检部门内部的协作效率和效能。

第三，发挥自治区党委对外开放领导小组及办公室的统筹协调作用，实现海关、检验检疫、商务、口岸、外汇、工商、质监、税务、金融等相关部门的协调运作，确保建立"大通关"机制。实施"三互助""三个一""单一窗口""区域通关"等改革举措，切实提高通关效率和过货能力。

4. 创新通关监管服务

在新疆复制推广上海、福建、广东和天津等自贸区贸易便利化政策。实行"先入区、后报关"，自境外进入综保区时，允许经海关注册登记的区内企业凭进境货物舱单等信息先向海关简要申报，并办理口岸提货和货物进区手续，再在规定时限内向海关办理进境货物正式申报手续。实行"区内自行运输"，综保区内经海关备案的车辆，在区内自行运输货物作业。实行"集中汇总征税"，将传统的海关主导型税收征管模式转变为企业主动型征管模式。在有效担保的前提下，允许企业在规定的纳税周期内，对已放行货物向海关自主集中缴付税款，海关由实时性审核转为集约化后续审核和税收稽核。

5. 金融服务创新

第一，对于国内外各类金融机构在开发区新设机构，积极提供配套服务，具备条件的优先审批，提高审批效率。推动金融机构深化改革，支持开发区金融机构与境内外金融机构就资本、业务、技术等多方面开展战略合作。在加快推进金融创新方面，对开发区内金融机构给予优先业务准入，支持各类金融创新在开发区先行先试，力争尽快使开发区金融创新走在全疆前列。

第二，各银行业金融机构落实倾斜性扶持政策，加大信贷支持力度，确保在开发区的每年新增贷款不低于上年，贷款增速不低于全疆平均水平；存贷比不低于全疆金融机构的平均水平，力争每年提高5个百分点以上，尽快达到或超出全疆存贷比平均水平。加大对开发区基础设施、重点产业发展及民生领域的信贷支持；在对口援疆省市资金尚未到位但资金来源有保证的前提下，可允许提前发放临时周转性质的贷款等。支持开发区企业扩大直接融资，加强对开发区上市后备资源的挖掘、培育力度；支持符合条件的开发区企业通过中期票据、短期融资券等各类债务融资工具开展直接融资，支持保险资金参与开发区建设。

第三，创新融资担保方式和体系建设，建立规范的政策性和高效的市场化担保机构，大力拓展贷款的担保财产范围，尽快建立健全贷款担保财产的评估、处理、处置机制。鼓励和支持开发区保险机构开展体制机制、保险产品和服务创新，大力推广适合开发区发展模式的一揽子综合保险，构建符合开发区特色的保险服务体系。

第四，积极推动跨境人民币业务创新，加强跨境人民币业务市场推广力度，引导中外资金融机构进驻中哈霍尔果斯国际边境合作中心加强业务合作，推动建立人民币兑周边国家货币区域银行间交易市场。根据2013年《中哈霍尔果斯国际边境合作中心跨境人民币创新业务试点管理办法》，中方区注册企业可在试点银行开立人民币境外融资专用账户，专门存放从境外融入的人民币资金，融资额度、期限无限制。资金可用于中心内项目建设、境外项目建设和与非居民的贸易。同时，境外机构可在试点银行开立人民币 HNRA 账户，办理人民币现金缴存和支取业务，跨境融资、跨境担保业务，还可办理定期存款业务。2015 年出台的实施细则进一步指出，合作中心试点银行在建立创新离岸人民币业务核算系统后，可为中方区注册企业、境外机构、境外个人、境外银行办理人民币存款、贷款、同业拆借、国际结算等各类离岸金融服务；中方区注册企业的创新离岸人民币账户资金可用于合作中心及配套区（保税区）的项目建设、境外项目建设和与非居民的贸易。随着对跨境融资审慎管理的加强，2016 年，用 H 融资专户向境外企业直接投资的业务被叫停；2017 年霍尔果斯边境合作中心的人民币跨境借款政策失效。

6. 海外投资服务创新

第一，确定鼓励与支持的目标产业和企业。主要鼓励新疆企业在能源、纺织、农业、先进制造、高新技术、服务业等领域开展境外投资，参与境外特别是周边国家的基础设施建设、资源开发和工程承包等项目，深化与周边国家在钢铁、水泥、装备制造等领域的优势产能合作，带动商品、劳务、技术和装备出口。

第二，推进境外投资管理制度改革。进一步加大简政放权力度，按照国家的统一部署，对境外投资项目和设立企业全部实行告知性备案，做好事中事后监管工作。指导企业开展境外投资项目前期工作，建立境外投资项目前期工作管理年度目录，制定年度滚动性扶持计划，提高项目成功率。简化境外投资项下外汇登记、对外担保等外汇管理手续。鼓励使用人民币开展境外投资。完善地方国有企业业绩考核指标体系，引导企业主动参与实施国家鼓励的境外中长期投资重点项目。

第三，项目引导与提供海外投资便利化服务。及时发布国家"走出去"有关政策、信息和全方位的综合信息。利用亚欧博览会、境外展会，为企业牵线搭桥，鼓励有条件的企业参与走向周边国家市场。强化行业自律，鼓励行业协会商会、中介机构发挥积极作用，为企业"走出去"提供资产评估、法律、会计、税务、投资、咨询、知识产权、风险评估和认证等服务。

第四，建设境外经贸合作园区，拓宽国际投资合作路径。推进格鲁吉亚华凌工业园、三宝—乌鲁木齐经开区哈萨克斯坦阿克套工业园区、中塔工业园区、中泰新丝路塔吉克斯坦农业纺织产业园等园区建设进程，规模化带动企业"走出去"。

第五，搭建境外交易合作平台，加快跨境电子商务发展，开辟线上线下结合的多途径的海外拓展。

三　新疆的开发治理创新

1. 新疆的多园区协同开发

近年来，新疆围绕自治区经济发展重点，建立多层次的开发、工业园区，基本涵盖了自治区的煤炭、石油、钢铁、有色、纺织、化工、电力、汽车、装备制造和农副食品加工业等十大重点产业，对整体经济的拉动作用日益显现。

（1）差异化园区定位

新疆地域广袤，为促进要素与企业聚集，形成集聚效应，围绕不同的发展目标展开园区建设，成为重要选择。新疆依托各地资源优势，集中建设了以奎屯－独山子石化工业园、库车石化园区、准东煤化工产业带等为代表的重化工业园区；以石河子经济开发区、富蕴矿业工业园等为代表的具有竞争力的特色资源工业园区；以江苏工业园、齐鲁工业园等为代表的引进内地项目、承接产业转移为主的对口援疆工业园区；以中哈霍尔果斯国际边境合作中心、乌鲁木齐出口加工区等为代表的出口加工园区；依托运输大通道和交通枢纽、各类口岸建设的物流园区。

（2）"一区多园"组团式发展

近两年，各工业园区依托本地资源特色，强化产业定位，拓展发展空间，走出了一条资源共享、联合办园、统筹管理、融合发展之路。比如克拉玛依石油化工工业园区根据资源优化配置和产业集聚的要求，突破行政区划，由克拉玛依化工园、奎屯化工园、乌苏化工园、独山子化工园和兵团农七师天北新区化工园组成了"一区多园"。"一区多园"突破了发展空间受限的瓶颈问题，加快了开发区的产业升级和经济结构调整。在合作发展方面，一方面是疆内园区与园区之间共同发展，其中产业合作、资源共享、信息交流与资金合作为主要合作方式；另一方面，疆内园区与疆外园区之间也呈现出合作发展的态势。

（3）发挥政企各方合作效应

开发性园区作为地方经济发展的载体，在组织管理体制方面，主要形成政企研等分工且合作的格局。政府以园区管委会为领导机构，主要围绕开发区的产业导向，加大投入力度，完善园区基础设施，努力创建生态型、资源节约型、环境友好型、花园式的工业园区，并构筑发展平台。从微观层面上看，工业企业的经济类型由改革初期的国有经济为主，逐步演变为以国有控股的股份制为主，集体、股份合作、外商及港澳台商投资等其他各种经济类型共同发展的多元化格局。为提升创新能力与水平，各园区注重多渠道吸收和转化新产品、新技术等科技成果，加强自主开发和引进、消化、吸收、创新，加强产学政研合作，接受技术成果转让和实行委托开发等。

（4）开发政策为主导

新疆地处内陆，交通不便，市场不发达，要实现产业聚集有较大难度，招商引资、开发政策配套成为各园区的主要任务。为吸引投资，开发区从财税、金融、投资、土地、进出口权限、人才扶持等各个方面提供优惠与扶持政策。比如《关于加快喀什、霍尔果斯经济开发区建设的实施意见》指出，依法落实对两个经济开发区内符合条件的企业给予企业所得税五年免征优惠政策，免税期满后，再免征企业五年所得税地方分享部分；全额留存两个经济开发区范围内 2012 年至 2021 年的地方财政收入，扶持园区建设和产业发展。原上缴财政的各项行政性收费由管委会收取并使用。《关于在喀什、霍尔果斯经济开发区试行特别机制和特殊政策的意见》，指明国家鼓励开发区加快体制、机制、政策创新，加强财税、金融、土地、产业、人才等七个方面的政策支持。

2. 新疆的行政服务改革

为了支持产业聚集，新疆在行政体制改革方面亦努力打造一个适应国际化、市场化、法制化需求和贸易投资便利化要求的高效政府服务体系。

第一，深化商事制度改革。实现"五证合一、一照一码"，是继续深化商事制度改革、优化营商环境、推动"大众创业、万众创新"的重要举措，积极推进自治区统计调查资料与部门统计资料的共享，营造有利于创业创新的市场环境，激发市场活力和社会创造力，促进创业创新和经济发展。推进部门间信息共享、提升政府管理和服务能力具有重要意义，它能缩减政府办理工作和企业等待审批的时间，吸引企业进驻。

第二，深化行政审批改革。按照中央规定对行政审批事项进行清理和规范，压减近三成行政审批。一方面，清理行政审批中介服务事项，对保留为行政审批受理条件的中介服务事项，实行清单管理，集中展示中介服务事项的名称、类别、设定依据、收费依据及标准、办理时限等，未纳入清单的中介服务事项，一律不得作为行政审批受理条件。另一方面，深化权责清单工作，建立权责清单监督管理机制。在审批机构改革中，统一和集中的行政审批机构把过去分散在多个部门的行政审批事项全部集中在一个部门，实现行政审批职权，包括行政审批的部门三个方面的集中，企业也可以在网上直接办理相关行政许可，以享受便利化行政服务。进一步简化了审批机构，包括审批流程，是管理体制方面的重要突破。

第三，提高行政服务效能。新疆积极推进各级政府政务服务和公共资源交易中心建设，以尽快实现各级公共资源交易信息系统与国家公共资源交易信息系统联通；并将互联网与政务服务相结合，简化服务流程，创新服务方式，取消不必要的手续，这大大提高了办事效率。并且，新疆也在积极推动各政府部门间的数据共享，在未来将实现政务服务平台、公共资源交易平台、投资项目在线审批监管平台、信用新疆信息共享平台的互联互通。通过信息平台互联互通，以及将实体政务大厅向网上办事大厅延伸，可以有效实现"互联网＋政务服务"，多部门审批项目可在网上进行。新疆投资项目在线审批监管平台依托自治区电子政务外网，采取自治区、地（州、市）、县（市、区）三级集中模式建设；通过建立"统一审批事项、统一审批材料、统一审批流程、统一中介事项、统一在线监督、统一项目编码、统一电子档案管理"等联合审批体系，创建"同步受理、同步办理、限时办结、互抄互告、信息公开"的审批工作新模式，实现投资项目审批全程"一网告知、一网受理、一网办结、一网公示，一网监督"的目标。

第四，加快政务公开。具体而言，即推进决策、执行、管理、服务、结果公开和重点领域信息公开。编制和公布各级政府部门权力清单和责任清单。编制并公布行政事业性收费、政府定价或指导价经营服务性收费、政府性基金、职业资格、基本公共服务事项清单。规范行政事业性收费、政府性基金、涉企服务收费行为。落实行政许可、行政处罚等信息自做出行政决定之日起 7 个工作日内上网公开的要求。加大政府信息数据开放力度，除涉及国家安全、商业秘密、个人隐私的外，都应向社会开放。及时公开突发敏感事件处置信息，回应社会关切。

第五，加强公正监管、综合监管和审慎监管。在公正监管方面，新疆大力推进政府监管体制改革，加快构建事中事后监管体系，出台各类监管细则法规；并且建设社会信用信息共享交换平台，与全国信息共享平台对接，对失信行为进行有效监管。针对企业，则进行信用评估，建立诚信档案以规范市场秩序。在综合监管方面，重点在食品药品安全、工商质监、公共卫生、安全生产、文化旅游、资源环境、农林水利、交通运输、城乡建设、商务等领域推进综合行政执法改革，加强城市管理综合执法机构和队伍建设，提高执法和服务水平。还应发挥社会力量作用，鼓励公众参与市场监管，发挥媒体监督作用。

四 新型开放背景下的新疆发展

1. 新疆开放经济的发展

随着中国加入 WTO，内陆地区的开放程度得以提高。由于产业基础薄弱，新疆对外贸易呈现不平衡的发展态势。

（1）出口增长远快于进口且在全国处于较低水平

随着西部大开发和对外开放沿边发展阶段的到来，21 世纪以来，新疆对外贸易有了显著增长。2000 年新疆贸易总量为 22.6 亿美元，2014 年增长到近年来最高值 276.69 亿美元，而在 2015 年由于全球贸易规模锐减，新疆贸易总量下降至 196.78 亿美元。2000 年至 2015 年，新疆进出口额年均增长率为 15.5%。其中，新疆商品贸易规模增大主要是由出口增大引起的。2000 年新疆的出口额仅为 12.04 亿美元，2008 年大幅增长至 192.99 亿美元，随后持续保持高速增长，并在 2014 年达到 234.82 亿美元。相对的，新疆进口额的增长极为缓慢，2000 年进口额为 10.6 亿美元，2011 年是近年来进口额最多的一年，也仅为 59.93 亿美元，2016 年下滑至 20.51 亿美元。从占全国的比重来看，2002 年后新疆进出口总额占比基本呈上升趋势，2008 年新疆进出口总额占比达到最大值，为 0.87%，2008 年后比重不断下降，2018 年仅占全国的 0.43%（见图 6-1）。

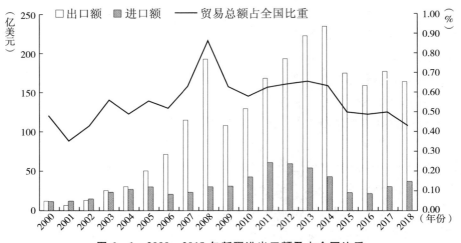

图 6 - 1　2000～2018 年新疆进出口额及占全国比重

资料来源：新疆维吾尔自治区统计局网站。

（2）出口结构日益优化，但仍有巨大优化空间

2000 年，新疆出口的产品以棉花、棉纱、棉胚布、肠衣以及皮鞋为主，其中棉花、皮鞋出口额最大，均为 2.4 亿美元，占总出口比重均为 40%。2018 年，新疆出口结构有所优化，但出口依旧主要集中于低附加值的轻工产品，服装类、鞋类和纺织纱线类产品的出口额虽明显下降，但仍为新疆主要出口产品，机电产品出口额最高，占总出口的 25.5%，高新技术产品和汽车产品的出口额相对较低，但出口增速较快，高新技术产品出口增长 34.5%，汽车产品出口增长 74.3%。由此可见，新疆出口产品主要为轻工业制成品，这些工业制成品档次较低，缺少品牌商品和主导产品，且鞋类、服装等产品主要由浙江、福建、广东等省区企业生产，后由中间商经新疆运到中亚，新疆自主生产产品出口较少。经济发展和生产能力提升使新疆机电产品出口增加，成为当前新疆的主要出口产品，出口结构相对优化，但汽车产品、高新技术产品等其他高附加值产品的出口额仍然较低，出口结构仍需进一步优化。

（3）以一般贸易和边境小额贸易为主要贸易方式

2000～2018 年，尽管新疆的贸易额不断增长，但贸易方式始终以边境小额贸易为主，一般贸易和加工贸易规模很小。2000 年，新疆边境小额贸易为 13.2 亿美元，一般贸易额为 8.3 亿美元，加工贸易额仅有 1 亿美元。到 2018 年，新疆一般贸易额、加工贸易额、边境小额贸易额均有所增长，一般贸易额为 71.17 亿美元，加工贸易额为 1.21 亿美元，边境小额贸易额为 120.58 亿美元。但从整体看，新疆的贸易方式仍以边境小额贸易和一般贸易为主，一般贸易和边境小额贸易的规模不断扩大，但加工贸易依旧发展缓慢，新疆的加工贸易额在 2013 年达到最大，为 5.1 亿美元，此后开始下滑（见图 6 - 2）。

（4）实际利用外资规模扩大，利用外资增长率波动较大

2000～2018 年，新疆实际利用外资的规模不断扩大，2000 年新疆实际利用外商直接投资额仅有 1932 万美元，2006 年实际利用外商直接投资额达 1.04 亿美元，2018 年实际利用外商直接投资额为 2.05 亿美元。从总量上看，新疆实际利用外资的数额呈上升趋势，但利用外资增长率波动较大。2001～2013 年，新疆实际利用外资增长率一直为正值，2006 年，新疆实际利用外资额与 2005 年相比增长了 120%，但在 2006 年后，新疆的实际利用外资额增长较缓慢，2014 年开始出现负增长，2017 年新疆实际利用外资额与 2016 年相比下降了 51.1%，2018 年新疆实际利用外资增长率仅为 0.2%。由此可知，新疆在利用外资方面缺乏成熟的规划和认识，仍需提升利用外资的能力，提高外资利用水平。

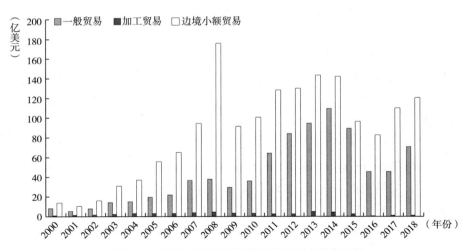

图 6 - 2　2000～2018 年新疆各贸易方式进出口额

资料来源：新疆维吾尔自治区统计局网站。

2. 新疆开放经济的发展问题

新疆地域辽阔，产业基础薄弱，政策配套不足等因素，给开放经济建

设带来巨大挑战。

第一，发展与开放脱节。新疆的工业聚集以能源等初级产业为主，它们对外贸发展的支撑不足；西向开放带来的外贸需求，也主要针对国内其他地区的商品，难以对本地产业形成有效拉动，从而使新疆的产业发展与对外开放存在脱节，彼此难以互相支撑并形成规模效应。

第二，开放重心之间缺乏协同。新疆开放经济建设的重点是发展交通枢纽中心、商贸物流中心、文化科教中心、医疗服务中心和区域性金融中心。其中，交通枢纽是提供互联互通的硬件基础设施，金融服务属于生产性服务、商贸物流属于流通性服务、文化科教和医疗服务属于社会性服务，在缺乏实体产业联结的前提下，它们彼此之间并不直接有供求联系或互动发展。特别在资源供给不足的情况下，分散的发展方向往往不能保证综合效应。

第三，人力资源开发对开放重点产业的支撑不足。新疆所选择的开放重点产业主要属于高素质人力资源聚集的产业，因此，它们的发展有赖于大规模高素质人力资源的形成。由于经济发展水平较低，地理位置偏远及政治文化因素，新疆在人力资源的培育及保留方面处于弱势，优秀人才引进也存在较大困难，因而，人力资源对于产业转型发展的支撑力仍显不足。

第四，海外拓展服务和平台建设与拉动地区产业发展之间协同性较弱。新疆属于我国经济较为落后的地区，不管是国有企业还是民营企业，其发展规模、竞争力都有待提升，进而国际拓展能力薄弱。通过推动企业"走出去"带动本地出口的政策意图有其可取之处，但是在有能力"走出去"的企业较少、难以形成规模效应的情形下，自治区政府提供海外拓展服务和平台建设的成本相对较高、潜在收益有限；而且，有限的海外拓展对本地产业的拉动力不确定，难以形成有效的协同效应。

第五，基础设施发展相对滞后。"一带一路"倡议实施以来，新疆的基础设施建设水平不断得到提升，电力、水利建设，交通设施、园区环境、物流建设、研发与技术支持等基本生产基础设施以及市政公共服务建设都得到了很大提升，但与其他省区市相比，新疆的基础设施发展还很滞后，新疆铁路网密度和铁路覆盖率远远低于全国平均水平，铁路通道能力、口岸开放程度和通关条件不足，通道瓶颈问题仍然突出。新疆物流运输成本高，制约了新疆优势资源的发展，物流等基础设施产业的滞后也严重影响了新疆同内地、中亚的经贸来往，制约了新疆的开放进程。

3. 新疆开放经济的创新选择

新疆是"一带一路"建设的核心区，发挥好桥头堡作用，对于促进向西开放、保障国家稳定，都具有重要的战略意义。在边疆、民族、宗教问题复杂，自然资源丰富，资金、人才、技术等要素匮乏的地区，有必要加强系统设计，创新思路，重点突破，带动整体。

第一，确立发展与开放协同的原则，设计全流程开发开放体制机制。开放的目标是促进国家和地区经济发展，新疆有必要针对自身资源、产业基础和条件，遴选具有成长空间和能力的产业，为此定制开放环境和政策，以使发展与开放得以协同，并形成可持续发展能力。为了促使发展与开放协同，有必要以系统论观点统领政策制定，从产前、产中、产后衔接入手，全流程定制主导、重点产业和地区的开发开放，为产业发展壮大提供有利的环境和条件。政策的定制性、配套性、衔接性、流程顺畅是衡量的重要指标。

第二，在全面开放的基础上力求重点突破。在新一轮对外开放中，既要推进更高水平、更高层次和更宽领域的全面开放，又要注重防范开放风险，坚持对外开放与风险防范同步推进；采取有针对性的差异化开放战略，对不同国家和不同行业实行不同方式但相互联系的开放策略。同时，在推进全面开放的基础上更要力求关键领域、重要行业的重点突破。作为向西开放的要塞，新疆有必要充分利用这一地缘优势，集中于能发挥既有优势的少数地区、重点区域，通过体制机制创新，以开放拉动产业发展壮大，形成早期收获，进而带动其他地区发展。

第三，加强人文交流合作，提高人力资源的培育和保留能力。加强新疆与周边国家和国内高校的人文交流和教育合作，提高与周边国家的文化认同度，通过文化交融促进经济合作和政治认同，提高教育水平和人力资源培育能力，改善人才保留和人才引进待遇，为新疆的开放发展提供充足的人力资源，并以此推进新疆产业的优化升级。

第四，加强新疆对外开放平台建设。优化喀什、霍尔果斯经济特区的规划设计、产业模式和基础设施，提高招商引资能力，优化投资环境；加快建设伊宁、吉木乃、塔城、博乐边境经济合作区，促进区内商贸发展和物流便利，提高区域开放型经济发展水平；加快乌鲁木齐综合保税区、阿拉山口综合保税区、喀什综合保税区、乌鲁木齐出口加工区、奎屯保税物流中心、中哈霍尔果斯国际边境合作中心建设，推进对外贸易和现代物流的进一步发展；办好中国－亚欧博览会、中国新疆喀什·中亚南亚商品交易会、新疆伊宁·中亚国际进出口商品交易会、中亚新疆塔城·进出口商品交易会，充分发挥其在经贸交流与合作方面的重要作用，扩大新疆与周边国家的经贸往来，提高对外开放水平；抓住新亚欧大陆桥经济走廊、中国－中亚经济走廊、中巴经济走廊、中蒙俄经济走廊建设机遇，加强阿拉山口口岸、霍尔果斯口岸、红其拉甫口岸等口岸的基础设施建设，加强新疆口岸与周边国家陆港联运对接，建设多式联运物流跨境通道，改善口岸通行条件。

第五，完善基础设施建设。在疆内综合交通体系基础上，新疆承担着国家"一带一路"向西开放运输大动脉的重要功能，主要通过五大通道，构建起内外联通的基础设施。因此，加快完善丝绸之路经济带北、中、南通道，中巴经济走廊，沿边开发开放战略通道，有助于提升新疆互联互通水平，实施多式联运工程，提高物流效率，优化对外经贸交流条件。

第六，加快产业优化升级，收窄发展领域。为进一步支持和引导新疆产业发展，国家通过《关于支持新疆产业健康发展的若干意见》提出了为促进新疆产业健康发展实行的差别化政策支持，就钢铁、电解铝、水泥、多晶硅、石油化工、煤炭、煤化工、火电、可再生能源、汽车、装备、轻工纺织12个产业提出了差别化产业政策，有针对性地支持和引导新疆重点产业的发展。新疆应充分利用国家给予的差别化产业政策支持，利用政策优势、区位优势和资源优势，通过生产改进、技术升级和组织管理优化等推进本地重点产业的优化升级；发展特色产业，针对周边国家和主要出口国家形成有针对性的进出口产品产业集聚区；吸引中、东部地区的产业资本，合理承接产业转移，加快产业结构优化升级。此外，新疆地域辽阔，自然生态条件脆弱，并不适宜进行大规模开发建设，在发展方向选择方面，有必要突出重点，集中于主导产业的做大做强，以充分利用有限经济资源，提升发展效率。

第二节　甘肃的开放与发展探索

甘肃，简称"甘"或"陇"，省会兰州，位于中国西北内陆地区，地处黄河上游，它东接陕西，南控巴蜀青海，西倚新疆，北接内蒙古、宁夏，是古丝绸之路的锁钥之地和黄金路段。甘肃省总面积 42.59 万平方千米，地形呈狭长状，地貌复杂多样，分布有山地、高原、平川、河谷、沙漠、戈壁，四周为群山峻岭所环抱。

经过新中国成立以来的开发建设，甘肃形成了以石油化工、有色冶金、机械电子等为主的工业体系，成为我国重要的能源、原材料工业基地。农业生产基础条件得到一定改善，粮食实现省内供需总量基本平衡，拥有草畜、马铃薯、水果、蔬菜等战略性主导产业，制种、中药材、啤酒原料等区域性优势产业，以及食用百合、球根花卉、黄花菜、花椒、油橄榄等一批地方性特色产业和产品。教育、科技事业有了长足发展，现有普通高校 34 所，中央所属的科研机构 22 个。同时，发展过程中长期积累的经济总量小、人均水平低、贫困人口多、结构矛盾突出等问题依然存在，特别是产业结构刚性强、调整缓慢，创新能力弱；基本公共服务供给和保障能力弱，城乡居民收入处于全国后位；城镇化水平低，城乡间和地区间发展差距继续扩大；资源环境约束增强，生态保护任务艰巨；非公有制经济规模小，市场化和对外开放程度低，影响加快发展的体制机制矛盾突出。这些劣势也是甘肃省开放与发展中面临的挑战。

甘肃是新中国成立后国家重点投资建设工业体系的区域之一。全省实施工业强省战略，推动传统产业智能化发展。加快转方式调结构，着力构建生态产业体系。遵循生态优先、绿色发展的总要求，大力发展节能环保、清洁生产、清洁能源、循环农业、中医中药、文化旅游、通道物流、数据信息、军民融合、先进制造等生态产业，建设以兰白地区为重点的中部绿色生态产业示范区、河西走廊和陇东南绿色生态产业经济带，建设一批绿色生态示范产业园，实施一批绿色生态示范重大工程。加快传统重化工业和制造业高新化、智能化、清洁化、绿色化改造，培育低碳环保新业态新产业，逐步让生态产业挑大梁、传统产业发新枝，构建发展活力足、竞争能力强、特色鲜明的生态产业体系，夯实实体经济根基，努力推动绿色产业崛起。

一 甘肃开放背景及进展

1. 甘肃开放的历程

在西部大开发进入新阶段的"十五"计划中，甘肃省以基础设施建设和生态环境保护为重点，交通、通信、能源、水利、城市基础设施建设步伐加快，基础设施"瓶颈"得到缓解，生态建设和环境保护有所改善，特色优势产业发展势头良好。工业在调整改造中快速发展，工业增加值占生产总值的比重提高到 35.6%；服务业持续增长，新兴业态不断涌现；对外经济交流与合作扩大，进出口总额年均增长 35.8%，利用外资规模平稳增长。

"十一五"规划中，甘肃坚持西部大开发战略，深化改革，不断扩大对外开放。按照西部大开发"争取十年内取得突破性进展"的要求，把加强基础设施建设和改善生态环境放在重要位置，统筹规划，合理布局，提高对经济社会发展的支撑能力。发展特色优势产业，以科技进步和体制机制创新为动力，积极转变增长方式，坚持走新型工业化道路，突出特色优势产业发展，做大做强石油化工、有色冶金、装备制造、农产品加工和制药五大产业，建设全国重要的石油化工、有色冶金、新材料基地和具有区域优势的特色农产品加工基地，进一步加快工业化进程。统筹区域发展，按照西部大开发建设西陇海兰新经济带和甘肃省"一肩挑两头、一带促两翼"区域发展格局的要求，以中心城市发展和产业聚集带动为突破口，推进城镇体系建设，引导资源优化配置和生产要素整合，促进区域经济协调发展。

"十二五"规划中，甘肃结合国家宏观战略调整和区域发展格局的形成，依据所处的区位、资源和产业优势，突出战略定位，明确发展导向，努力构建空间开发新格局。区域发展方面，着力实施"中心带动、两翼齐飞、组团发展、整体推进"区域发展战略，以中心城市为依托，整合要素资源，加强区域间合作，促进区域协调发展。加快兰白核心经济区发展，同时加快以新能源和有色金属新材料基地建设为重点的河西地区发展和加快陇东南能源化工和先进制造业基地建设。在工业发展中，紧紧抓住国家经济结构战略性调整的机遇，深入实施工业强省战略，坚持市场导向和技术创新，改造提升传统支柱产业和发展战略性新兴产业相结合，大中小企业并举，积极推进产业转型升级和循环经济发展，探索新型工业化路子。构建现代产业体系，发展现代物流业和金融服务业，进一步提升兰州区域性物流中心地位，强化物流园区建设，推进兰州商贸中心和交通枢纽建设，培育发展保税物流、国际中转、国际配送等跨国物流，建设支持新疆、西藏发展面向中亚西亚的区域性物流中心；着力培育兰州西部区域性金融中心，努力改善金融生态环境。深化改革开放，构建向西开放战略平台，围绕探索建立适应科学发展的体制机制，加大重点领域和关键环节的改革力度，进一步发挥市场配置资源的基础性作用，大力培育各类市场主体，增强经济发展活力，推进开放型经济发展，实施向西扩大开放、向东承接合作，打造面向中亚西亚对外开放的战略平台。

党的十八届五中全会提出五大发展理念，继续深入实施西部大开发战略，"一带一路"倡议深入推进，这为甘肃省的进一步发展提供了机遇，"十三五"时期成为甘肃发展的重要战略机遇期。"十三五"时期，甘肃突出创新发展，加快产业结构调整和转型升级，以创新驱动为引领，坚持把科技创新作为加快产业转型升级的重要支撑，改造提升传统产业，推动存量优化升级，培育壮大新兴产业，引领增量高端发展，促进产业从中低端向中高端迈进，构建现代产业新体系，推进兰白科技创新改革试验区建设；建设国家综合能源基地，充分发挥甘肃省能源资源综合优势，坚持稳增煤炭、稳增油气、稳增风光，强化能源消纳、转化利用和煤炭高效清洁利用，加大电力外送，推动能源资源优势向经济优势转化；加快开放发展，提升开放型经济发展水平，抓住国家"一带一路"建设机遇，贯彻落实国家"一带一路"布局和甘肃省实施方案，以开放促发展，为转型升级注入新动力、增添新活力，建设丝绸之路经济带甘肃黄金段；建立多层次开放合作机制，创新对外开放合作机制，加强与东南沿海和周边省区合作，推进多层次多领域合作交流，营造良好环境，培育对外开放新优势。

2. 甘肃参与"一带一路"建设的方式

（1）制定建设方案

按照国家的总体部署，甘肃省结合自身优势，2015 年 12 月，出台了《甘肃省参与丝绸之路经济带和 21 世纪海上丝绸之路建设的实施方案》，明确提出围绕一大构想，着力构建三大平台、六大窗口、八大节点城市，推进五大重点工程建设的发展战略（简称"13685"战略）。

围绕一大构想。一大构想是指"打造丝绸之路经济带甘肃黄金段"。以"丝绸之路经济带"甘肃境内重要节点城市为依托，发挥产业园区、经贸物流园区和保税物流园区集聚科技、金融、人才要素的平台作用，深化经贸、产业、能源、人文交流合作，全面构建铁陆航多式联运的丝绸之路经济带黄金经济走廊，努力建成向西开放的纵深支撑和重要门户、丝绸之路的综合交通枢纽和黄金通道、经贸物流和产业合作的战略平台、人文交流合作的示范基地。近期目标（2015～2020 年）是综合交通运输网络建成，经贸文化交流合作平台逐步建立，与中西亚市场贸易份额进一步扩大，甘肃在"一带一路"中的作用显著提高；中期目标（2020～2025 年）是建立较为完善的开放合作机制，甘肃与六大国际经济走廊沿线国家的经贸联系更加紧密，联通亚欧大陆桥的经济通道作用进一步显现；远期目标是到 21 世纪中叶，实现"五通"目标，与共建"一带一路"国家产业合作全面深化，贸易规模大幅提升，将甘肃打造成为"一带一路"国际经济贸易、文化合作的黄金走廊。

构建三大平台。三大平台是指以兰州新区为重点的向西开放经济战略平台、以丝绸之路（敦煌）国际文化博览会和华夏文明传承创新区为重点的文化交流合作战略平台和以中国兰州投资贸易洽谈会为重点的经济贸易合作战略平台。打造经济、文化和经贸合作三大战略平台。

构建六大窗口。依托我国在沿线国家建立的产业园区和境外经贸合作区，积极建设面向六大国际经济走廊、以多国为重点的经贸合作与人文交流的对外窗口。构建新亚欧大陆桥经济走廊、中蒙俄经济走廊、中国－中亚－西亚经济走廊、中国－中南半岛经济走廊、中巴经济走廊、孟中印缅经济走廊六大窗口，促进甘肃与共建"一带一路"国家经贸合作和文化交流。

构建八大节点城市。进一步提升兰（州）白（银）、平（凉）庆（阳）、天水、定西、金（昌）武（威）、张掖、酒（泉）嘉（峪关）、敦煌重要节点城市的支撑能力，坚持差异化定位和协同化发展，着力构建特色鲜明、分工协作、相互促进、优势互补的对外开放新格局。其中，兰（州）白（银）节点主要围绕大兰州、大窗口、大商贸、大枢纽、大产业的功能定位，发挥中心城市辐射带动作用，打造区域性金融中心、总部中心、铁陆航多式联运中心、东西方文化和民族文化交流人才培训中心、国际消费中心，建设祖国版图中轴线以西最大城市群。敦煌节点要充分发挥敦煌在古丝绸之路上的独特历史文化资源优势，积极推进敦煌国际文化旅游名城建设，办好丝绸之路（敦煌）国际文化博览会等活动，提升敦煌的国际影响力，将敦煌打造成为丝绸之路国际文化旅游名片和国际旅游目的地。

推进五大重点工程。确定了基础设施互联互通、经贸产业合作、人文交流、生态建设、金融创新支持五个方面的重大工程建设任务。

着力加强基础设施建设，推进互联互通。包括加快推进兰州、嘉峪关、敦煌三大国际空港和兰州、天水、武威三大国际陆港建设，构建铁陆航多式联运中心，利用已建成的兰州北货运编组站、在建的兰州铁路综合货场、兰州铁路集装箱中心站和甘肃省已开通的天马号、兰州号、嘉峪关号国际货运班列，整合渝新欧、蓉新欧、郑新欧、西新欧等国际货运资源，将大兰州建成服务于全国、面向中亚西亚的国家级综合交通枢纽。同时，进一步提升天水、武威、酒嘉综合交通枢纽地位。

着力推进经贸技术交流，加强国际产能和装备制造合作。包括加快推进口岸建设，运营好兰州新区综合保税区，力争将武威保税物流中心升格为综合保税区，争取嘉峪关机场口岸开放、马鬃山口岸复关，支持临夏、敦煌等有条件地区设立海关特殊监管区。发挥甘肃省石油化工、有色冶金、装备制造等传统领域技术优势，加强境外产业合作和投资。充分发挥甘肃省铜冶炼、电解铝、钢铁、水泥等行业技术成熟、产能相对富余等优势，推动向产能不足、投资环境宽松、连接通道顺畅的地区和国家转移。

着力推进人文交流合作，提升开放共建水平。发挥甘肃省石油化工、有色冶金、机械电子和新能源、新材料、旱作节水技术、高效设施农业、荒漠化防治等领域的技术优势，与共建"一带一路"国家共建研究中心、技术转移中心、农业科技园区、技术推广示范基地，扩大技术输出和合作。依托丝绸之路（敦煌）国际文化博览会、兰洽会、敦煌行·丝绸之路国际旅游节等大型节会平台，大力发展节会和展会经济。

着力构建生态安全屏障，打造绿色丝绸之路。加快祁连山、渭河源区、"两江一水"等重大生态保护规划实施和重点生态工程建设，对河西内陆河、中部沿黄、甘南高原、南部秦巴山、陇东陇中黄土高原等五大片区实施分区域综合治理。加强生态建设和环境保护国际交流合作，发挥甘肃省在内陆河流域生态治理、风沙源防护林建设、雨水集蓄利用、野生动植物保护等方面的技术优势。

着力强化金融创新，加大金融政策支持，包括加大政策性金融支持。

发挥国家开发银行等国家开发性、政策性金融机构和地方金融机构的作用，全力支持基础设施建设和特色优势产业龙头企业"走出去"。强化金融产品与服务创新。引导金融机构根据不同类型的涉外企业和建设项目的信贷需求特征，深化金融产品与服务创新，提供个性化、多元化、专业化的金融产品。

（2）参与沿线国际贸易

甘肃省依靠便利的地理位置和货运优势，积极参与共建"一带一路"国际贸易，参与共建"一带一路"国际贸易已成为推动甘肃省对外贸易增长的主要动力之一。

2019年前4个月，甘肃省对共建"一带一路"国家进出口增速高于全省整体水平，对共建"一带一路"国家进出口66.5亿元，同比增长4.2%，占全省外贸总值的53.7%，比上年提升4.6个百分点。从贸易国别看，前4个月，蒙古为甘肃省第一大贸易伙伴，双方贸易占全省外贸总值的11.4%；哈萨克斯坦为甘肃省第二大贸易伙伴，占比10.3%。共建"一带一路"国家在对外贸易领域对甘肃省的重要性不言而喻。

甘肃省不断加强基础设施建设、制定相关政策、促进相关服务业发展、深化供给侧结构性改革，为国际贸易提供了良好的商业环境，使甘肃省在"一带一路"政策下积极参与国际贸易。

（3）参与文化传播与交流

文化的交流和融合越来越成为国与国之间交往的重要课题，除了使国家间的贸易、经济等领域的合作更加顺畅之外，文化产业也越来越成为经济发展的重要推动力。

2018年，在甘肃张掖举办了"一带一路"文化传播高峰论坛，论坛由中广联合会"一带一路"文化传播研究基地主办，甘肃省广播电影电视协会、陕西省广播电影电视协会、西部新闻网协办，甘州区委宣传部、陕西广播电视台研发部承办。除此之外，宣传工作创新案例《甘肃兰州：打造城市形象地标，文化联通"一带一路"》先后被中共甘肃省委办公厅《甘肃信息》和中共中央宣传部《学习与交流》杂志刊登，为提升城市美誉度和影响力提供了借鉴与参考。在"一带一路"重要节点下，甘肃省抓住契机，宣传城市形象，提高城市文化影响力和传播力。

（4）与共建"一带一路"国家务实合作

以白俄罗斯为例，甘肃省与共建"一带一路"部分国家达成了贸易、文化、教育、旅游、科技等多领域的深入务实合作。在素有"万湖之国"美誉的东欧国家白俄罗斯，中国甘肃省建立的中医中心和特色商品展示中心早已正式运营；甘肃企业投资的商务综合体、贸易合作中心、高新技术产品生产项目、物流中心、宾馆和餐厅等多个合作项目正在建设或已投入运营；甘肃企业成功收购当地农场开始两国之间的农业合作，与当地两家肉联厂的牛肉进口贸易合作也在顺利推进；高校之间的科研、人才培养、夏令营活动，中学生文化交流和管理、技术、电商人员培训已取得成效。甘肃省与白俄罗斯格罗德诺州在 2007 年缔结为友好省州。

（5）建设高等教育品牌

2018 年，习近平总书记在出席推进"一带一路"建设工作 5 周年座谈会时发表重要讲话指出，推动共建"一带一路"向高质量发展转变，这是下一阶段推进共建"一带一路"工作的基本要求。高等教育在人才输送、智库建设方面发挥了重要作用，是国家软实力的一部分。甘肃省高校在中亚研究、留学教育、国际职业教育等领域已经形成特色，初具品牌效应。

我国以中亚问题为研究对象的研究机构不少，其中被教育部备案的与中亚有关的区域和国别研究培育基地多达 22 个。甘肃省高校涉及中亚问题的研究机构多达 20 个，其中最具研究实力的是兰州大学中亚研究所和中国社会科学院俄罗斯东欧中亚研究所。兰州大学中亚研究所先后入选中国社会科学院发布的"中国智库综合评价核心智库"榜单和国家信息中心发布的"一带一路"高校智库影响力第 4 名，已经成为国内外有重大影响力的中亚问题研究机构，也是国家中亚问题决策的重要咨询机构之一。兰州大学中亚研究所具有高端智库建设的品牌价值。针对中亚地区的相关研究有利于进一步了解该地区，使与相关国家的商业贸易、文化交流过程更加顺畅、便捷，可进一步深入推动"一带一路"建设。

共建"一带一路"国家高级技能型石化人才十分短缺，国际职业教育对促进共建"一带一路"国家经济发展具有良好效果。兰州石化职业技术学院具有较强的高级技能型石化人才培养能力。该校是全国石油与化工行业社会影响力最大、专业最全、学生人数最多、就业最好的学校。目前，兰州石化职业技术学院正在实施"官产学"中国—文莱 1 + 1 + 1 恒逸石化技术人才联合培养项目，即文莱技术教育学院招收的当地学生作为恒逸石化文莱项目的新员工，并由其完成第一阶段基础知识教育，兰州石化职业技术学院开展第二阶段专业基础知识和实验实训教育，浙江恒逸石化公司开展第三阶段的企业岗位实践教育。兰州石化职业技术学院与文莱技术教育学院学分互认，对完成学习内容、考核合格的学生发双文凭。国际职业教育合作可以向共建"一带一路"国家输送更多技术型人才及先进技术，为国家间合作减少阻力，促进共建"一带一路"国家合作向着良性循环发展，实现国家间的共赢。

在"一带一路"建设背景下，甘肃省积极与"一带一路"国家建立良好合作关系，实现多领域、多层次的合作，彼此深入了解，取各家之长，实现合作共赢的局面，同时也为其他地区开展国际合作提供了良好示范。

二 甘肃促进开放的政策体系

1. 建设国际货运体系

甘肃省抢抓"一带一路"建设重大机遇，积极开通中亚、南亚、欧洲以及中新南向通道国际班列，不断扩大对外贸易和合作，取得积极成果。据甘肃省商务厅统计，截至2018年7月底，甘肃省中亚、南亚及欧洲国际货运班列累计开行589列，货重65.25万吨，货值16.59亿美元；南向通道国际货运班列共发运21列，货重1.84万吨，货值2.26亿元人民币。

甘肃省自2014年12月开通中欧国际货运班列以来，班列运行稳定，中亚和南亚班列已实现常态化运行，班列开行的数量和密度不断加大，运营能力不断提升，出口货物品类主要有机械设备、建材、轮胎、家电、日用小商品、布匹、服装、自行车、电子产品、葵花籽、饲料、石化设备、钢材等，分别发往哈萨克斯坦、吉尔吉斯斯坦、乌兹别克斯坦、白俄罗斯和尼泊尔等国。

国际货运体系的建设和完善极大地促进了共建"一带一路"国家经济贸易往来，使国家之间的经济贸易交流更加便利、快速。同时，国际货运体系的建设提高了甘肃省内产品的竞争力和甘肃省货运服务业水平。

2. 加快培育外贸竞争新优势

对外贸易是开放型经济的基础。"十三五"时期，甘肃省主要提高贸易便利化程度，优化外贸主体结构、商品结构、市场结构和贸易方式，注重出口贸易与进口贸易的协调发展，加快培育以技术、标准、品牌、质量和服务为核心的外贸竞争新优势，发展跨境电子商务等创新型贸易模式，大力发展服务贸易和服务外包，培育新的贸易增长点，提高甘肃省开放型经济的国际竞争力，推动外贸发展从规模扩张向质量效益提高转变、从成本优势向综合竞争优势转变。

提高贸易便利化水平，加快"大通关"服务体系改革，加快电子口岸建设，推动口岸相关部门"信息互换、监管互认、执法互助"，全面推进"一次申报、一次查验、一次放行"，建立国际贸易"单一窗口"制度，提高通关效率。

优化经营主体结构，继续坚持"抓大、促小、育新、引强"的外贸工作方针，释放各类外贸经营主体的活力。

优化出口商品结构，巩固集成电路、石墨电极、轴承等机电高新产品国际贸易份额，不断延长产业链条。做强出口产业基地，继续打造国家级和省级外贸转型升级、科技兴贸创新基地和民族特需用品基地，促进装备制造、机电高新、特色农产品、清真食品和民族用品等优势产品出口。依托甘肃省特色农产品资源优势和出口潜力，通过高质量供给满足或引导国际市场有效需求。

促进出口市场多元化，扩大对外贸易伙伴范围，提升新兴市场和共建"一带一路"国家在外贸总额中的比重。继续巩固和深度开拓美国、欧盟、东南亚、中国香港等传统市场，大力拓展非洲、拉美等新兴市场，重点关注中东欧、中西亚等丝绸之路沿线国家市场。

着力提升进口规模，提升先进技术设备和关键零部件进口的比例，通过引进、吸收、消化和再创新，加快甘肃经济结构优化升级。积极培育进口设备融资租赁业务，支持兰州新区、武威保税物流中心开展设备租赁业务创新和制度创新试点。积极配合国家实施能源战略储备计划，鼓励企业利用国际大宗商品价格走低的时机扩大铜精矿、铁矿砂、锌精矿等重点资源进口。

优化传统贸易方式，坚持一般贸易和加工贸易并重发展。保持一般贸易的规模优势，增强对外贸易自主发展能力，培育自主品牌、自主营销渠道和自主知识产权，提升一般贸易商品的附加值、技术含量和盈利能力，全面增强一般贸易企业的成长性。

培育新型贸易方式，积极顺应"互联网＋"产业发展大趋势，促进跨境电子商务等新型贸易方式快速发展，提高跨境电商占对外贸易的比重。积极申报跨境电商综合试点，争取兰州成为国家跨境电子商务试点城市。培育和扶持一批跨境电商企业，打造一批跨境电商基地和集聚区，培育本地的跨境电商平台。

大力发展服务贸易，巩固运输、旅游、建筑等传统服务贸易发展。推进中医药和民族医药、文化艺术、会展等特色服务贸易，努力提高服务贸易增加值。

提高外贸综合竞争力，加快培育以技术、标准、品牌、质量和服务为核心的外贸竞争新优势。提升出口产品技术含量，大力实施科技兴贸战略，利用国家鼓励措施支持提高装备制造、新能源、新材料等产业技术，发展有技术含量的特色农产品和旱作农业等。

3. 着力提高利用外资水平

优化利用外资结构。把引进外资与促进传统产业升级、改造和振兴装备制造业结合起来，与加速高新技术产业发展和技术全面进步结合起来。鼓励外资重点投向新材料、新能源、生物产业、信息技术、先进装备制造、节能环保、新型煤化工、特色农业等战略性新兴产业。注重引进高附加值、高辐射力、低能耗和处于产业高端的外商投资项目。

创新引资方式。积极开展产业链招商、精准招商、节庆招商、中介招商等多种形式的专业化招商活动。

加大服务业引资力度。积极引进外资发展现代物流、空港服务、中介服务、商务会展、商贸流通、科技服务、文化创意等生产型、消费型和公共服务型的现代服务业。

吸引"大数据"产业投资。利用甘肃省在电力、土地供应、气候、科技储备、区位等方面的优势，利用外资推动甘肃大数据产业发展，重点吸引 SAP、阿里巴巴等世界知名大数据企业或新项目落地。

加快开发区（园区）发展。加快兰州新区及国家级开发区建设，完善和优化投资环境。继续加强兰州新区及兰州、金昌、天水、酒泉、张掖等5 个国家级开发区基础设施建设，实现园区"七通一平"，满足各类工业企业即来即住即产需求。进一步下放审批权限，简化审批流程。

积极承接产业转移。将开发区作为承接产业转移的重要载体和平台，增强园区综合配套能力，引导产业向园区集聚，形成产业集聚发展，提高辐射带动能力。

推动引资引技引智相结合。吸引外资以先进技术、科技成果、发明专利等无形资产投资，加大知识产权保护力度，更好地发挥外资在甘肃省自主创新中的积极作用。

4. 加快"走出去"步伐

拓宽对外投资领域。推进境外农业合作,在非洲、中亚、蒙古、白俄罗斯等国家和地区开展小麦、玉米、油菜、大豆、苜蓿、土豆等农作物种植加工、仓储物流和营销基地等领域的互利合作。支持服务业境外投资,支持甘肃省中医药、餐饮、旅游、特色民俗等优势企业"走出去"做大做强,拓宽境外投资的领域。

创新对外投资合作方式。鼓励省内冶炼、有色金属等大型企业通过绿地投资、参股、并购等方式,积极投资境外有色金属及稀有金属等资源勘探和开发,建立多元、稳定、可靠的境外上游资源供应网络。

大力发展对外承包工程。在巩固和深度开拓非洲、东南亚、中东等甘肃省传统境外承包市场的同时,积极开拓南美、中亚、西亚等新兴市场,努力开拓欧美发达国家市场,扩大国际市场份额。依托甘肃省承揽铁路、桥梁、房屋建筑、水电、打井、探矿等海外承包工程的传统优势,积极参与中西亚国家以及非洲、东南亚地区的基础设施项目建设,拓展新能源、油气化工、旱作农业、节水灌溉、制种繁育等新领域。

培育企业参与海外业务。加强企业资质管理,针对企业的实力和水平实行分类指导和分级管理,尽快培育一批具有相当规模和较强国际竞争能力的大型承包工程企业。

加快发展对外劳务合作。鼓励引导各类所有制企业积极申报对外劳务合作经营资格,培育壮大经营主体。指导甘肃省劳务企业不断提升经营管理水平,增强国际市场开拓能力,拓宽外派劳务渠道。

健全"走出去"服务保障体系。做好甘肃省境外直接投资总体规划,加快完善对外投资法律法规的省内配套政策,落实有关多边、双边投资保护、税收协定,健全境外投资促进体系。

三 甘肃的开发治理创新

1. 建设丝绸之路国际知识产权港

建设丝绸之路国际知识产权港是省委、省政府贯彻落实高质量发展,针对抢抓"一带一路"建设机遇、培育经济发展新动能、拓展对外开放新空间,发挥知识产权在创新驱动发展和新旧动能转换中的重要支撑作用而做出的重大战略部署。丝绸之路国际知识产权港根据"立足甘肃、面向丝路，开放创新、协同高效，政府引导、市场主导，平台先行、分步推进"的原则，以建设知识产权孵化培育中心、运营交易中心、金融中心、保护中心、服务中心、大数据中心、工业设计中心等为主要内容，借力国际合作交流平台和高端智库，运用人工智能、云计算、大数据、区块链等现代信息技术，建设知识产权数字化产业集聚区和知识产权服务业集聚发展示范区，实施专利导航工程，构建国际知识产权综合服务生态体系，打造完整的知识产权产业发展链条，带动甘肃乃至西部地区的产业转型、动力转换和跨越发展，走绿色崛起之路。丝绸之路国际知识产权港公司作为国际知识产权港建设的运营主体，依托甘肃省科技发展投资有限责任公司并联合省内外相关企业共同组建。

丝绸之路国际知识产权港的建设有助于运用现代信息技术加强知识产权相关服务，加大知识产权的转化力度，促进知识产权的高效增值转化。除此之外，在省政府外事办的协调下，丝绸之路国际知识产权港有助于促进知识产权国际合作交流工作，推动甘肃省与共建"一带一路"国家和地区开展知识产权领域的务实合作。丝绸之路国际知识产权港是一个综合化、专业化的知识产权服务机构，从孵化培育到金融服务，打造了一个完整、便捷的知识产权服务链，对甘肃省的产业转型和发展起到了促进作用。

2. 建设全省智慧旅游及甘肃旅游智库

为了提升甘肃省旅游业信息化、智能化、便捷化服务水平，加快推进旅游强省建设步伐，甘肃省启动全省智慧旅游项目的建设。

该项目旨在到 2020 年，基本建成以"一中心三体系三朵云"（大数据中心，智慧旅游管理体系、服务体系、营销体系和智慧旅游支撑云、功能云、内容云）为架构的智慧旅游体系，实现"一部手机游甘肃"，旅游公共信息服务水平显著提高，旅游在线营销能力全面提升，行业监管能力进一步增强，全省智慧旅游建设达到国内一流水平。实现以下具体目标：4A 级以上旅游景区实现 4G/5G 移动网络、智能导游、电子讲解、在线预订、信息推送等服务；4A 级以上旅游景区、旅游大巴等人流集中区、环境敏感区、旅游危险区实现视频监控、流量监控、位置监控、环境监测；入甘游客在线旅游消费支出占旅游消费总支出的 25% 以上。

建设全省智慧旅游有助于加快实现旅游主业态智慧化，建设智慧景区、智慧旅行社、智慧酒店、智慧民宿，使游客拥有便捷、灵活的旅游体验。与此同时，通过旅游业的发展提升旅游业网络扶贫实效，探索智慧旅游网络扶贫新模式，整合全省乡村旅游、农家乐、牧家乐、特色农产品资源，建设乡村旅游服务平台，以乡村旅游的繁荣带活一批贫困村、脱贫一批贫困户，走出一条市场驱动、绿色环保、持续性强的旅游电商精准扶贫新路子。

甘肃旅游智库是甘肃旅游业发展的思想库、智囊团，是以甘肃旅游全局性、战略性、现实性问题为主要研究方向，充分发挥战略谋划、前瞻研判、资政辅治、社会服务、人才培养等综合优势，为旅游业改革创新发展提供多元化、高层次服务的智力支撑机构。甘肃旅游智库的成立有助于提高甘肃省旅游业发展决策部署能力，破解甘肃省旅游业发展中的重大问题，输送旅游业高层次人才。

甘肃省凭借得天独厚的区位优势和文化积淀，拥有大量珍贵的旅游资源，在保护的前提下合理开发和利用甘肃省旅游资源不仅可以促进甘肃省旅游业的发展、提高贫困地区人民收入，还有助于完善省内基础设施建设，提高甘肃省知名度和开放水平。

3. 推进产能合作

2018 年，经过方案论证会，牙买加甘肃国际产业园区项目正式开始建设。项目将利用酒泉钢铁阿尔帕特氧化铝厂的土地资源，实施氧化铝扩能、自备电厂改造、港口改扩建以及基础设施项目，引入战略投资者，开展高端制造、轻工电子组装、不锈钢深加工、新能源及配件加工等国际产能合作项目。作为甘肃省企业"走出去"开展国际产能合作的排头兵和领头雁，酒泉钢铁（集团）有限责任公司着眼于企业全球化经营和长远发展，立足共建共享共赢的理念，于 2016 年在牙买加收购了阿尔帕特氧化铝厂，并利用已有产业基础和土地资源谋划建设国际产业园。这是在"一带一路"建设下，中国同拉美、加勒比地区国际产能合作的重点项目，是甘肃第一个重大海外投资项目，也是目前牙买加规划建设的最大产业园区。

在优势产业项目实施方面，酒钢公司收购俄罗斯铝业牙买加阿尔帕特氧化铝厂并迅速复产，金川公司并购印度尼西亚 WP 公司和 RKA 公司红土镍矿项目稳步推进，白银公司与中非基金联合收购南非第一黄金项目进入全面整合阶段，白银公司与哈萨克斯坦矿业集团建设 30 万吨铜冶炼、金川公司巴基斯坦雷克迪克铜矿等项目前期工作有序开展。

在优势装备有序输出方面，支持兰石重型装备股份有限公司国内外产业布局。协助推动海默科技（集团）股份有限公司设立境外企业，开展油田、天然气设备销售贸易。指导天水华天科技股份有限公司投资并购美国倒转芯片国际有限公司，实现企业技术升级。

在对外服务合作提质增效方面，重点支持甘肃建投在非洲、中东及共建"一带一路"国家承揽工程，及时拓展设备营销租赁和售后服务市场，促进企业由承包型向集成式转型发展。继续加强农业现代化合作，支持科研机构在非洲和南亚国家推广示范旱作农业技术，支持大禹节水公司在安哥拉、埃及等国家实施农业开发示范区节水灌溉工程设计及基地建设项目，取得了良好效果。

甘肃省凭借自身优势产业，通过与他国产能合作，利用他国优势，使各方优势得到更好发挥，切实推动合作各方互利共赢。甘肃省通过与他国进行产能合作，推动资源的全球化配置，积极落实国家"一带一路"建设，同时也为我国企业"走出去"提供了借鉴学习的范本。

四 新型开放背景下的甘肃发展

1. 新型开放背景下的甘肃发展

（1）甘肃省的产业集聚

1978～2017 年，甘肃省第一、第二产业占比呈下降趋势，第三产业占比呈上升趋势，在 2014 年之前，第二产业占比最高，自 2014 年起，第三产业占比超越第二产业成为主导产业。截至 2017 年，第三产业占比突破 50%，第二产业占比约 34%，第一产业占比最低，约为 12%（见图 6 - 3）。第二产业中，工业占比一直大于建筑业占比，但是工业占全省 GDP 比重呈现下降趋势，建筑业占全省 GDP 比例呈上升趋势。甘肃省工业产值中重工业占比较大，2017 年重工业产值约占工业产值 84%，轻工业约占 16%，这与甘肃省长久以来的产业基础和政策导向一致。在第三产业中，主要增加值构成来源于批发和零售业、交通运输仓储和邮政业、住宿和餐饮业、金融业、房地产业。1978～2017 年，批发和零售业、交通运输仓储和邮政业占比呈现下降趋势，金融业呈现明显上涨趋势（由 2005 年占比 5.68% 上升到 2017 年占比 13.71%）。这表明甘肃省第三产业趋向多

元化，从由交通运输仓储、邮政业、批发和零售业主导到目前多种产业
共同拉动。另外，甘肃省金融业在近年来发展较快，逐渐成为第三产业
增加值的主要来源之一。

甘肃省旅游业发展也十分迅速，2000～2017年，甘肃省旅游人数不断
上涨，尤其是2012年之后增速加快，2017年达到23889.4万人次，甘肃
省不断出台促进旅游业发展的相关政策在一定程度上推动了甘肃省旅游业
的快速发展（见图6-4）。

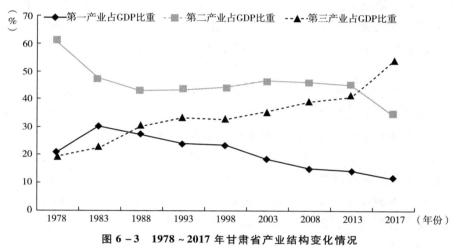

图6-3　1978～2017年甘肃省产业结构变化情况

资料来源：CSMAR数据库。

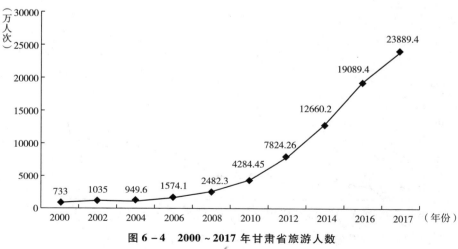

图6-4　2000～2017年甘肃省旅游人数

资料来源：《甘肃统计年鉴》（2001～2018年）。

（2）甘肃省的对外经贸发展

改革开放以来，甘肃省进出口总额总体呈上升趋势，2010 年之前，进出口总额及进口额、出口额均呈上升趋势，但 2010 年之后都有了不同程度下降，尤其是 2015～2017 年两年内下降幅度较大。目前甘肃省进口仍以资源性产品为主，具有进口时间集中、产品结构单一的特征。由于矿产品被国际卖家高度垄断，甘肃省作为下游需求方，受国际市场波动影响大。而出口品集中于农产品、机电产品、贱金属及其制品，这类产品受不确定的不可控因素影响较大，且可替代性高，不仅如此，这类产品的商品附加值也较低。综上所述，虽然长久以来甘肃省进出口呈上升态势，但是近几年的下降也较为明显，甘肃省进出口产品种类较为单一且不稳定性较大，劣势明显。

自 20 世纪 90 年代以来，外商在甘肃投资总体处于上升趋势，但是上升速度经历了由慢到快的过程，尤其是 2017 年增长十分迅速。2017 年外商投资企业总额达到 201.975 亿美元，其中以制造业为主，农业及电力、燃气、水的生产供应业占比也较大。甘肃省积极承接东部产业转移，同时加强与其他地区经济联系，举办"甘肃省承接产业转移投资推介会""世界 500 强走进甘肃（北京）对接交流会""世界 500 强走进甘肃（兰州）对接推进会"等，甘肃省吸收外商投资能力不断进步，外商投资总额上升较快（见图 6 - 5）。

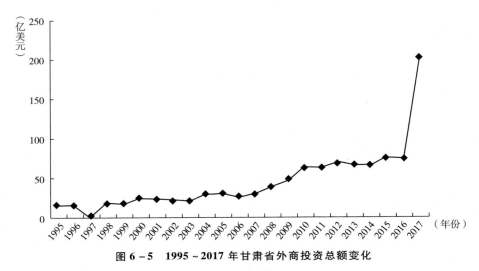

图 6 - 5　1995～2017 年甘肃省外商投资总额变化

资料来源：CSMAR 数据库。

2. 新型开放背景下甘肃发展存在的问题与可行选择

从古至今，甘肃就是连接亚欧大陆的战略通道和沟通西南、西北的重要交通枢纽，具有承东启西、南拓北展的区位优势。自2013年"一带一路"构想提出以来，甘肃省积极响应，抢抓"一带一路"构想带来的重大机遇，提出加快推进"丝绸之路经济带"甘肃黄金段建设的构想，聚焦"政策沟通、设施联通、贸易畅通、资金融通、民心相通"工作重点，有序推进"一带一路"建设。在各方共同努力下，甘肃发展取得了长足进步。但是长久以来的基础不足和自身存在的劣势导致甘肃的发展还存在很多有待改进的地方，全流程开发开放新体制的建设是解决这些问题的可行选择。

（1）甘肃发展存在的问题

第一，甘肃省产业结构不合理。甘肃省农业较为落后，第三产业也主要依靠批发零售及交通运输业，第二产业较发达，但是重工业远强于轻工业，产业结构不合理。甘肃省重工业发展较快，重化工占比较高，使得甘肃原本脆弱的生态环境雪上加霜，不利于可持续发展。产业结构的不平衡也制约着甘肃省的进一步发展，主导产业占比高，配套产业较弱，形成产业"孤岛"。

第二，高新技术产业发展动力不足。由于地理位置限制及产业积累不足等，甘肃省高新技术产业占比较低。甘肃省内重点高校和科研院所发展较慢，且地理位置和本省发展较为落后导致人才大量流失，使得甘肃省发展高新技术产业人才不足。除此之外，配套产业落后、难以形成相关产业集聚也是甘肃高新技术产业发展动力不足的原因之一。

第三，旅游资源保护和利用体制不完善。甘肃省凭借得天独厚的地理位置和历史积淀拥有十分珍贵和独特的旅游资源，但是长久以来旅游资源未得到良好的保护、开发和宣传，此现象近几年有所好转但尚未完全解决。甘肃省的特殊地貌资源和历史古迹资源都非常有特色，也非常脆弱，在积极宣传的同时需要加强对旅游资源的保护力度。

第四，区域发展不平衡。甘肃省经济发展水平在全国范围内较为落后，同时省内不同区域发展水平差距也较大，甘肃仍存在一些贫困地区及贫困人口，脱贫攻坚任务仍十分艰巨。区域发展的不平衡不利于全省经济的进一步发展。

第五，生态环境脆弱。甘肃地处内陆，省内有较大面积沙漠、草原地貌，水资源较为稀缺，且长期发展重化工业，对环境造成了污染。自然和产业条件使得甘肃的生态环境脆弱，一旦破坏就很难在短时间内修复。

第六，基础设施相对滞后。由于甘肃经济发展长期处于落后地位，基础设施也长期落后于其他地区，制约着甘肃的发展。

（2）甘肃发展的可行选择

甘肃是"一带一路"建设的重要节点，需要紧紧抓住共建"一带一路"的历史机遇，弥补发展中的不足。

第一，优化产业结构，对于亟须发展的弱势产业给予政策帮扶。产业结构不平衡将在很大程度上制约甘肃的进一步发展，政府应对在整体经济中地位重要但是处于劣势的部分产业给予一定的支持，调整甘肃省的产业结构，使其达到平衡，促进可持续发展。尤其是第三产业和轻工业的发展，需要政府的帮助和扶持。

第二，增加科研投入，出台相关人才政策。科技是第一生产力，应增加在科技领域投入，吸引相关人才来甘，为高新技术产业的发展注入活力，形成竞争优势，推动相关产业的进一步发展。如今，人力资源的重要程度不断上升，提高人力资源水平在甘肃朝着更高水平的发展中是必不可少的。

第三，统筹区域发展，打好脱贫攻坚战。突破目前甘肃省内区域发展不平衡的现状，发掘贫困地区的优势产业并给予技术和设施支持，促进贫困地区脱贫，打好脱贫攻坚战，促进区域间的协调发展，带动甘肃整体的进一步发展。

第四，设计全流程开发开放体制机制。以发展与开放协同为原则，以驱动全生态自主转型机制为目标，建设包含全流程服务及层级网络公共治理机制的全流程开发开放新体制。完善全流程产前、产中、产后服务机制，创建层级网络结构的公共治理机制，制定配套政策，提高经济发展效率水平。

第三节　云南的开放与发展探索

云南简称"滇"或"云"，有"彩云之南"的美称。云南地处中国西南边陲，西部与缅甸接壤，南部和越南、老挝毗邻，是中国经济连接南亚经济、东南亚经济的桥头堡。云南有着丰富的自然人文资源、独特的区位优势，战略地位十分重要。

1910年滇越铁路的建成，开启了云南工业化的进程，拉开了云南现代化的序幕，滇中和滇南自此具备初步工业化的基础。抗日战争爆发后，东部沿海地区工矿企业大批内迁转移至云南，使云南的工业化得到进一步发展。改革开放后，云南经济飞速发展，1978年云南生产总值为69亿元，其中工业增加值为21亿元，经过40年的经济腾飞，2017年云南生产总值达到16376亿元，工业增加值达到4089亿元。

1992年国务院批准成立"昆明高新区"，这是云南省首个国家级高新技术产业开发区，也是云南第一个营业总收入过千亿元的园区，2012年4月被科学技术部确定为全国首批"建设国家创新型特色园区"试点园区之一，打造云南省、昆明市改革开放试验示范区、高新技术产业集聚发展先导区，自主创新和科技孵化的领航区。1992年国务院特区办批准在云南设立河口、畹町、瑞丽三个边境经济合作区，加快了沿边地区的开放步伐。2000年，国务院批准"昆明经济技术开发区"升级为国家级开发区，是云南省唯一集国家级经济技术开发区、国家出口加工区、国家科技兴贸创新基地和省级高新技术产业开发区于一体的多功能、综合性产业园区。2010年，"曲靖经济开发区"升级为国家级经济技术开发区。2012年，玉溪国家高新技术产业开发区正式成立，成为云南省继昆明国家级高新技术产业开发区之后的第二个国家级高新技术产业开发区。2013年，国务院批复同意将"嵩明杨林经济技术开发区"和"蒙自经济技术开发区"升级为国家级经济技术开发区；同年12月，国务院批复同意设立红河综合保税区，这是云南省首个获批的综合保税区。2014年，"大理经济技术开发区"经国务院批准成为国家级经济技术开发区。2015年9月7日，国务院批准设立云南滇中新区。滇中新区是滇中产业聚集区的核心区域，其区位条件优越、科教创新实力较强、产业发展优势明显、区域综合承载能力较强、对外开放合作基础良好，是我国打造面向南亚和东南亚辐射中心的重要支点、云南桥头堡建设重要经济增长极、西部地区新型城镇化综合试验区和改革创新先行区。2016年，国务院批准成立的"昆明综合保税区"，是促进云南区域经济甚至西南地区区域经济更多地与东南亚、南亚国家加强联系的重要平台。2018年，经国务院同意批准"楚雄高新技术产业开发区"

升级为国家级高新技术产业开发区，实行国家级高新技术产业开发区的
政策。

云南作为我国西南门户，是我国经济面向南亚和东南亚的"桥头堡"，
有着极其重要的战略地位。改革开放以来，云南紧跟开放潮流，积极改革
创新、鼓励支持经济发展，截至 2018 年，云南已建成 1 个国家级新区、5
个国家级经济开发区、3 个国家级高新区、2 个综合保税区、5 个边境/跨
境经济合作区，以及 63 个省级开发区。进入"十三五"时期以来，云南
经济实现快速发展，2017 年和 2018 年分别以 9.5% 和 8.9% 的增速位列全
国各省区市第三名。

一　云南开放背景及进展

"九五"计划中，云南省提出"以经济效益为中心，打基础，兴科教，
调结构，建支柱，促进经济、社会协调发展"的经济社会发展的基本思
路。2016 年 3 月《国民经济和社会发展第十三个五年规划纲要》明确提
出，推进云南建成面向南亚、东南亚的辐射中心。从云南省"九五"计划
的发展思路到"十三五"规划中央对云南的战略定位的变化，反映了经过
多年的改革发展，云南在全国经济体系中正扮演着越来越重要的角色。

1. 云南的产业基础

云南省生物、矿产、水电等自然资源非常丰富，依靠招商引资和日益
完善的工业园区建设，加快实现工业跨越式发展，逐渐形成了冶金、烟
草、生物医药、有色金属、钢铁、水泥、特色农产品、电子信息等优势和
新兴产业，金融、商贸物流、跨境贸易等现代服务业也实现了快速发展。

（1）西部大开发以来云南的产业发展

从 2000 年西部大开发政策实行以来，云南经济结构呈现出第二、第三
产业各占 40% 左右份额的格局。2000 年，农业占 GDP 比重为 21.5%，工
业占比 35%，以金融、批发和零售业为代表的第三产业占比 37.1%。
2000～2010 年，云南形成了以烟草加工业、旅游业、矿产业、电力产业、
生物资源开发创新产业为主导的工业体系。从工业产值看，形成以国有及
国有控股企业为主体，个体及私营企业、外商及港澳台投资企业等多种所
有制企业竞相发展的经济结构。

面对西部大开发、中国加入世界贸易组织等历史机遇，"十五"计划

中，云南产业发展的主线是"结构调整"，主要涉及提高农业综合生产能力、加强交通基础设施建设、改造提升传统优势产业、发展高新技术产业、加快培植群体支柱产业，积极发展现代服务业。在农业领域，加强以农田水利为重点的农业基础设施建设，巩固提高烤烟、甘蔗、茶叶、橡胶等传统经济作物，加快发展新兴经济作物。在工业方面，淘汰落后产能，重点培育现代生物医药、电子信息、新材料、机光电一体化等高新技术产业，继续建设和培育五大支柱产业：①巩固提高烟草产业，把红塔集团培育成具有国际竞争力的大型烟草企业集团。②加快发展生物资源开发创新产业，鼓励蔗糖、茶叶、天然橡胶、畜牧和水产养殖、林产、以天然药物为主的现代医药、绿色保健食品、花卉及绿化园艺、生物化工等产业的发展。③大力提升旅游产业，把云南建设成全国著名的旅游度假和会展基地。④发展壮大矿产业，把云南建设成全国重要的磷化工和有色金属工业基地。⑤着力培育电力产业，抓住国家实施"西电东送"的机遇，发挥水能和区位优势，加快建设一批调节性能优越的大中型水电站，抓紧开工建设小湾电站。在服务业领域，重点培育金融、商贸物流、旅游、房地产等多元化发展的服务业结构。2005 年云南的三次产业增加值比例为 20∶42∶38，基本达到了"十五"计划中结构调整时定下的三次产业增加值比例 19∶43∶38 的预期目标。第二产业和第三产业呈现均分的格局。

"十一五"规划中，云南以结构调整和转变经济增长方式为主线，转变农业增长方式，以无公害农产品、绿色食品、有机食品生产为方向，积极发展生态农业，大力推进农业工业化；优化发展电力、化工、冶金、烟草、生物资源加工等产业群，加快培育以新材料、电子信息和机械产业为代表的新兴产业群，积极推进 30 个重点工业园区建设，促进产业集约化、集群化发展，发展具有云南特色的新型工业和劳动密集型产业，建设工业强省；服务业领域，改造传统服务业，全面推进服务业优化升级，大力发展以文化、旅游、现代物流、信息服务、金融为代表的现代服务业。截至2010 年，云南的三次产业增加值比例为 15∶45∶40，其中工业占比由 2005年的 33.8%，上升到了 2010 年的 36%，第二产业比重明显增加，而农业占比显著下降。

"十二五"规划中，云南紧紧围绕建设绿色经济强省、民族文化强省和中国面向西南开放的重要桥头堡战略目标，以加快转变经济发展方式为主线。通过大力培育农业龙头企业、做大做强"云系"、"滇牌"特色农产品品牌、加强农业产业化基地建设，促进农业生产经营专业化，推进农业产业化发展；通过做优做强卷烟工业、巩固提升制糖产业、做特做强云茶与云酒产业来大力发展轻工业，利用产业集聚区重点培育有色金属冶炼及深加工、电力、能源、石油化工等重工业产业。在战略性新兴产业重点领域，重点发展生物、光电子、新材料、高端装备制造、新能源等产业。抓住东部地区产业优化升级机遇、充分发挥云南比较优势，主动承接产业转移，提升参与国内外产业分工的能力。服务业方面，通过加强旅游基础设施建设、建设大型综合物流园区、扩大金融开放、推进"数字云南"建设等举措大力发展现代服务业。截至 2015 年，云南三次产业增加值比例为15∶40∶45，第二产业占比下降，服务业比重有明显的上升。"十二五"期间，云南服务业发展迅速并超越第二产业。

（2）"十三五"时期云南的产业发展

面对"一带一路"建设、长江经济带建设等重大历史性机遇，云南以提高发展质量和效益为中心，以供给侧结构性改革为主线，着力建设面向南亚、东南亚辐射中心。从整体产业布局来看，农业方面，要加快高原特色农业现代化建设，一是转变农业经营方式，鼓励社会资本发展现代种养业，进行适度规模化经营，鼓励家庭农场发展、培养一批有文化有技术的新兴职业农民。二是依法推进农村土地承包经营权有序流转，深化集体林权制度改革。三是强化农业科技创新，探索在农业科技企业与农业经营主体之间形成利益共同体的机制和模式，增加农业投入、加大涉农信贷额度。四是推进农业结构调整，积极开发农业多种功能，探索形成农业与第二、第三产业交叉融合的现代化产业体系。

工业方面，一方面是加快传统产业优化升级，其主要政策包括：一是实施重大工业技术改造升级工程，包括在冶金、化工、建材、轻纺等重点领域推广新技术、新装备，并推动智能制造，加快运用信息技术改造提升传统产业，积极支持重点企业建设"数字车间""智能生产线""智能工厂"。二是积极稳妥化解过剩产能，过剩产能行业一律不得新增产能，对环保、能耗、安全生产不达标的煤炭、钢铁、有色、水泥等行业企业，要依法有序退出。三是拓宽产业发展新空间，着力加强供给侧结构性改革，实施云南工业质量品牌行动计划，提高"云南制造"著名品牌的影响力，支持烟草等传统企业扩大规模形成产业集群，吸引国内外轻工业龙头企业和沿海产业链整体转移，重点培育石化产业并形成千亿规模的石化产业链。另一方面是培育壮大战略性新兴产业，一是以昆明市为重点，通过市场化机制形成一批特色鲜明、创新能力强的战略性新兴产业集群，使其成为经济转型升级新引擎；二是完善新兴产业发展环境，适当放松准入条件、简化监管规则，落实税收优惠政策，完善人才激励政策，集聚一批高层次创新人才。

服务业方面，推动生产性服务业向专业化和价值链高端延伸、生活性服务业向精细化和高品质转变。一是利用产业转型升级的机会，引导企业打破"大而全""小而全"的格局，分离和外包非核心业务，加快发展生产性服务业；二是大力发展旅游文化经济，培育消费新热点，扩大生活性服务业规模；三是进一步开放电力、电信、邮政、市政公用等竞争性服务业，鼓励社会资本进入金融、教育、文化、医疗等领域。

2. 云南的空间布局

"十一五"以来，云南的空间布局经历了三次变化，2006 年提出滇中、滇西、滇东、滇南四大片区"一优（优化开发）三重（重点开发）"的空间布局。2011 年提出"一圈、一带、六群、七廊"的空间战略布局。2016 年提出加快构建"一核一圈两廊三带六群"经济社会发展空间格局：一核是以昆明中心城区和滇中新区为核心，一圈是指滇中城市经济圈，两廊是指"孟中印缅"和"中国 – 中南半岛"国际经济走廊，三带是指沿边开放经济带、澜沧江开发开放经济带和金沙江对内开放合作经济带，六群是指六个城镇群。

（1）云南经济的空间分布

云南省总面积 39.4 万平方公里，截至 2017 年末，云南省下辖 8 个省辖市，8 个自治州，67 个县，29 个自治县，16 个县级市，17 个市辖区，常住人口 4801 万、城镇化率 46.69%。2016 年，按照"做强滇中、搞活沿边、联动廊带、多点支撑、双向开放"的发展思路，云南省划分为"一核一圈两廊三带六群"的经济社会发展空间格局。

"一核"：昆明中心城区包括五华、西山、盘龙、官渡、呈贡 5 个区，滇中新区包括安宁市、崇明区和官渡区部分区域。

"一圈"：滇中城市经济圈，涵盖云南中部的昆明市、玉溪市、曲靖市和楚雄州全境并拓展延伸至红河州北部（蒙自、建水、个旧、开远、弥勒、泸西、石屏 7 个县市），国土面积达 11.46 万平方公里，占全省面积的

29%，区域人口占全省总人口44%，并贡献了全省65%的生产总值。

"两廊"："孟中印缅"经济走廊，是以中缅铁路、公路等国际运输通道为依托，以昆（明）保（山）芒（市）瑞（丽）为主轴，以保山—腾冲（猴桥）—泸水（片马）和祥云—临沧—孟定（清水河）对外开放经济带为两翼的经济走廊。"中国—中南半岛"经济走廊，是以中越、中老铁路、公路等国际运输通道为依托，以建设昆（明）磨（憨）、昆（明）河（口）经济带为抓手，以勐腊（磨憨）重点开发开放试验区、昆明综合保税区、红河综合保税区、河口跨境经济合作区、磨憨跨境经济合作区等为平台，全面推进与东南亚国家交流与合作的经济走廊。

"三带"：沿边开放经济带，包括保山市、文山州、红河州、普洱市、西双版纳州、德宏州、临沧市、怒江州等8个州、市中的腾冲、龙陵、河口、绿春、金平、麻栗坡、马关、富宁、西盟、澜沧、孟连、江城、景洪、勐海、勐腊、芒市、盈江、瑞丽、陇川、泸水、贡山、福贡、镇康、耿马、沧源等25个沿边县、市。该区域毗邻缅甸、老挝、越南3个国家，总面积共9.25万平方公里，占全省总面积的23.5%，人口占全省的14.3%，生产总值占全省的11%。澜沧江开发开放经济带的范围包括迪庆藏族自治州的德钦县、维西县，怒江州的兰坪县，大理白族自治州的大理市、宾川县、漾濞县、永平县、云龙县、剑川县、洱源县、鹤庆县、南涧县、巍山县，保山市的隆阳区、昌宁县，临沧市的临翔区、凤庆县、永德县、云县、双江县、耿马县、沧源县，普洱市的思茅区、孟连县、景谷县、镇沅县、澜沧县、西盟县、江城县、宁洱县、景东县，西双版纳州的景洪市、勐腊县、勐海县，共7个州，34个县、市、区，总面积13.08万平方公里，占全省总面积的33%，人口占全省的21.6%，地区生产总值占全省的17.6%。金沙江对内开放合作经济带包括迪庆藏族自治州的香格里拉市、德钦县和维西县，丽江市的古城区、玉龙县、永胜县、宁蒗县、华坪县，大理白族自治州的鹤庆县、宾川县，楚雄州的大姚县、元谋县、永仁县、武定县，昆明市的东川区、禄劝县，曲靖市的会泽县，昭通市的昭阳区、鲁甸县、永善县、巧家县、绥江县、水富县，共7个州，23个县、市、区，地区面积8.27万平方公里，占全省面积的21%，人口占全省的16.3%，地区总值占全省的11.8%。

"六群"：滇中城市群，包括省域中心城市昆明，区域性中心城市曲靖、玉溪、楚雄，以及安宁、晋宁、嵩明、宜良、石林、富民、马龙、宣威、澄江、易门、禄丰等中小城市。滇西城镇群，以大理为中心，以祥云、隆阳、腾冲、龙陵、芒市、瑞丽、盈江为重点。滇东南次级城镇群，以蒙自为中心，以个旧、开远、河口、建水、文山、砚山、富宁、丘北为重点。滇东北城镇群，以昭阳、鲁甸一体化为重点。滇西南城镇群，以景洪、思茅、临翔为重点。滇西北城镇群，以丽江、香格里拉、泸水为重点。

（2）"十三五"时期云南的空间规划

工业园区最重要的作用之一便是实现产业集聚，是各省市对外开放的窗口和重要媒介，是经济发展和城市化进程的推进器。2016年，云南省工业园区规模以上工业增加值占全省工业的比重达81%，工业园区是云南全省工业发展和技术创新的重要平台。

根据《云南省工业园区产业布局规划（2016—2025年）》，云南省按各区域产业功能定位划分为"创新驱动引领区""产业提速增效区""沿边开放与绿色发展区"3大区域。

国家级园区是带动区域经济发展的重要引擎和增长极，对云南全省经济发展起到示范带头作用。昆明高新技术产业开发区、昆明经济技术开发区、嵩明杨林经济技术开发区、曲靖经济技术开发区、玉溪高新技术产业开发区等5个国家级开发区均分布在创新驱动引领区，产业基础雄厚，重点发展生物医药、电子信息、新材料等产业和新能源汽车、智能制造等先进装备制造业。大理经济技术开发区以汽车及交通设备制造业、生物医药为主导，以特色食品和特色消费品制造业为辅助。蒙自经济技术开发区以冶金材料深加工及新材料、电子信息产品制造为主导，以先进装备制造、特色食品制造（食品及生物资源）为辅助。

省级园区是支撑云南工业跨越式发展的主力军，肩负着做大全省工业规模总量的重任。省级园区主要依托现有产业基础和资源禀赋，重点发展冶金、烟草、建材等传统优势产业，鼓励发展先进装备制造业，发展中要注重运用高新技术改造传统产业，积极推进产业转型升级。与国家级和省级园区相比，其他园区发展基础相对薄弱。因此，其他园区的定位在于充分挖掘潜力以形成国家级、省级园区的重要补充。比如依托昆明长水国际机场航空港优势，建设滇中空港经济区，发展临空产业、生产性服务业，建设连接内陆面向南亚、东南亚的高端临空经济区。

3. 云南自贸试验区的设立

作为第四批获准设立自贸试验区的省份，云南全面落实中央关于加快沿边开放的要求，2019年，着力打造"一带一路"和长江经济带互联互通的重要通道，建设连接南亚东南亚大通道的重要节点，推动形成我国面向南亚东南亚的辐射中心、开放前沿。云南自贸试验区实施范围119.86平方公里，涵盖三个片区：昆明片区76平方公里（含昆明综合保税区0.58平方公里），红河片区14.12平方公里，德宏片区29.74平方公里。

在三大片区的功能分工中，昆明片区主要加强与空港经济区联动发展，重点发展高端制造、航空物流、数字经济、总部经济产业等，建设面向南亚东南亚的互联互通枢纽、信息物流中心和文化教育中心；红河片区加强与红河综合保税区、蒙自经济技术开发区联动发展，重点发展加工及贸易、大健康服务、跨境旅游、跨境电商等产业，全力打造面向东盟的加工制造基地、商贸物流中心和中越经济走廊创新合作示范区；德宏片区重点发展跨境电商、跨境产能合作、跨境金融等产业，打造沿边开放先行区、中缅经济走廊的门户枢纽。

二 云南促进开放的政策体系

近二十年来，随着西部大开发、"一带一路"建设、长江经济带、"桥头堡"建设等国家重大发展战略的提出和实施，中国经济取得了令世人瞩目的增长奇迹，与此同时，作为中国西南门户的云南，也紧抓历史机遇，实现了经济腾飞，2000~2018年云南省年均增速高达12.5%。

1. 云南的交通物流网络

长期以来，由于受山区地理条件限制和历史因素，云南交通封闭落后的面貌一直未得到根本改观，作为我国交通系统的末梢环节，云南铁路、公路等交通基础设施尤其落后，但近年来，随着路网、航空网、能源保障网、水网、互联网"五网"建设五年大会战的推进，云南交通运输基础设施建设成效显著，截至2017年底，云南全省运输线路总里程约24.67万公里（不包含民航航线里程），综合交通网平均密度为63.3公里/百平方公里。

（1）交通基础设施建设

自2016年底，沪昆客专、云桂铁路、昆玉铁路通车以来，云南进入高铁时代。截至 2017 年，云南铁路网运营里程达到 3682 公里，其中高铁总里程达到 706 公里，电气化率达到 63%。

公路方面，全省公路通车总里程达 24.3 万公里，其中，高速公路里程为 5022 公里，共 77 个县（市、区）通高速公路，在 129 个县市区中共有 125 个通高等级公路。全省农村公路里程有 19.92 万公里，乡镇通畅率、通班车率、建制村通硬化路率达到 100%。

民航方面，全省通航运营机场共有 15 个，目前居全国第二位，是我国民用航空体系较为完善、运输能力较强、管理水平较高的省区市之一。机场密度为每 10 万平方公里 3.8 个，累计开通航线 429 条（其中：国内航线 346 条、港澳台地区航线 4 条、国际航线 79 条），实现东南亚国家首都航线全覆盖，从昆明出发至南亚、东南亚通航点的数量居全国首位。昆明长水国际机场旅客全年吞吐量达到 4473 万人次，丽江、西双版纳、芒市、大理机场旅客吞吐量也达到 100 万人次以上，云南是全国百万级机场最多的省（区、市）之一，云南发达的航空业，通过航空客源强有力的拉动，促进了包括铁路在内的其他交通运输方式的协调发展。

水运方面，全省航道里程达到 4294 公里。在建项目有糯扎渡库区航运基础设施、昆明市滇池航运设施、金沙江中游一期航运基础设施等。新开工建设金沙江二期航运基础设施（金沙江向家坝－溪洛渡）等项目。到 2020 年，云南内河航道将达到 5000 公里。

（2）口岸建设

2016 年出台的《云南省延边地区开发开放规划（2016—2020 年）》指出，云南加强口岸建设，要以瑞丽、磨憨、河口三大口岸为重点，加快完善沿边重点地区口岸服务功能，创新口岸监管模式，提升通关便利化水平，建设服务沿边地区开发开放的重要开放门户和跨境通道枢纽。整合现有监管设施资源和查验场地，推进口岸监管场所规范化建设。加快云南电子口岸通关服务平台和国际贸易"单一窗口"建设，实施属地管理、前置服务等方式将口岸通关现场非必要的执法作业前推后移。加快建设农产品、汽车整车、药品等进口指定口岸，积极争取援外资金协助周边国家改善口岸基础设施，建设一批以跨境物流产业为核心的口岸城镇，支持在重点口岸建设多式联运物流监管中心。

近年来，云南积极优化口岸布局。公路口岸方面，积极推动田蓬、都龙、勐满等口岸建设；航空口岸方面，重点开放芒市、腾冲等口岸；水运口岸方面，建设关累口岸，新开章凤、南伞、片马、孟连、永和、盈江等口岸；铁路口岸方面，规划新增磨憨、瑞丽、腾冲猴桥等口岸。力争将腾冲猴桥、孟定清水河、勐康、金水河4个国家一类口岸扩大开放为第三国人员和货物出入境口岸。在条件成熟的口岸率先开展"一口岸多通道"口岸监管模式创新试点工作。

2. 云南的贸易便利化措施

云南在海关特殊监管区域、对外开放口岸等贸易便利化平台的基础上，创新通关模式，建立信息共享、分工明确、监督有力、处置迅速的新型口岸管理体系，全面实施"单一窗口"、一站式作业、一体化通关。

（1）贸易便利化设施建设

1992年，在邓小平南方谈话精神的指引下，中国对外开放的范围开始从沿海地区延伸至沿江、沿边地区。同年6月，中央政府授予昆明沿海开放城市的优惠政策，并将畹町、瑞丽、河口3城列为边境开放城市，分别设立了畹町边境经济合作区、瑞丽边境经济合作区、河口边境经济合作区。"桥头堡"战略实施以来，云南又分别于2013年设立临沧边境经济合作区、于2016年设立中国老挝磨憨－磨丁经济合作区。

2013年12月16日，国务院批复同意设立红河综合保税区，这是云南省首个获批的综合保税区。红河综合保税区规划选址位于蒙自经济开发区出口加工产业园内，海关特殊监管围网区规划面积3.29平方公里，目标定位为：西部地区面向东南亚和走向亚太的口岸物流中心、保税物流基地、保税加工园区、生产性服务贸易平台。

2016年2月，国务院批复同意设立昆明综合保税区，昆明综合保税区是由原昆明出口加工区整合优化而来，分为经开片区和空港片区。其中，经开片区位于经开区昆明出口加工区内，规划面积0.58平方公里；空港片区位于昆明长水国际机场附近，规划面积1.42平方公里。区域定位的主导产业是保税加工业、保税物流业和保税服务业等。

截至2018年，云南省有红河综合保税区和昆明综合保税区2家海关特殊监管区域，有河口、畹町、瑞丽、临沧4家边境经济合作区，以及1家跨国境的经济合作区——中国老挝磨憨—磨丁经济合作区。对外开放口岸、园区等基础设施的日益完善，使云南经济外向度大幅提升，贸易便利化水平显著提高。

（2）推进大通关建设

第一，云南海关持续推进全国通关一体化改革。从 2017 年 7 月 1 日起，全国口岸所有运输方式进口的商品适用"一次申报、分步处置"的通关作业流程和企业自报自缴税款、海关对税收征管要素审核后置等改革举措。企业从中可享受多项红利：一是可以选择任意地点报关，消除了申报的关区限制；二是海关执法更统一，依托全国海关风险防控中心和税收征管中心，全国通关的政策和规定在执行标准上更加一致；三是通关效率大大提高，简化了口岸通关环节手续，压缩了口岸通关时间。

第二，加快建设国际贸易"单一窗口"平台。2017 年 7 月 27 日上午 10 时，中国（云南）国际贸易"单一窗口"关检融合整合申报系统开始试运行。"单一窗口"平台运用大数据、云计算等技术，打通口岸管理和国际贸易相关部门行政壁垒，实现数据共享。"单一窗口"打破了空间限制，无论何时何地都可以进行单据录入，这不仅提高了传统国际贸易各环节效率，还间接提升了相关行业的运作效率。云南商务厅（省口岸办）与昆明海关等单位除了积极推进中国（云南）国际贸易"单一窗口"建设外，还创新建设本地化特色应用，已建成边民互市、跨境自驾游两个地方特色应用。

云南推动对外贸易便利化建设效果显著，2018 年云南进出口环节无纸化报关单占比达 99.6%，国际贸易"单一窗口"报关覆盖率 100%，随机选择布控查验占比达到 99.2%，税费电子支付比例 88.5%，涉税报关单企业自报自缴比例 74.1%。2018 年 12 月，全省进口环节海关通关时间为 7.1 小时，比全国同期快 2.77 小时，全省进口整体通关时间为 28.41 小时，比全国同期快 14.09 小时，较 2017 年压缩 66.31%。是全国进口和出口整体通关时间最短的 5 个省区之一，通关速度在全国处于领先水平。

3. 云南的投资便利化措施

大力吸引优质外资集聚。全面落实国家有关外商投资准入特别管理措施（负面清单），统筹好产业链、创新链、人才链、资金链、政策链，注重产业链上下游配套和价值链中高端的引进培育。实施精准招商、定向招商和市场化招商，鼓励外资并购投资，加大对港台及日韩、欧美等发达国家和地区的招商引资力度，积极引进知名企业、行业龙头企业、"隐形冠军"企业和高科技企业入滇发展。对新设或增资的重点外资项目、跨国公司总部或地区总部、外资研发机构等，按照"一项目一议"方式给予重点支持或奖励扶持。积极吸引世界银行、亚洲开发银行、金砖银行等国际金融组织和机构来滇开展业务。强化侨务、台企引资协调服务，进一步吸引侨商、台商来滇投资兴业。按照中央统一部署逐步推进非居民享受税收协定待遇资料备查工作，落实境外投资者以分配利润直接投资暂不征收预提所得税等政策。

4. 云南的内外金融服务创新

（1）深化沿边金融综合改革

积极争取国家批准沿边金融综合改革试验区延长试验期限、扩大试验区范围、增加试验内容。积极配合做好国家层面与越南、老挝、缅甸等周边国家签署货币、结算等有关金融合作协议的相关工作。支持国家金融监管部门驻滇机构、云南省金融监管部门加强跨境合作交流，推动建立多双边协商和信息交流机制。加快建立区域性股权市场。

（2）创新跨境人民币业务

持续推动人民币跨境结算从经常项目向资本项目延伸，支持使用人民币进行跨境投资，鼓励境内银行依法为境外项目提供人民币贷款业务。推进跨境人民币结算通道建设，进一步推广人民币跨境支付系统在跨境结算中的应用，鼓励境内外银行间建立代理结算关系。探索非现金支付工具跨境使用。支持开展非居民现金存取业务。以人民币兑换泰铢、老挝基普、越南盾等货币为突破口，推进人民币对非主要国际储备货币的柜台和区域挂牌业务。积极争取在省内设立非主要国际储备货币现钞调运中心。

（3）拓展跨境金融业务合作

充分利用澜湄合作、大湄公河次区域经济合作等机制，依法合规推动符合条件的省内金融机构到境外设立分支机构。支持国内银行驻滇机构加强与本行海外机构对接，共同向总行争取将南亚东南亚相关业务落地云南省。鼓励符合条件的外资金融机构来滇设立分支机构或投资入股省内法人金融机构，充分发挥外资银行在滇机构的作用，争取其母行授权与省内中资银行采取联合授信或银团贷款等方式为境内外重大合作项目提供融资服务。加强多双边跨境保险合作，为进出口贸易、境外投资提供多元化保险服务。

5. 云南打造开放包容新平台

（1）提升城市综合性平台能级

高标准规划建设昆明区域性国际中心城市，大力发展总部经济，吸引世界 500 强、中国 500 强企业和科研机构在昆明设立区域性总部、生产基地、研发中心、采购中心、结算中心等功能机构，切实增强昆明在全省扩大和深化对外开放中的核心引领作用。

支持滇中新区建设成为开放发展更有作为、科技创新实力彰显、绿色发展特色凸显、市场活力充分释放、和谐共享成为典范的全省高质量发展的排头兵。

支持大理、蒙自、昭通等区域性中心城市加快发展，打造国际经济走廊重要节点。支持瑞丽、勐腊（磨憨）、河口、腾冲等特色边境口岸城市建设，增强沿边开放窗口示范作用。

（2）发挥开发区改革开放排头兵作用

整合优化全省开发区，着力提高开发区的产业集聚度和开放度，以一流的平台聚集一流的国际生产要素，打造高质量外来投资集聚地。

加快红河、昆明综合保税区建设，在有条件的州、市积极申报新建综合保税区，把综合保税区建设成为保税物流、保税加工和生产性服务贸易平台。支持在综合保税区内开展保税维修业务，鼓励有条件的区外企业开展高附加值、高技术含量、无污染产品的保税维修业务。对在综合保税区内的融资租赁企业进口飞机等大型设备涉及跨关区的，根据实际需要，争取实行海关异地委托监管。

切实发挥好瑞丽、勐腊（磨憨）重点开发开放试验区沿边开放综合平台功能。着力推进中国老挝磨憨-磨丁经济合作区建设，实现围网封关运行，推动建立中国老挝多层级跨境经济合作区联动机制。积极促成设立中缅、中越边（跨）境经济合作区。进一步支持临沧、腾冲等边境经济合作区建设。鼓励注册地和主要生产地均在边（跨）境经济合作区且符合条件的内外资企业申请上市。建立健全与国内发达地区对接机制，在园区品牌、规划设计、运营管理等方面开展深度合作，推进跨区域共建产业园区，积极探索"飞地经济"模式。

（3）鼓励合作共建国际产能合作境外园区

支持省内企业发挥自身优势，依托当地优势资源，联合国内外企业共商共建缅甸皎漂工业园区、老挝万象赛色塔综合开发区和缅甸曼德勒缪达工业园区云南产业园、缅甸密支那经济开发区等境外园区，打造一批绿色食品、装备制造、钢铁、建材、化工、物流等境外产业基地。

（4）提升国际经贸合作平台作用

打造"永不落幕的南博会"。建设一站式交易促进服务平台，为南亚东南亚国家商品和服务进入中国市场提供多渠道、多模式、多元化的服务；允许展会展品提前备案，以担保方式放行展品，展品展后结转进入保税监管场所或特殊监管区域予以核销；探索建立展示交易的常态化制度安排，支持开展保税展示展销常态化运行，允许展品展后在海关批准的保税场所常年展示展销，并由展销企业集中办理缴纳税款等手续。

进一步发挥中国昆明进出口商品交易会、南亚东南亚国家商品展暨投资贸易洽谈会等大型国际展会功能。继续办好各类边交会、民族节庆展演等活动。

着力打造中国 – 南亚合作论坛、中国 – 东南亚合作论坛新平台，筹划举办中缅、中老泰经济走廊合作论坛。

三 云南的开发治理创新

1. 云南的多园区协同开发

2016 年发布的《云南省工业园区产业布局规划（2016—2025 年）》旨在进一步推动园区产业集约化、特色化、绿色化发展，破解产业聚集度不高、主导产业不突出、产业布局不合理等问题，本着坚持统筹发展、坚持集群发展、坚持创新发展、坚持协调发展、坚持绿色发展、坚持开放发展的原则，着眼"梯度推进"的发展策略，统筹优化全省工业园区空间结构，引导工业按照区域资源禀赋、产业基础与区位交通等条件合理布局，将全省各区域产业功能定位划分为"创新驱动引领区""产业提速增效区""沿边开放与绿色发展区"3 大区域，形成差别竞争、有序发展的工业发展新格局。

创新驱动引领区以昆明为全省工业创新核心区，推动曲靖、玉溪、楚雄围绕产业上下游协调联动发展，以资本和技术密集型产业布局为导向，重点布局和发展先进装备制造、生物医药、电子信息、节能环保、新能源和新材料、生产性服务业等产业，巩固提升烟草、化工、冶金等传统产业优势，推动工业创新发展，提升产业综合竞争力和辐射带动能力，促进全省产业转型升级。

产业提速增效区围绕工业基础相对较好的大理白族自治州、保山市、红河哈尼族彝族自治州、文山壮族苗族自治州、昭通市，以生态环保型、清洁载能型、劳动密集型和外向型产业布局为导向，重点布局和发展生物医药、汽车、化工、清洁能源、冶金（黑色金属、有色金属加工）、电子产品等产业，加快与创新引领区互动发展，促进工业跨越式发展，使之成为"云南速度"的重要支撑。

沿边开放与绿色发展区围绕德宏傣族景颇族自治州、临沧市、普洱市、西双版纳傣族自治州、丽江市、迪庆藏族自治州和怒江傈僳族自治州，依托区域特色和资源优势导向，重点布局和发展生物医药、旅游产品加工、食品和消费品制造（茶加工、农特产品深加工、林加工）、清洁能源、出口商品加工等生态型、外向型特色产业，打造沿边开放合作前沿阵地和绿色产业基地（见表6–1）。

表6–1　云南产业功能分区州、市发展定位

云南产业功能区	州、市	重点园区	重点产业
创新驱动引领区	昆明市	昆明高新技术产业开发、昆明经济技术开发区、五华科技产业园、嵩明杨林经济技术开发区、安宁工业园区、呈贡信息产业园区	先进装备制造（高档数控机床、高电压等级输配电成套设备、汽车及发动机、大型铁路养护机械等）、生物医药、信息、新材料、生产性服务业等产业
	曲靖市	曲靖经济技术开发区，沾益、陆良等工业园区	光电子材料、载重汽车和乘用车、煤化工、有色金属、煤电及新能源、特色食品加工等产业
	玉溪市	玉溪高新技术产业开发区，红塔、新平等工业园区	生物医药、装备制造、LED光电子材料、电子信息、磷化工、机电、特色食品制造等产业
	楚雄市	楚雄经济技术开发区	烟草及配套、冶金、生物医药、绿色食品加工、机电制造、新能源汽车、新材料等产业

续表

云南产业功能区	州、市	重点园区	重点产业
产业提速增效区	大理白族自治州	大理经济技术开发区，祥云财富、洱源邓川等工业园区	重型载重车、乘用车、新能源汽车、有色金属、农特产品深加工、新型建材等产业
	红河哈尼族彝族自治州	蒙自经济技术开发区，弥勒工业园区、河口进出口加工工业园	电子信息产品制造、特色食品制造、有色金属、烟草、钢铁等产业，外向型特色加工制造业
	保山市	保山工贸园区、腾冲经济技术开发区、保山水长工业园区等	信息、轻纺、石材加工、特色食品制造等产业
	文山壮族苗族自治州	文山三七产业园区，百色－文山跨省经济合作园区，文山马塘、砚山等工业园区	生物医药、铝产业、装备制造、电子产品、特色食品制造等产业，贸易型加工产业
	昭通市	昭阳工业园区，水富、彝良、鲁甸等工业园区	化工、有色金属、生物医药、现代物流、特色食品制造等产业
沿边开放与绿色发展区	德宏傣族景颇族自治州	瑞丽、芒市、陇川等工业园区	生物制药、绿色食品、汽车、新型建材等产业
	普洱市	普洱、景谷林产工业园区	特色农产品加工、食品饮料（普洱茶、咖啡）、生物医药以及林产品加工等产业
	临沧市	临沧工业园区，云县新材料光伏产业园区、凤庆滇红生态产业园区及镇康边境特色工业园区等	农特产品深加工，糖、茶、酒等特色食品制造产业
	丽江市	华坪工业园区，永胜、丽江南口工业园区	以金杞果、螺旋藻为主的特色食品制造，生物医药、高原生物资源开发等绿色生态型产业，清洁载能产业
	西双版纳傣族自治州	中国老挝磨憨－磨丁经济合作区，景洪、勐海等工业园区	特色农产品加工、食品饮料（咖啡、茶叶）、生物医药及大健康、橡胶等产业
	迪庆藏族自治州	香格里拉工业园区	松茸、青稞等藏族高原特色农产品加工、葡萄酒等食品饮料加工、藏药为主的生物医药等产业
	怒江傈僳族自治州	泸水、兰坪工业园区	生物资源加工、特色农产品加工、食品饮料等产业

资料来源：《云南省工业园区产业布局规划（2016—2025 年）》。

2. 云南促进产业聚集的行政服务创新

（1）加大科技创新支持力度

营造有利于创新驱动的政策环境和制度环境，增强核心科技创新能力。以科技创新为核心，带动商业模式、体制机制等全方位、多层次、宽领域的创新。

完善落实创新激励政策。对于企业研发费用加计扣除、首台（套）重大装备保险补贴等国家支持创新的政策落实到位。2016 年，中国铁建装备股份有限公司投保首台（套）重大技术装备保险，2017 年和 2018 年，中国铁建装备股份有限公司共获得保险理赔 872.68 万元，获得国家补贴资金 1153 万元，有效化解了新产品的投入对企业带来的经营风险。健全科技成果转移转化工作机制，完善以增加知识价值为导向的收益分配政策。对于院校、科研机构科技成果的处置，按照不低于转让收益 60% 的比例奖励科研负责人、重要技术人员等人员、团队。对于重点产业领域创新主体，在落实《云南省研发经费投入补助实施办法（试行）》基础上，对全省年度研发投入前 100 名的规模以上工业企业，省级财政资金研发投入后补助比例提高 1 个百分点。

（2）有效降低企业成本

降低企业用地、用电、税费负担、物流以及用工成本。对于符合规定的重点产业重大工业项目实行差别化用地政策，其中，园区位于昆明市及滇中新区的，每亩不高于 15 万元；位于玉溪市、曲靖市、楚雄州的，每亩不高于 12 万元；位于其他州、市的，每亩不高于 10 万元。对用电量进入全省前 100 名的企业，优先支持与发电质量高、电价相对较低的发电企业签订中长期合约，确保其长期、稳定、低价用电。全面落实国家"营改增"政策，确保所有行业税负只减不增，落实小微企业、高新技术企业、西部大开发、企业兼并重组等国家税收优惠政策，落实符合条件的困难企业依法依规享受税收"减、免、缓"政策。对符合中国铁路总公司议价政策规定的运输产品，通过议价方式给予铁路运价下浮优惠。开展公路收费清理检查，取消到期或其他不符合规定的公路收费。降低"五险一金"缴费比例。

（3）创新财政资金支持方式、创新金融服务，支持产业聚集

创新财政资金支持方式，吸引社会资金投入，《云南省人民政府关于

着力推进重点产业发展的若干意见》提出设立云南省重点产业发展基金，分母基金和子基金两层结构。母基金逐年整合扶持产业发展 50% 左右的存量资金以及全部新增投入部分，加上子基金收益的滚动使用，5 年争取整合 100 亿元左右资金作为引导基金。下设 8 个重点产业发展子基金，以及服务 8 个重点产业的并购基金和国际产能合作基金，争取 5 年达到 600 亿~1500 亿元的规模。创新金融服务支持产业发展，建立银政企合作平台，定期向金融机构推荐重点产业骨干企业和重大项目。各银行业金融机构要主动对接重点产业发展的资金需求，确保重点产业新增贷款高于上年。鼓励银行业金融机构加大对重点产业龙头企业和优势产业集群的信贷支持力度，鼓励银行业金融机构发放并购贷款。

（4）加大人才培育和引进力度

强化高层次人才队伍建设。聚焦 8 大重点产业高端人才的培养和引进，进一步完善政策保障措施。推动"云岭"系列和其他高层次人才培养工程、项目等向重点产业倾斜。着重解决高层次人才配偶安置、子女就学、医疗保险、出入境及项目申报、职称评定等问题，完善保障政策。优先支持引进"人才 + 项目 + 团队""人才 + 基地"等新模式研发项目，着力培养一批本土高水平的产业技术领军人才、科技型企业家和创新团队。完善产业技能人才培养体系。分产业制定紧缺人才目录，鼓励和支持高等学校和职业院校加强学科专业结构调整，建设一批重点产业发展急需的学科专业。加快发展现代职业教育，支持以校企合作等模式培养面向产业发展急需的技能应用型人才。

四　新型开放背景下的云南发展

为进一步扩大和深化对外开放，深入推进面向南亚东南亚辐射中心建设，云南省积极出台相关政策措施，主要从壮大开放合作新产业、创新贸易投资机制、打造开放包容新平台、强化金融服务新支撑、架设人文交流新桥梁、构筑互联互通新枢纽、营造一流市场化法制化国际化营商环境方面提出了相应政策措施，着力培育战略性新兴产业，提高重点产业的集聚水平，推动云南进一步对外开放，在新型开放背景下，切实提升云南省的综合竞争力。

1. 云南的产业集聚

产业集聚通过优化资源配置、规模效应、创新能力以及吸引外资促进企业、地区的发展，产业集聚已经成为地区、国家促进经济发展的首要选择方式。云南省在国家把云南建成面向西南开放的重要桥头堡战略和国家新一轮西部大开发背景下，正在集中全力加强城市群及产业集聚的发展。

（1）产业结构趋向服务化

西部大开发以来，云南省的经济总量由 2000 年的 2011 亿元增长到 2018 年的 17881 亿元。

整体上，2000 年到 2018 年，云南省的三次产业增加值都呈逐年上升趋势。其中，第一产业增加值由 431.8 亿元增至 2498.86 亿元，第二产业增加值由 833.25 亿元增至 6957.44 亿元，第三产业增加值由 746.14 亿元增至 8424.82 亿元。自 2013 年起，云南省第三产业增加值开始超过第二产业增加值，之后不断攀升并遥遥领先（见图 6-6）。

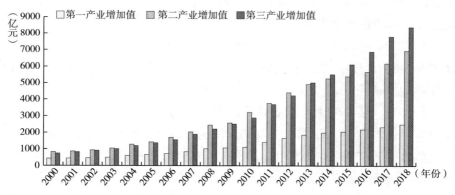

图 6-6　2000~2018 年云南省三次产业增加值构成

资料来源：国家统计局。

第一产业增加值所占比重整体呈下降趋势，由 2000 年的 21.47% 降至 2018 年的 13.97%；第二产业增加值比重经历了先增后减的过程，由 2000 年占 GDP 的 41.43%，升至 2010 年的峰值 44.62%，随后逐渐下降，到 2018 年占 GDP 的 38.91%；从第三产业来看，其增加值所占比重不断攀升，2000 年其增加值占比 37.10%，从 2013 年开始，云南省的第三产业增加值比重超过第二产业，2018 年占比增至 47.12%，经济结构趋向服务化。

（2）工业是经济发展的首要驱动力量

工业化水平不仅代表了一个地区的经济发展水平，而且反映了该地区经济增长方式。云南依托全省生物、矿产、水电等丰富的自然资源优势，紧抓西部大开发、"一带一路"、长江经济带等国家重大发展战略机遇，加快工业跨越式发展，工业成为推动全省经济发展的原动力。而工业园区逐渐成为全省区域经济发展的增长极、工业发展的主战场、转型升级的主阵地、招商引资的大平台。工业园区在全省经济和社会发展大局中的战略地位日益突出。截至2018年，云南共有139个工业园区，全省园区规模以上工业企业工业总产值首次超过万亿元，达10888.18亿元、同比增长12.1%，实现利润749.62亿元、同比增长13.7%，完成税金1272.45亿元、同比增长22.7%。

通过空间功能区划与产业定位，云南全省逐步形成以滇中产业聚集区为核心，以昆明、玉溪高新技术产业开发区等国家级开发区为支撑，以中国老挝磨憨－磨丁经济合作区、河口进出口加工工业园区、临沧沧源边境工业园区等跨境和沿边经济合作区为前沿，以州、市工业园区为基础，层次清晰、类型多样的工业园区框架体系，涌现出烟草、生物医药、农产品加工等一批特色产业集群。

2007年，云南最主要的工业分别是烟草制品业，有色金属冶炼及压延加工业，电力、热力生产和供应业，这三大工业规模以上企业的工业增加值分别为581亿元、214亿元和176亿元，占工业总产值的37.1%、13.7%和11.2%；前十大工业总增加值为1353亿元，占工业总增加值的86.3%。到2017年，云南工业增加值排前三的产业分别是烟草制品业，电力、热力生产和供应业，有色金属冶炼及压延加工业，这三大工业规模以上企业增加值分别为1220亿元、661亿元和231亿元，占整体工业增加值比重分别为31.5%、17.1%和6%；前十大工业规模以上企业总增加值为3097亿元，占整体工业的79.9%（见表6－2）。

（3）金融业增长迅猛

2007年，云南服务业中占据主导地位的是批发零售业，占到当年GDP的7.2%，居服务业首位；当年金融业增加值占GDP 3.5%，落后于交通运输业和房地产业。2011年以来，金融业发展速度加快，金融业增加值由2007年的168.55亿元增至2017年的1194.67亿元，成为仅次于批发零售业的第二大服务业，占GDP比重也升至7.3%，相比于2007年翻了一倍。金融业成为近年来推动云南服务业发展的重要力量。

表 6-2　2007 年、2017 年云南省规上企业前十大工业增加值及所占比重

单位：亿元,%

| 年　份 | 2007 | | | 2017 | |
	工业增加值	占比		工业增加值	占比
烟草制品业	581	37.1	烟草制品业	1220	31.5
有色金属冶炼及压延加工业	214	13.7	电力、热力生产和供应业	661	17.1
电力、热力的生产和供应业	176	11.2	有色金属冶炼及压延加工业	231	6.0
化学原料及化学制品制造业	87	5.6	非金属矿物制品业	190	4.9
黑色金属冶炼及压延加工业	83	5.3	农副食品加工业	165	4.3
有色金属矿采业	63	4.0	化学原料及化学制品制造业	152	3.9
煤炭开采和洗选业	45	2.9	医药制造业	140	3.6
农副食品加工业	35	2.2	有色金属矿采选业	130	3.4
医药制造业	34	2.2	酒、饮料和精制茶制造业	114	2.9
非金属矿物制品业	34	2.2	黑色金属冶炼及压延加工业	95	2.5
合　计	1353	86.3	合　计	3097	79.9

资料来源：云南省统计信息网。

2. 云南的对外经贸发展

云南以创新、协调、绿色、开放、共享的发展理念，以开放型经济为引领，进一步完善对外经贸营商环境，提升对外投资贸易便利化水平，加快建设面向南亚东南亚经济贸易中心。

（1）云南的外商直接投资

2017 年，在全国吸收外资形势严峻的情况下，云南省吸收外资实现了稳步增长。据商务部统计，全省共新批外商投资项目 214 个；合同利用外资 44.5 亿美元；全年实际利用外资 9.63 亿美元；新增外商投资企业 214 家，位居西部第三，仅次于四川的 539 家和重庆的 234 家。

从云南吸引外资的来源地看，中国香港、英属维尔京群岛、新加坡、老挝是主要投资地。2017 年，中国香港实际投资 8.24 亿美元，占全省实际利用外资的 85.6%；英属维尔京群岛实际投资 2057 万美元，占全省实际利用外资的 2.14%；新加坡实际投资 2042 万美元，占全省实际利用外资的 2.12%；老挝实际投资 1006 万美元，占全省实际利用外资

的 1.04%。此外，投资性公司投资 6594 万美元，占全省实际利用外资的 6.85%。

从外商直接投资的行业分布情况看，制造业、房地产业、租赁和商务服务业、电力热力的生产和供应业是云南吸引外商投资的四大领域。2017年，制造业实际利用外资 3.81 亿美元，占总数的 39.57%；房地产业实际利用外资 1.47 亿美元，占总数的 15.26%；租赁和商务服务业实际利用外资 1.33 亿美元，占总数的 13.81%；电力、热力的生产和供应业实际利用外资 1.15 亿美元，占总数的 11.94%；这四大行业 2017 年外资流入 7.76 亿美元，占总流入的 80.58%。

在外商投资地区结构方面，2017 年，昆明（含四个开发区、滇中产业区）实际到位外资最高，达 8.01 亿美元，占全省外资总量的 83.18%；大理州实际到位外资位居第二，达 4067 万美元，占全省外资总量的 4.22%。可见，昆明是云南吸引外资的核心区域（见图 6 - 7）。

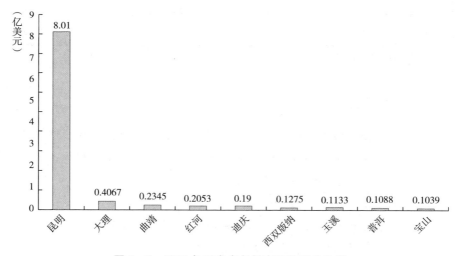

图 6 - 7　2017 年云南省各州市实际到位外资

资料来源：《2018 年中国外商投资报告》。

（2）云南的对外贸易

云南位于西南边陲，与缅甸、越南、老挝接壤，有着与南亚、东南亚进行贸易往来的天然地理优势，云南省政府高度重视外贸工作，积极创造更加便利、透明、开放的贸易环境，在产业基础薄弱、"逆全球化"和贸易保护主义势力抬头等问题和挑战下，云南外贸进出口继续呈现较快增长态势。

第一，云南对外贸易总额快速增长。西部大开发以来的前十年，云南的对外贸易有所增长，进出口总额从 2000 年的 11 亿美元，增长到 2010 年的 76 亿美元，贸易顺差也不断扩大，2010 年顺差 18 亿美元；但从占全国的比重来看，基本维持在 0.37% 的水平。2011 年以后，云南外贸迎来了快速增长的阶段，进出口总额在 2014 年达到 188 亿美元的峰值，2017 年回落到 114 亿美元；贸易顺差在 2015 年亦达到 87 亿美元的历史最高值。从占全国的比重来看，2014 年云南占 0.69%，比 2010 年上升了 0.32 个百分点。

第二，商品结构方面。2018 年，农产品、机电产品、化肥和劳动密集型商品是云南出口的主要商品，磷铵类复合肥、手机及零配件出口增长较快。原油、天然气、金属矿产品、硫黄等原材料以及机电产品、农产品是主要的进口商品，其中原油进口突破 1000 万吨，达到 1016 万吨，占全省进口量的 32.2%。

第三，从亚洲、拉丁美洲、欧洲进口，向亚洲、欧洲、北美洲出口的贸易流向（见表 6-3）。云南最重要的贸易伙伴包括缅甸、越南、沙特阿拉伯、香港地区、老挝和泰国等，其中，缅甸是云南最大的进出口地，2018 年云南对缅甸的贸易总额为 65.83 亿美元，进口额为 35.73 亿美元，出口额为 30.1 亿美元。2018 年，云南对外贸易总额相比上年增加 27.5%，主要贸易国家及地区中，除印度尼西亚、香港地区和澳大利亚的进出口贸易额出现下降外，其他主要贸易国家和地区的进出口额都呈稳步上涨趋势，其中尤以沙特阿拉伯增速较快，以 235.8% 的增速、22.28 亿美元的增幅列第一位。由图 6-8 可知，与云南接壤的缅甸、越南、老挝贡献了 118 亿美元的进出口额，占全省贸易总额的比重为 36.2%。

从 2018 年的贸易流向来看，云南主要从亚洲的缅甸、沙特阿拉伯、越南、伊朗、老挝进口商品，五国进口占比达到 60.19%，从亚洲进口占到总进口的 81.66%。最主要的出口市场分别是亚洲的缅甸、越南、香港地区，出口占比分别为 23.5%、17.6%、13.8%；对北美的美国出口占比 4.6%。亚洲、欧洲和北美三大市场的出口额分别占总出口的 81.8%、7.2% 和 5.3%（见表 6-3）。

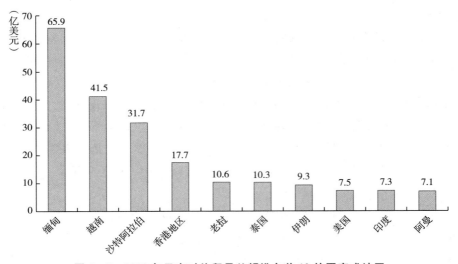

图 6 - 8　2018 年云南对外贸易总额排名前 10 的国家或地区

资料来源：云南省商务厅《2018 年 1～12 月云南省进出口情况》。

表 6 - 3　2018 年云南对外贸易主要国家或地区

单位：亿美元，%

排序	国家/地区	进口额	占总进口比重	国家/地区	出口额	占总出口比重
1	缅甸	35.73	20.91	缅甸	30.1	23.5
2	沙特阿拉伯	31.59	18.49	越南	22.5	17.6
3	越南	18.99	11.12	香港地区	17.6	13.8
4	伊朗	8.77	5.14	印度	6.9	5.4
5	老挝	7.73	4.53	泰国	6.5	5.1
6	阿曼	7.13	4.17	美国	5.9	4.6
7	秘鲁	6.64	3.89	印度尼西亚	3.5	2.8
8	台湾地区	6.03	3.53	老挝	2.9	2.2
9	阿拉伯联合酋长国	5.54	3.24	马来西亚	2.2	1.7
10	巴西	5.46	3.20	德国	2.0	1.5
1	亚洲	139.50	81.66	亚洲	104.8	81.8
2	拉丁美洲	17.94	10.50	欧洲	9.2	7.2
3	欧洲	6.19	3.62	北美洲	6.8	5.3

资料来源：云南省商务厅《2018 年 1～12 月云南省进出口情况》。

第四，一般贸易扩张显著。2018 年，作为云南最主要的贸易方式，一般贸易总额较上年大幅上涨 43.2%，达 194.6 亿美元，占全部贸易总额的比重为 65.1%；边境小额贸易为 32.8 亿美元，较上年有小幅下降，降幅为 2.3%；而加工贸易则较上年下降了 5.4%；同时，租赁贸易成为新的增长亮点，由上年的 159 万美元，猛增至 2018 年的 2.5 亿美元，增幅高达156 倍之多（见图 6 - 9）。

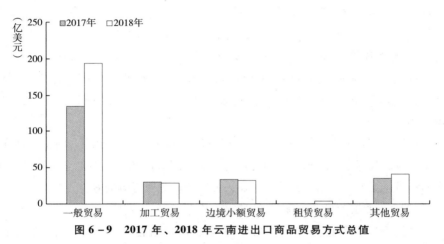

图 6 - 9　2017 年、2018 年云南进出口商品贸易方式总值

资料来源：云南省商务厅《2018 年 1 ~ 12 月云南省进出口情况》。

3. 云南经济发展的挑战及产业升级机制的探索

（1）云南经济发展所面临的问题与挑战

第一，产业聚集度不高，企业缺乏竞争力。产业集群发展程度不高，多数工业园区产业间关联度较低，尤其是多数资源加工型产业的产业链条短、附加值低，缺乏具有较强竞争力的产业集群。

第二，工业实力薄弱，过度依赖资源密集型产业，传统产业转型升级迫在眉睫。以烟草制造业、电力热力的生产和供应业、有色金属冶炼压延加工业为代表的资源密集型支柱产业占据了云南工业增加值的 65.4%，云南需要大力培育以生物医药、电子信息等为代表的高新技术产业，同时改造提升传统产业，提高产业附加值。当前，中央加快推进供给侧结构性改革，化解过剩产能、降低企业杠杆率、清理"僵尸企业"等结构调整的力度逐步加大，在国际经济不景气和国家宏观政策调控加紧的大环境下，面对产能过剩严重、市场竞争加剧的形势，云南工业发展迫切需要调整以原材料资源加工为主的产业结构，改变投资拉动型的经济增长方式，加速传统产业转型升级。

第三，制造业发展面临三重挤压。随着发达国家"制造业回归"趋势加剧，南亚东南亚等发展中国家低成本优势进一步凸显，云南工业的发展面临三重挤压。一是发达国家和地区占据产业链高端、掌控先进技术，对云南工业的创新发展造成了巨大的技术竞争压力。二是南亚、东南亚国家低成本生产优势对云南承接国内外产业转移造成了严峻的成本竞争压力。三是随着近年来重庆、四川、贵州等周边省、市相继出台产业发展优惠政策，加快园区基础设施建设，产业发展条件及园区配套政策不断完善，在承接东部地区产业转移中夺得先机，尤其在生物医药、电子信息等新兴产业上竞争优势明显，对云南工业的发展形成较大的竞争压力。

第四，产业发展环境亟待完善。存在产业园区规划不合理、同质化严重、工业用地资源不足、基础设施建设普遍滞后、园区体制机制不健全、科技创新能力较弱、服务体系尚不完善、工业人才队伍严重匮乏等问题。

（2）产业升级方向及路径的遴选

云南在充分考虑全省产业发展基础、发展阶段、发展趋势的情况下，积极探索产业转型升级之路，在对传统优势产业提质增效的基础上，着力发展8大重点产业、培育壮大战略性新兴产业、加快发展现代服务业，致力于实现全省经济的平稳发展、产业的成功转型升级。

第一，着力发展8大重点产业，形成经济增长新动力。2016年发布的《云南省人民政府关于着力推进重点产业发展的若干意见》明确云南着力发展的8大重点产业，分别是生物医药和大健康产业、旅游文化产业、信息产业、现代物流产业、高原特色现代农业产业、新材料产业、先进装备制造业和食品与消费品制造业，这8大重点产业涵盖第一、第二、第三产业，成长性好、产业链长、带动性强，通过鼓励一批重点园区建设、实施一批重大项目，以加快8大重点产业园区化、集群化发展，加快形成经济增长新动力（见表6-4）。

表 6-4　云南省 8 大重点产业发展培育的重点园区和实施的重点项目

产　业	重点园区	重点项目
生物医药和大健康产业	昆明、玉溪、楚雄高新技术产业开发区和文山三七产业园、大理经济技术开发区、昭阳工业园区	云南文山 3.5 万亩 GAP 优质三七原料药材生产基地建设、云南薏仁产业园等一批原料基地项目，云南白药集团三七花有限责任公司搬迁扩建、昆药生物医药科技园、天士力三七系列药品精深加工项目等一批生物医药工业项目
旅游文化产业		昆明草海片区万达城、昆明滇池国际会展中心等旅游型城市综合体项目，安宁玉龙湾运动休闲主题社区等传统景区改造提升项目，云南旅游大数据中心等旅游信息化项目
信息产业	呈贡信息产业园区、玉溪高新技术产业开发区、保山国际数据服务产业园等	国际通信枢纽和信息基础设施建设项目、云智高科技红河州产业园等电子信息制造业项目、融创天下微总部经济园区等软件和信息技术服务业项目、云南信息化中心（首期）等新一代信息技术产业项目等建设
现代物流产业	"一核心、四区域"的物流产业布局，以昆明为中心、以滇中城市群为依托的中部物流产业核心区，以及东部、南部、西部、北部 4 个物流产业集聚区	中部物流产业核心区：昆明王家营、晋宁、安宁物流产业园和空港国际物流产业园等项目建设。东部、南部、西部、北部等 4 个物流产业集聚区：重点物流产业园，河口、瑞丽、磨憨等重点口岸国际商贸物流项目。云南国际"现代物流云"综合信息服务平台等物流信息平台项目
高原特色现代农业产业		农业科技体系建设、基础设施建设、产业标准化基地建设、畜禽规模化养殖创建、农产品标准化体系建设、农产品质量安全可追溯体系建设、农业服务体系建设等项目
新材料产业	安宁工业园麒麟片区和禄丰工业园土官片区	HRB600E 高强度抗震钢筋研发及产业化、年产 6000 吨高速轨道列车用高强高导铜合金产业化、新型显示器产业化、先进电池材料产业化、聚丙烯新材料及聚甲醛系列产品产业化、液态金属材料及器件产业化等项目
先进装备制造产业	汽车产业基地：昆明、大理、曲靖、德宏、楚雄高端装备制造基地：昆明、曲靖、玉溪、红河、楚雄、大理出口加工机电产品基地：德宏、保山、文山	北汽瑞丽汽车生产项目、瑞丽银翔摩托车产业园、智能机器人及智能家电生产基地等在建项目，云南德动汽车制造有限公司新能源汽车项目等新开工项目建设，北汽昆明新能源汽车项目等已签约项目落地

续表

产　业	重点园区	重点项目
食品与消费品制造产业	食品工业特色园区：弥勒食品加工园、芒市食品加工园、呈贡工业园七旬片区绿色产业园区等 消费品工业特色园区：保山工贸园区、腾冲经济技术开发区、瑞丽市工业园区等	滚动实施一批食品与消费品制造业重点项目，打造普洱茶及红茶产业基地、云南小粒咖啡产业基地、轻纺产业基地、民族木雕家具产业园、日化工业生产基地、玩具及五金出口加工基地等

资料来源：《云南省产业发展规划（2016—2025年）》。

　　第二，改造提升传统优势产业。通过支持实施一批重大项目，改造提升烟草、冶金、能源、建材、石油和化工、建筑等传统优势产业，推进信息化和工业化的深度融合发展，促进优势产业转型升级，保障云南经济的稳定增长（见表6-5）。

表6-5　云南传统优势产业重大项目

产　业	重大项目
烟　草	昆明卷烟厂打叶复烤易地技改及烟叶仓储物流、红河卷烟厂易地技改、曲靖卷烟厂打叶复烤易地技改及新建烟叶仓库、玉溪卷烟厂就地技改、大理卷烟厂打叶复烤原地技改、昭通卷烟厂打叶复烤原地技改及新建烟叶仓库、云南中烟再造烟叶有限责任公司易地技改等项目实施
冶　金	云南文山铝业60万吨氧化铝提质增效项目，云南迪庆有色金属有限公司普朗铜矿一期采选工程，云南锡业股份有限公司锡冶炼异地搬迁升级改造项目及10万吨锌、60吨铟冶炼项目，云南铜冶炼加工总厂和云铜锌业本部搬迁项目，云南嵩明县杨林钢结构产业基地，云南新铜人实业有限公司高端专用铜材技术改造项目，昆明钢铁股份有限公司抗震耐火耐候板、型材钢研发项目，云南铝业昭通灾后恢复重建水电铝示范项目，云南锗业提锗二次炉渣回收、低品位锗矿资源化利用研究及产业化等项目建设
能　源	电网：根据负荷增长情况，适时新建500千伏变电站11座、扩建500千伏变电站8座、建设500千伏开关站1座、金沙江中游电站直流输电工程、800千伏澜沧江上游滇西北直流输电工程、云南电网与南网主网背靠背直流异步联网工程及配套交流工程、澜沧江上游电站、乌东德水电站送出工程、白鹤滩-江西特高压直流输电工程。 天然气支线管线及配套设施：全省规划建设32条天然气支线管道，"十三五"期间，重点建设昭通支线、陆良支线、永平支线等17条天然气支线管道。新建液化天然气（LNG）生产厂4座、压缩天然气（CNG）母站9座、天然气卫星站50座、加气站252座

续表

产 业	重大项目
建 材	先进陶瓷基地建设：昆明禄劝县石材加工生产线改造、易门陶瓷特色工业园区、文山市石材开采及精深加工、保山佳金矿业年产300万平方米大理石板材生产线等项目建设。 天然石材基地：昆明、保山、楚雄等
石油和化工	云南石化产业园年产100万吨聚酯切片项目、云南云天化石化有限公司年产15万吨聚丙烯项目、云南云天化石化有限公司年产24万吨工业异辛烷项目、云南明东化工有限公司年产5万吨固体磷酸项目、云南正邦科技有限公司年产12万吨环保型胶黏剂项目等项目建设
建 筑	培育建筑产业龙头企业，鼓励建设、勘察、设计、施工、部品部件生产等企业和科研等单位建立产业联盟，到2025年建筑业总产值达到4600亿元左右

资料来源：《云南省产业发展规划（2016—2025年）》。

第三，培育壮大战略性新兴产业，打造经济增长新引擎。战略性新兴产业代表着最新的科技应用和产业变革的趋势，是云南取得未来竞争优势、实现"弯道超车"的关键领域。云南在《云南省产业发展规划（2016—2025年）》中提出，到2025年，要基本建成面向南亚东南亚的战略性新兴产业制造中心和创新中心，形成一批有全国影响力和发展主导力的创新型领军企业（见表6-6）。

表6-6 云南战略性新兴产业重点发展内容

产 业	重点内容
新一代信息技术	"云上云"行动计划：高速光纤网络、新一代无线宽带网、下一代广播电视网等新一代信息基础设施建设，互联网协议第6版（IPv6）、第五代移动通信（5G）和超宽带关键技术的部署和应用
高端装备制造、新能源汽车和新材料	高端装备制造：高档数控机床与智能加工、航空设备和系统、新型城市轨道交通装备、新型物流成套装备，工业机器人等智能化关键装备、工业控制系统及数字化软件开发应用。 新能源汽车：引进培育龙头企业，把滇中地区打造成为云南省新能源汽车产业基地。支持新能源汽车推广应用和充电桩基础设施建设。 新材料产业：纳米、智能、仿生等前沿新材料研发，推进稀土、钨钼、钒钛、锗、铅、钛、锌等特色资源高质化利用，形成新材料产业体系，支撑高端装备制造发展

续表

产　业	重点内容
生　物	推进生物技术在医疗、农业、化工、能源等领域进一步渗透，加速推动基因组学等生物技术大规模应用，通过建设网络化应用示范体系，推进新型药物产品和服务规模化发展；推动医疗向精准医疗和个性化医疗发展；加快农业育种向高效精准育种升级转化；加快发展微生物基因组工程、酶分子机器、细胞工厂等新技术，推动生物制造规模化应用
节能环保和新能源	节能环保：发展以节能产品制造、节能技术推广应用为主的高效节能产业，以环保技术装备制造、环保应用和服务为主的先进环保产业，以矿产资源综合利用、"城市矿产"资源开发、农林废弃物资源化利用、健全资源循环利用产业体系为主的资源循环利用产业。 新能源：建立适应分布式能源、电动汽车、储能等多元化负荷接入需求的智能化供需互动用电系统，建成适应新能源高效发展的新型电网体系。适时开展分布式新能源与电动汽车联合应用示范，推动电动汽车与智能电网、新能源、储能、智能驾驶等融合发展。加快新能源开发综合利用，大力发展"互联网＋"智慧清洁能源
数字创意	推动互联网、大数据、人工智能等在数字创意领域的应用和产业化，带动文化教育、旅游休闲、影视娱乐、智能家居、运动健身等新消费快速增长。促进文化科技深度融合，有关产业相互渗透，打造"创意云南"文化品牌
航　空	积极打造涵盖航空器制造、运营服务、销售、维修、培训、综合保障以及其他延伸服务等全产业链的航空产业体系。提升制造水平，与国外合作引进整机或部件，积极发展通用航空器整机组装制造。强化运营服务，在巩固提升民用运输的基础上，大力培育通用航空新兴市场，构建以民用运输为主、通用航空为补充的发展新格局。加快昆明等临空经济示范区建设，积极规划建设通用航空产业园

资料来源：《云南省产业发展规划（2016—2025年）》。

　　第四，加快发展现代服务业，培育发展新动能。服务经济包括服务业及第一、第二产业中的服务环节，是实现第一、第二、第三次产业共同发展、融合发展的关键所在。发展现代服务业，正是云南产业结构调整和转型升级的切入点。实施服务经济"倍增"计划，着力推动生产性服务业向专业化和价值链高端延伸、生活性服务业向精细化和高品质转变，力争服务业增加值占GDP的比重达到60%以上。

结束语

西部是中国经济重要组成部分，新中国成立初期的 1952 年，其地区生产总值占到全国的 16.6%；经过计划经济时期及"三线建设"，到 1978 年，西部地区生产总值占比升到 16.9%，其中工业产值比重由 11.2% 升至 13.6%。

然而，渐进式市场经济改革的推进，使西部的不利因素日益凸显，西部表现出发展水平和地位的相对下滑。首先，西部地处内陆，地域辽阔，山地、丘陵、沙漠等覆盖面积大，人口分散，交通不便，这给经济活动的聚集以及市场化条件下的商品流动增加了不少困难，地理条件的制约使西部处于市场竞争不利地位。其次，西部是中国的石油、天然气、铬矿、钒矿、铅矿、锌矿、磷石等能源、矿产的主要分布区域，在市场经济条件下，西部虽然具有显著的资源优势，但在保障全国经济建设与发展需要及存在"资源陷阱"风险的形势下，西部较难基于自然资源禀赋获得丰厚回报。最后，中国实行从沿海到内陆、从体制外到体制内、从局部到整体的增量改革，这就使西部内陆地区处在体制改革和开发开放相对滞后的地区，更不利于其平等参与市场竞争。

面对新时代国家现代化与新型开放的重大战略使命，西部面临着新的机遇与挑战。

在研究过程中我们发现，西部地区在自由贸易试验区推广过程中，致力于对标学习。然而，新型开放制度、政策是否适用于本地区，与本地产业发展之间的协同性如何等，是模仿型地区普遍缺乏思考的问题。政策设计的不配套、各方面政策的脱节、各开发区之间的分立与竞争等，都大大侵蚀内陆地区的发展潜力，而这对于内陆地区而言，是更为突出的主要矛盾。另外，由于各地发展基础、规划理念、发展战略等有很大差异，所以，基于西部省区市之间各项指标的横向比较，现实意义并不大，而各地转型、开放、发展之间的纵向关联性，则尤为重要。因此，基于大量调研获得总体认识之后，本研究从理论和实证两方面阐释发展与开放协同、政府与市场协同、全生态自主转型系统、全流程定制化开发开放服务、层级网络公共治理机制的内涵与实质和实践意义，以期对西部新型开放实践和走可持续发展道路提供参考。

附　记

图书在版编目（CIP）数据

丝绸之路经济带建设背景下西部内陆开放新体制研究/
马莉莉等著 . -- 北京 ：社会科学文献出版社，2020.6
（丝绸之路经济带与西部大开发新格局. 中国西部经
济发展研究文库）
ISBN 978 - 7 - 5201 - 6779 - 6

Ⅰ.①丝⋯ Ⅱ.①马⋯ Ⅲ.①区域经济 - 经济体制改
革 - 研究 - 西北地区 ②区域经济 - 经济体制改革 - 研究 -
西南地区 Ⅳ.①F127

中国版本图书馆 CIP 数据核字（2020）第 100578 号

·丝绸之路经济带与西部大开发新格局·
丝绸之路经济带建设背景下西部内陆开放新体制研究

著　　者／马莉莉　黄光灿　等

出 版 人／谢寿光
责任编辑／丁　凡
文稿编辑／赵智艳

出　　版／社会科学文献出版社·城市和绿色发展分社（010）59367143
　　　　　　地址：北京市北三环中路甲29号院华龙大厦　邮编：100029
　　　　　　网址：www. ssap. com. cn
发　　行／市场营销中心（010）59367081　59367083
印　　装／三河市东方印刷有限公司

规　　格／开　本：787mm×1092mm　1/16
　　　　　　本册印张：18　本册字数：304千字
版　　次／2020年6月第1版　2020年6月第1次印刷
书　　号／ISBN 978 - 7 - 5201 - 6779 - 6
定　　价／298.00元

本书如有印装质量问题，请与读者服务中心（010 - 59367028）联系